粤港澳大湾区发展研究（2020）

张知干 张仁寿 主编

Yuegang'ao Dawanqu Fazhan Yanjiu（2020）

·广州·

版权所有　翻印必究

图书在版编目（CIP）数据

粤港澳大湾区发展研究. 2020/张知干，张仁寿主编. —广州：中山大学出版社，2022.3
ISBN 978 - 7 - 306 - 07404 - 1

Ⅰ. ①粤… Ⅱ. ①张… ②张… Ⅲ. ①城市群—区域经济发展—研究—广东、香港、澳门　Ⅳ. ①F299.276.5

中国版本图书馆 CIP 数据核字（2022）第 021222 号

出　版　人：王天琪
策划编辑：吕肖剑
责任编辑：陈　芳
封面设计：林绵华
责任校对：李昭莹
责任技编：靳晓虹
出版发行：中山大学出版社
电　　话：编辑部 020 - 84110283，84113349，84111997，84110779，84110776
　　　　　发行部 020 - 84111998，84111981，84111160
地　　址：广州市新港西路 135 号
邮　　编：510275　　传　　真：020 - 84036565
网　　址：http://www.zsup.com.cn　E-mail：zdcbs@mail.sysu.edu.cn
印　刷　者：广州市友盛彩印有限公司
规　　格：787mm×1092mm　1/16　11.75 印张　293 千字
版次印次：2022 年 3 月第 1 版　2022 年 3 月第 1 次印刷
定　　价：68.00 元

如发现本书因印装质量影响阅读，请与出版社发行部联系调换

《粤港澳大湾区发展研究（2020）》编委会

顾　　问：陈　池　李惠武　顾涧清　陈鸿宇
主　　任：张知干
副 主 任：李　敏　李翰敏　冯达才　张仁寿
委　　员：（排名不分先后）
　　　　　张知干　李　敏　陈　池　向晓梅　李翰敏
　　　　　杨小蓉　杨开荆　冯达才　姜　波　毛艳华
　　　　　张仁寿　王　鹏　邓利方　夏明会　蔡德敏
　　　　　刘建时
主　　编：张知干　张仁寿
副 主 编：夏明会　杨开荆　李　敏　邓利方
编　　审：蔡德敏

序

为了更好地服务于党和国家的粤港澳大湾区发展战略，促进广东经济社会发展走在全国前列，创造新的辉煌，由广东省社会科学界联合会牵头，广东华南经济发展研究会、广州大学、中山大学出版社联合申报教育部高校主题出版计划选题"粤港澳大湾区发展研究"蓝皮书系列丛书获得立项审批。

"粤港澳大湾区发展研究"蓝皮书系列丛书的出版正值《粤港澳大湾区发展规划纲要》颁布实施两周年，我国已经完成了全面建成小康社会的历史性任务，开启了全面建设社会主义现代化国家新征程。在这样的大背景下编辑出版这本《粤港澳大湾区发展研究（2020）》更具有时代意义。

"粤港澳大湾区发展研究"蓝皮书系列丛书以"粤港澳学术研讨会"平台为依托，将研讨会论文（报告）精心选编而成，它凝聚了粤港澳许多专家学者的智慧，汇集了这一领域最前沿、最具原创性和前瞻性的研究成果。经过多年的努力，"粤港澳学术研讨会"已经形成了自己的风格和特色。

一是起步早，成果多。自1988年以来，从早期的"粤澳学术研讨会"，扩展到"粤港澳学术研讨会"（2016年开始），再到现在以贯彻落实党的十九届五中全会精神为大背景、以"新目标、新格局、新征程"为主题的"粤港澳大湾区学术研讨会"，粤港澳社科界同人，勇于担当，不断创新。迄今为止，已经举办了34场次研讨会，出版了10部论文集。

二是平台广，凝聚力强。研讨会将粤港澳关心大湾区建设的专家学者们聚集在我们搭建的学术平台，使粤港澳大湾区的研究力量不断壮大，结构不断优化，最终成为名副其实的粤港澳大湾区学术合作交流平台，为大湾区的社科界合作交流、凝聚智慧，共同服务建设世界最强湾区充实了理论研究基础，积累了丰富的经验。2020年，在广东华南经济发展研究会的精心筹划和社科界专家学者的共同努力下，研讨会再创佳绩，共征集论文131篇。经过专家多轮严格的学术遴选和政治把关，邀请其中85篇论文（含研究报告）的作者参加了学术交流。

三是质量高，研究成果新。蓝皮书选编的文章质量高，代表了粤港澳大湾区的最新研究成果。绝大多数专家学者都是粤港澳经济和社会发展研究领域的资深教授、资深研究员和年轻的学术新锐，体现了"老、中、青"的结合。本次研讨会内容范围涵盖"产业协同发展""高质量发展""双区驱动研究""科技创新、金融合作""数字湾区""文化、教育""城市建设与绿色发展"等领域，论文作者涵盖大湾区内外主要高校，包括中山大学、华南理工大学、暨南大学、澳门大学、广东外语外贸大学、广州大学、广东财经大学等30多所高校的教授、博士研究群体，以及中共广东省委党校、广东省社会科学院等研究机构的理论工作者和实践工作者。此外，还吸引了粤东、粤西高校专家学者和北京、江苏的专家学者参加。我相信，这些研究成果将继续推动粤港澳大湾区研究走向深入，将会对大湾区社会经济发展产生深远的影响。

祝愿粤港澳学术研讨会越办越好！祝愿"粤港澳大湾区发展研究"蓝皮书系列丛书的质量越来越高！

张知干

广东省社会科学界联合会党组书记、主席

2021年1月28日

目　录

第一编　总报告

高技术制造业等新兴产业发展趋势分析
　　——以粤港澳大湾区国家中心城市广州为例（节选）
　　…………………………………广州大学粤港澳大湾区产业发展研究课题组（3）

第二编　专家特稿

粤港澳大湾区协调发展的体制机制创新研究 ……………………… 毛艳华（21）
粤港澳大湾区建设中区域协同发展的路径与对策 ……… 林昌华　林　珊　曾志兰（31）
基于"加法"视角的粤港澳大湾区建设问题研究 ……………………… 杨　英（36）
建设粤港澳大湾区世界级机场群的思考 …………………………… 左连村（43）
深化改革开放，促进粤港澳经济合作可持续发展 …………………… 周运源（55）

第三编　科技创新湾区

粤港澳大湾区协同创新：现状测度与实施策略 ……………………… 陈章喜（65）
创建粤港澳大湾区国际科技创新中心研究 ……………… 刘慧琼　吴向能（75）
粤港澳大湾区科技创新的经济增长效应
　　——基于珠三角区域的分析 ……………… 杨　林　黄震环　项江云（83）
借鉴硅谷科技创新经验　建设国际科技创新枢纽 ……………… 王可达　马蓉蓉（95）

第四编　人文湾区

粤港澳大湾区高质量旅游文化城市群影响因素实证研究
　　——基于粤港澳三地的面板数据 ………………………………… 邓利方（107）
建设"文化湾区"，推动粤港澳大湾区发展 ………………………… 张　艺（119）
粤港澳大湾区金融支持文化产业联动发展研究
　　——基于金融市场一体化的视角 ……………… 陈孝明　吕柳坤　黄震环（123）
粤港澳大湾区多元文化交流融合发展研究 ……………… 许桂灵　司徒尚纪（131）
顶层设计下的战略联盟：粤港澳大湾区大学集群化发展的路径 ……… 焦　磊（140）

第五编　湾区建设

粤港澳大湾区世界级城市群建设中的城市定位 …………………… 王枫云　任亚萍（149）
绿色发展、金融创新与粤港澳大湾区建设 ………………………… 周天芸　刘枝叶（160）
粤港澳大湾区新能源汽车推广与应用碳排放效应研究
　　——以广东及澳门的公共交通领域为例 …………………………………… 陈　青（168）

第一编 总报告

高技术制造业等新兴产业发展趋势分析
——以粤港澳大湾区国家中心城市广州为例*
（节选）

广州大学粤港澳大湾区产业发展研究课题组[**]

摘　要：《粤港澳大湾区发展规划纲要》于2019年2月颁布，这一国家战略规划赋予广州、深圳等城市粤港澳大湾区核心引擎的功能定位。目前，广州高技术制造业是制造业中研发创新较活跃、R&D投入强度较高的行业，是现代产业体系的重要组成部分。发展高技术制造业已成为推动大湾区产业转型、促进产业高端发展的重要抓手之一。本课题研究紧扣广州在全国以及粤港澳大湾区的功能定位，以广州市统一社会信用代码相关数据，通过研究分析广州近年来组织机构数量的总体变化、各行业组织机构的注册登记情况及在各区域的分布变化，重点剖析近年来广州高技术制造业及科技服务业，以及文化相关产业等新兴产业的发展态势，研究大湾区国家中心城市广州城区与外围区域的行业变迁，为政府制定改策提供有益参考，力求不断推进结构性改革，确保大湾区国家中心城市广州的经济社会保持平稳健康的发展。

关键词：粤港澳大湾区；高技术制造业；科技服务业

高技术制造业是指国民经济行业中R&D投入强度[①]相对较高的制造业行业，包括医药制造，航空、航天器及设备制造，电子及通信设备制造，计算机及办公设备制造，医疗仪器设备及仪器仪表制造，信息化学品制造等六大类。国家统计局公布的《高技术产业（制造业）分类（2017）》明确指出，目前我国的高技术制造业分类标准是以《国民经济

---

[*] 本项目为广东华南经济发展研究会2018—2019年度立项资助课题"粤港澳大湾区高技术制造业及科技服务业研究"（课题编号：2018GSEA001）和广州市标准化研究院委托研究课题"广州市统一社会信用代码数据分析（2018）"的研究成果。

[**] 广州大学粤港澳大湾区产业发展研究课题组负责人：张仁寿，博士，广州大学教授。课题组副组长：夏明会，博士，广州大学教授；黄小军，博士，广州大学副教授。课题组主要成员：杨林，副研究员，广州大学副教授；肖风桢，广州大学副教授；黄震环，中国民生银行股份有限公司广州分行企业金融三部总经理；谢颖，广州市标准化研究院助理研究员；李栋，广东省情研究中心助理研究员；王广英，广州大学MPAcc；刘伊尹，广州大学MPAcc；陈金玲，广州大学MPAcc；赵筱霖，广州大学MPAcc。

[①] R&D投入强度是指R&D经费支出与企业主营业务收入之比。R&D（research and development，研究与试验发展）是指为增加知识存量（也包括有关人类、文化和社会的知识）以及设计已有知识的新应用而进行的创造性、系统性工作。

行业分类》(GB/T 4754—2017)为基础,对国民经济行业分类中符合高技术产业(制造业)特征的有关活动的再分类。鉴于大湾区研究数据的可获得性及局限性,本研究报告以课题"粤港澳大湾区高技术制造业及科技服务业研究"(课题编号:2018GSEA001)和广州市标准化研究院委托研究课题"广州市统一社会信用代码数据分析(2018)"为基础,并以广州为例。广州不仅是粤港澳大湾区的两大国家中心城市之一,更是大湾区的历史文化名城和科技商贸发展核心城市。近几年,广州营商环境持续优化,开办企业全链条环节程序全面提速,商事登记速度领跑全国,展现了"广州速度"和"广州效率",在穗登记(注册)企业数量节节攀升。数据资料显示,截至2018年12月末,广州市实有各类有效市场主体户数达205.68万户,全市新登记各类市场主体41.11万户,同比增长25.47%。①商事登记主体数量代表着一个地区的经济发展水平,商事主体数量的增减反映了地区经济活跃情况。当前,广州仍在不断深化、优化商事登记制度,率先加大营商环境改革力度,聚焦3项国家级改革试点、3个重点改革区域示范和六大"走在全国前列"改革举措,打造全球企业投资首选地和最佳发展地。

一、国家中心城市广州高技术制造业组织机构总体概况

(一)高技术制造业发展概况

广州规模以上高技术制造业增加值增长平稳,已经成为广州经济增长的重要推动力量。对高技术制造业产业增加值进行统计后发现,2014—2017年4年间,广州市规模以上高技术制造业增加值从2014年的601.19亿元增加到2017年的705.75亿元,增加了104.56亿元,年均增加26亿元。增速方面,2015年增速达到19.4%,年均增速10.70个百分点。(如图1所示)

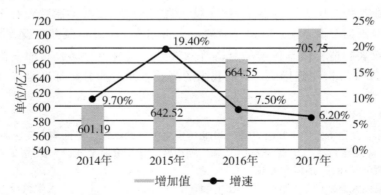

图1 广州市2014—2017年高技术制造业产业增加值变化情况

更为可喜的是,2018年全市工业增加值达5621.73亿元,规模以上高技术制造业增加值增长10.20%(其中,医药制造业增长10.30%,航空、航天器及设备制造业增长

---

① 数据来源:刘灏《2018年广州市新登记市场主体增速25.47%》,见南方网2019年2月1日报道。

2.40%，电子及通信设备制造业增长6.40%，计算机及办公设备制造业下降11.40%，医疗仪器设备及仪器仪表制造业增长75.30%），已经成为广州经济增长的重要推动力量。

2019年，广州第一季度高技术制造业增加值达164.89亿元，增长了25.70%，占全市规模以上工业增加值的比重为15.90%，规模以上高新技术产品产值占全市规模以上工业的比重为48.23%，产业结构进一步调整优化。

（二）高技术制造业组织机构存量概况

从组织机构看，截至2017年年底，全市高技术制造业组织机构存量共有1958家，占全部组织机构存量（1008447家）的比重约为0.19%。正是这些占全市组织机构总量仅为0.19%的高技术制造业组织机构，创造的增加值几乎达到全市GDP的3.40%，是广州经济增长的重要推动力量。2010年至2018年6月末，广州市高技术制造业组织机构存量逐年增长，每年新增量及其在全市组织机构存量中的比重也呈稳步上升之势。从2010年到2018年6月，高技术制造业组织机构存量逐年增长，从2010年的659家增长到2018年6月的2075家（如图2所示），是广州高技术制造业发展的重要微观载体。在广州市高技术组织机构存量连年增长的背后，是高技术制造业组织机构新增量的逐年稳步上升态势（如图3所示）。2010年，高技术制造业组织机构新增量为160家，2017年新增量上升到202家，2018年6月末，高技术制造业组织机构新增量也已达到117家。

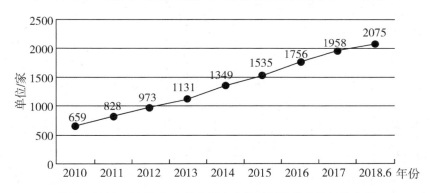

图2 2010—2018年6月广州市高技术制造业组织机构存量
（资料来源：广州市标准化研究院）

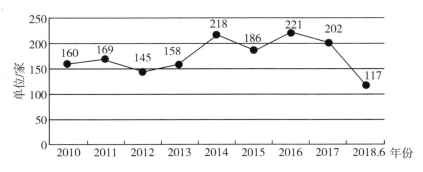

图3 2010—2018年6月广州市高技术制造业组织机构新增量
（资料来源：广州市标准化研究院）

(三) 高技术制造业投资概况

从工业投资和技改投资情况来看，2016年分别为140.70亿元、36.51亿元，相比2015年的140.00亿元、24.76亿元，广州高技术制造业投资几乎是在原地踏步。2017年由于引进富士康、乐金OLED等大项目而有较快增长，工业投资额达298.49亿元，技改投资额为32.74亿元（见表1）。2018年1—11月，高技术制造业投资增长1.2倍，新能源汽车、集成电路、移动通信基站等新产品产量分别增长3.1倍、2.4倍和64.80%。新登记市场主体和企业分别增长28.90%和39.20%。①

2019年第一季度高技术制造业投资同比增长66.5%，高于工业投资增速22.2个百分点，占全市工业投资的比重为60.50%。其中，医药制造业增长1.2倍，电子及通信设备制造业增长60.50%，电子计算机及办公设备制造业增长1倍。

表1　2015—2017年广州高技术制造业投资情况

单位/亿元

高技术制造业内部各行业	2015年			2016年			2017年		
	工业投资	技改投资	占比/%	工业投资	技改投资	占比/%	工业投资	技改投资	占比/%
医药制造业	38.96	8.68	22.30	19.83	4.24	21.40	24.42	6.56	26.90
航空、航天器及设备制造业	0.85	0	0	9.46	0.09	0.90	6.61	0.51	7.80
电子及通信设备制造业	82.83	12.53	15.10	100.91	24.80	24.60	259.43	21.05	8.10
计算机及办公设备制造业	4.30	1.45	33.80	2.83	1.94	68.50	2.70	1.95	72.30
医疗仪器设备及仪器仪表制造业	13.05	2.10	16.10	7.67	5.44	71.00	5.32	2.67	50.10
高技术制造业合计	140.00	24.76	17.70	140.70	36.51	26.00	298.49	32.74	11.00

资料来源：《广州统计年鉴（2016）》《广州统计年鉴（2017）》《广州统计年鉴（2018）》。

（四）高技术制造业组织机构的区域分布

从高技术制造业组织机构的区域分布看，2018年6月广州市高技术制造业组织机构主要分布在白云区（15.79%）、黄埔区（15.33%）、花都区（14.65%）与番禺区（13.50%），占比均超过10%；特别是白云区、花都区和番禺区的高技术制造业组织机构有进一步集聚的趋势（如图4所示）。究其原因，主要是因为这些区域有丰富的土地资

---

① 数据来源：《关于广州市2018年国民经济和社会发展计划执行情况与2019年国民经济和社会发展计划草案的报告》。

源,而且商业环境比较优越;老城区如越秀、荔湾、天河、海珠等区的土地资源比较紧张,无法为高技术制造业提供足够的土地;南沙区的土地资源虽然丰富,但目前的商业氛围仍有待提升,增城区和从化区属于广州的生态屏障区,属于禁止开发区或限制开发区,这三地的高技术制造业组织机构占比一直偏低。

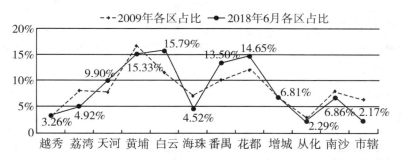

图4 广州市高技术制造业组织机构的区域分布
（资料来源：广州市标准化研究院）

（五）高技术制造业内部各行业组织机构增长特点

高技术制造业是制造业中研发创新较活跃、R&D投入强度较高的行业,是现代产业体系的重要组成部分。发展高技术制造业已成为广州推动产业转型、促进产业高端发展的重要抓手之一。但是,具体到各行业内部应该如何发展,以及哪些细分行业应该优先发展或者支持发展,则需要做一些更加细致的研究和分析。对制造业内部各行业组织机构增长的最新变化进行深入分析,可以为市委市政府制定相应的行业发展规划和行业发展政策提供参考。

高技术制造业组织机构在其内部各行业间的分布变化特点,反映了全市高技术制造业向着更高技术含量、更高质量水平发展的趋势,也反映了高技术制造业内部产业结构调整和制造业调整、优化和升级的大方向。

1. 存量分布特点及原因

截至2018年6月底,高技术制造业内部六大类行业中,组织机构存量排名依次是:电子及通信设备制造业994家,所占比重为47.90%;医疗仪器设备及仪器仪表制造业532家,所占比重为25.64%;计算机及办公设备制造业293家,所占比重为14.12%;医药制造业230家,所占比重为11.08%;航空、航天器及设备制造业23家,所占比重为1.11%;信息化学品制造①业3家,所占比重为0.14%（见表2和图5）。

从表2和图5可以看出,高技术制造业内部各行业组织机构存量排名靠前的行业,一般都具有以下两个特征:一是此行业是非自然垄断性行业,且此行业的进入对非公有制经济是高度开放的,行业是竞争性的;二是此行业与普通市民生活直接相关,并且属于消费需求量比较大的行业。比如,排名最靠前的电子及通信设备制造业、医疗仪器设备及仪器仪表制造业都是如此。

---

① 信息化学品制造是指电影、照相、医用、幻灯及投影用感光材料、冲洗套药,磁、光记录材料,光纤维通信用辅助材料,及其专用化学制剂的制造。

表2 广州市高技术制造业内部各行业组织机构存量

高技术制造业内部各行业	2009年存量		2018年6月末存量		
	家数/家	比重/%	家数/家	比重/%	比重变化值/%
医药制造业	86	17.23	230	11.08	-6.15
航空、航天器及设备制造业	8	1.60	23	1.11	-0.49
电子及通信设备制造业	208	41.68	994	47.90	6.22
计算机及办公设备制造业	48	9.62	293	14.12	4.50
医疗仪器设备及仪器仪表制造业	147	29.46	532	25.64	-3.82
信息化学品制造业	2	0.40	3	0.14	-0.26
合计	499	100	2075	100	—

资料来源：广州市标准化研究院。

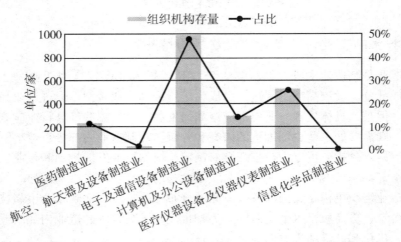

图5 2018年6月末广州市高技术制造业内部各行业组织机构存量
（资料来源：广州市标准化研究院）

反之，排名靠后的行业，或者是由于此行业属于高度垄断性行业，如航空、航天器及设备制造业；或者是由于此行业属于传统重工业的范畴，不是广州要重点发展的行业，如信息化学品制造业。

2. 各行业所占比重变动程度分析

从表2的最后一列可以看出，高技术制造业组织机构中，各行业所占比重变化幅度依次为：电子及通信设备制造业，2018年6月所占比重比2009年提高6.22个百分点；计算机及办公设备制造业，2018年6月所占比重比2009年提高4.50个百分点；信息化学品制造业，2018年6月所占比重比2009年下降0.26个百分点；航空、航天器及设备制造业，2018年6月所占比重比2009年下降0.49个百分点；医疗仪器设备及仪器仪表制造业，2018年6月所占比重比2009年下降3.82个百分点；医药制造业，2018年6月所占比重比2009年下降6.15个百分点。

（六）高技术制造业内部各行业发展超前系数分析

在高技术制造业内部，究竟什么行业应该优先发展、什么行业应该次优先发展，有其市场化自然选择次序，这种先后发展次序可以通过计算行业发展超前系数来进行初步判定。

行业发展超前系数是衡量某一行业的增长相对于整个产业增长趋势的超前程度，具体可以用以下公式进行计算：

$$E_i = a_i + (a_i - 1)/R$$

其中，a_i 为报告期 i 行业在全部产业中所占比重与基期所占比重的比值；R 为从基期到报告期全部产业的平均增长率，可以用公式 $R = ln[(X_t/X_0)/n]$ 来近似计算（其中 X_t 表示报告期全部产业数量，X_0 表示基期全部产业数量，n 表示从基期到报告期所经历的时期数）；E_i 即为 i 行业发展超前系数。

从上述公式可以看出，当 $a_i > 1$，即报告期 i 行业所占比重超过基期时，有 $E_i > 1$，即 i 行业为超前发展行业，且 E_i 越大，表明其发展越超前；反之，当 $a_i < 1$，即报告期 i 行业所占比重小于基期时，有 $E_i < 1$，即 i 行业为滞后发展行业，且 E_i 越小，表明其发展越滞后。

本文选取 2009 年为基期、2017 年为报告期，选择高技术制造业内部的六大类行业为产业内部各行业，用行业组织机构数量来代表产业及其内部行业发展状况，计算高技术制造业内部各行业发展超前系数，按照超前系数由大到小进行排序，计算结果见表 3。

表 3　广州市高技术制造业内部各行业发展超前系数

高技术制造业内部各行业	2009 年存量/家	2017 年存量/家	超前系数
计算机及办公设备制造业	48	268	3.90
电子及通信设备制造业	208	937	2.01
医疗仪器设备及仪器仪表制造业	147	506	0.16
航空、航天器及设备制造业	8	23	-0.83
医药制造业	86	221	-1.36
信息化学品制造业	2	3	-3.23

资料来源：广州市标准化研究院。

从表 3 中可以看出，高技术制造业内部六大行业按照超前系数排序，分别是：计算机及办公设备制造业，超前系数为 3.90；电子及通信设备制造业，超前系数为 2.01；医疗仪器设备及仪器仪表制造业，超前系数为 0.16；航空、航天器及设备制造业，超前系数为 -0.83；医药制造业，超前系数为 -1.36；信息化学品制造业，超前系数为 -3.23。

从表 3 中还可以看出，超前系数比较靠前的一些行业，一般都是在制造业中所占比重较 2009 年上升较多的行业，如计算机及办公设备制造业、电子及通信设备制造业等。其中，电子及通信设备制造业所占比重较 2009 年上升了 6.22 个百分点，计算机及办公设备制造业所占比重较 2009 年上升了 4.50 个百分点。

而超前系数比较小的一些行业,要么是国家管制行业,如医药制造业、航空、航天器及设备制造业等,要么是对生态环境有一定污染的行业,如信息化学品制造业等。

相应的政策建议就是,对于超前系数较大的一些行业,由于其自身发展已经较快,广州今后只需顺其自然,而不应过度地鼓励和支持其发展;对于超前系数较小的一些行业,如果符合广州产业结构调整的大方向,广州今后应适当放宽准入标准,允许一些私人及民营企业进入,增强行业市场竞争,促进行业的繁荣发展,提高其对广州经济发展的贡献率。

二、科技服务业及文化相关产业发展态势

从行业数量上看,2018年1—12月,全市新登记市场主体集中的3个行业依次为:批发和零售业17.78万户,租赁和商务服务业5.44万户,科学研究和技术服务业4.30万户。本文重点分析科学研究和技术服务业(以下简称"科技服务业")、文化相关产业发展态势。

(一)科技服务业发展态势分析

培育具有高密度的科技创新资源、雄厚的科技创新实力、发达的科技创新文化、浓郁的科技创新氛围、较强的科技辐射与带动能力的科技创新中心是壮大科技服务业的有效途径。近年来,广州科技服务业以扩大服务规模和提升服务质量为重点,着力抓好政策环境建设、科技服务示范企业和服务品牌培育等工作,科技服务业稳步发展。按定义范围,科技服务业可以分为科学研究与试验发展服务、专业化技术服务、科技推广及相关服务、科技信息服务、科技金融服务、科技普及和宣传教育服务、综合科技服务七大类。

1. 科技服务业机构数量增长迅猛,规模不断壮大,智力支持不断加强

广州市近年来科技服务业组织机构增长迅速,到2018年,累计约有31.63万个组织机构。其中,企业性质的生产性服务业机构有29.88万个,占比为94.47%;个体工商户生产性服务业机构有1.75万个,占比为5.53%。近年来,广州市科技服务业组织机构总量不断增长,2010—2017年,年均增速达到25.52%。2010—2013年增速不断缓慢下降,在2014年商事登记制度改革后增速回暖,近年来年增速一直维持在30%左右。(如图6所示)

图6 广州市近年来科技服务业组织机构总量与增速变化

统计数据显示,2010年至2018年6月广州市科技服务业机构数量飞速增长,平均每年新增科技服务业机构2.74万家,新增机构在当年广州市新增机构中的比重不断递增,显示出科技服务业的重要性。同时,从机构新增注册资金来看,近些年注册资金规模不断扩大,2017年是2010年的41.9倍。(见表4)

表4 近年来广州市科技服务业机构新增情况

年份	新增机构数量/个	占当年新增机构总量的比重/%	新增注册资金规模/万元
2010	10356	5.73	4056850.20
2011	12464	6.58	5685496.20
2012	12829	8.12	6456294.00
2013	15373	9.51	9829772.70
2014	24339	12.56	13294050.90
2015	31358	15.04	23743566.80
2016	44372	17.71	35592792.40
2017	67923	19.92	170178739.50
2018.6	54592	25.16	—

对带有"研究"二字的机构数量进行汇总后发现,2010年至2018年6月全市研究机构数量增加了7倍,高校数量从77所增加到82所,高校教师从4.87万人增加到5.97万人。这表明,科技服务业不仅在企业规模、资金规模上在进化发展,研究性机构(高校)也在不断提供智力支持。

近年的统计公报数据显示,2017年全年受理专利申请118332件,较2016年增长19.40%,是2010年(20801件)的5.69倍。截至2017年,全市拥有国家工程技术研究中心18家、国家级企业技术中心25家、国家重点实验室19家,省级工程技术研究中心共946家、省级重点实验室213家,市级企业研发机构2624家、市级重点实验室156家,国家级、省级大学科技园6个,为全市的科技服务业发展营造了良好的创新氛围与浓郁的创新文化。

2. 当前科技服务业以综合科技服务和科技研究与试验发展服务为主导

对科技服务业机构所属行业类型进行细分后发现,截至2018年6月,广州市科技服务业中综合科技服务占比最大,为38.76%,其次是科学研究与试验发展服务,机构数量占比为30.55%,科技信息服务业占比处于第三位,为16.99%,其余行业机构数量占比均较低,不超过10%。(如图7所示)

3. 科技服务企业主要分布在天河区、白云区和番禺区

从科技服务企业机构所属地域看,广州市2018年科技服务业机构主要分布在天河区、白云区和番禺区,机构总量占全市科技服务业的57.93%。与2010年各个区域比重对比后发现,天河区一直是科技服务企业青睐的注册地区,占比均在30%以上;越秀区、荔湾区、海珠区三区的比重下降明显,其比重总和从2010年的29.06%下降到2013年的

专业化科技
服务2.44%
科技推广及
相关服务2.68%
科技金融服务
1.46%
科技普及和宣传
教育服务7.12%
科技信息服务
16.99%
综合科技服务
38.76%
科学研究与试验
发展服务30.55%

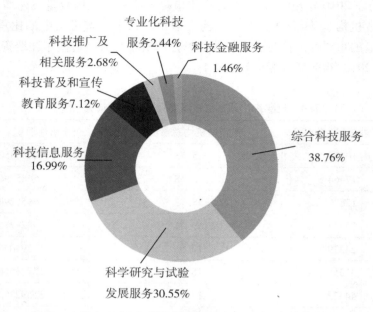

图7　广州市2018年科技服务业分类别机构数量占比情况

20.49%；黄埔区、增城区、从化区、花都区占比变化不大。值得注意的是，南沙区的科技服务业机构占比紧跟番禺区和越秀区。（如图8所示）在经济转型时期，创新驱动未来将会成为广州经济发展的新动能，而科学城、大学城、生物岛、知识城、经济开发区将会成为科技服务业的集聚地。

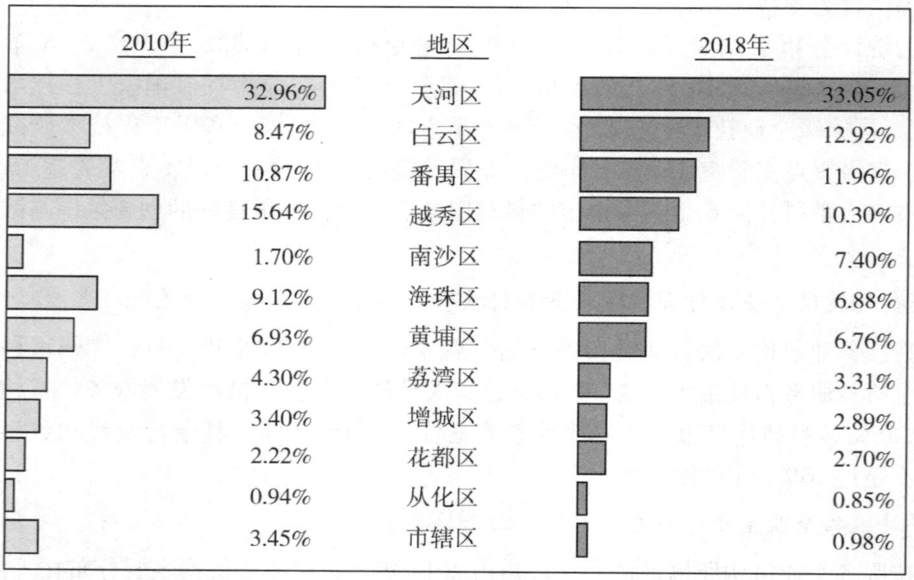

2010年
地区
2018年
32.96%
天河区
33.05%
8.47%
白云区
12.92%
10.87%
番禺区
11.96%
15.64%
越秀区
10.30%
1.70%
南沙区
7.40%
9.12%
海珠区
6.88%
6.93%
黄埔区
6.76%
4.30%
荔湾区
3.31%
3.40%
增城区
2.89%
2.22%
花都区
2.70%
0.94%
从化区
0.85%
3.45%
市辖区
0.98%

图8　广州市2010年与2018年科技服务业分类别机构数量区域占比变化

（二）文化相关产业发展动态分析

不断加强城市文化建设，丰富城市文化内涵，打造一批城市文化名片，促进文化事业与文化产业协调发展，提升广州文化创造力和影响力，是落实国家中心城市、打造国际一流城市和宜居城市、推动文化大繁荣大发展的重大战略举措。经过"十二五"时期的持续健康发展，文化创意产业的地位更加突出，广州文化产业高端集聚发展，整体规模不断壮大，综合实力不断增强，对拉动经济增长、推动经济转型升级的作用进一步显现。近年来，中共广州市委、市政府从"增强文化自信，建设文化强市"的战略高度，大力扶持文化产业发展，出台了一系列政策文件，形成了"1+N"文化产业政策体系。

1. 广州文化相关产业新增机构年均增长近四成

近年来，广州市文化相关产业组织机构发展较快，2017年新增机构数为39596个，较2016年增长52.42%。2010—2017年，广州市文化相关产业新增机构数量从4657个增长至39596个，年均增长38.08%。统计数据显示，在全年新增机构中，文化相关产业新增机构占比不断增加，从2010年的2.57%增长至2017年的11.59%（如图9所示），仍低于生产性服务业占比（37.03%）与战略性新兴产业的占比（19.11%）。

图9 广州市2010—2017年文化相关产业新增机构数量变化情况

2. 文化相关产业机构集聚地日益明显，以天河区、番禺区为主，中心城区（除天河区外）地位逐渐弱化

广州文化相关产业聚集效应日益明显。近年来，广州市充分利用"三旧"改造政策，大力推动文化相关产业发展，目前已形成一个较为完整的产业体系。据统计，目前广州主要文化产业园区和基地早已超过100个，并且每年都有很多新的文化产业园区和基地诞生。研究人员对比分析2010年与2017年文化产业机构集聚地的变迁后发现，2017年广州文化相关产业机构聚集地仍以天河区（占比超过25%）、番禺区（占比超过15%）为主。如图10所示，2010年广州市文化相关产业地区分布占比中，有6个区的占比超过10%，2017年只有3个区占比超过10%，聚集效应进一步扩大；尽管荔湾区占比上涨了2.68%，但白云区、越秀区和海珠区占比下降均超过2.5个百分点，中心城区（除天河区外）的地位渐渐弱化。相反，近年来由于特色小镇、旅游文化产业大力发展，从化区文化相关产业机构占比上涨了2.68%；南沙区得益于建区和建设自贸区的优势，文化产业

机构占比上升最为明显。

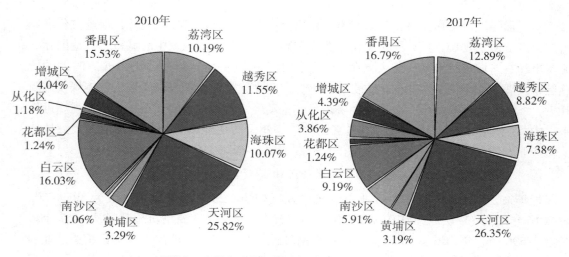

图10 广州市文化相关产业地区分布占比情况

3. 文化相关产业主要以文化创意与设计服务业为主，广播影视机构占比最小

根据国家统计局对文化相关产业的划分标准，研究人员将广州文化产业分为以下七类：新闻出版服务、广播电视电影服务、文化艺术服务、文化信息传输服务、文化创意和设计服务、文化休闲娱乐服务、文化工艺品生产。分析2017年文化产业组织机构分布，当前广州主要以文化创意和设计服务业为主，占比近九成（文化创意和设计服务业主要包括广告业、数字动漫、游戏设计制作等），这正与广州重点推广的，产业优势明显、效益后劲足、带动辐射能力强的国家广告产业园、数字产业、动漫产业不谋而合。当前，广州正着手打造珠江国际慢岛、一江两岸文化产业、文化特色小镇等重点项目，文化休闲娱乐服务业比重为7.08%，列第二位。其余依次是文化工艺品生产（3.38%）、文化信息传输服务业（1.81%）、文化艺术服务（1.38%）、新闻出版服务（0.25%），广播影视机构占比最小，为0.02%。（如图11所示）

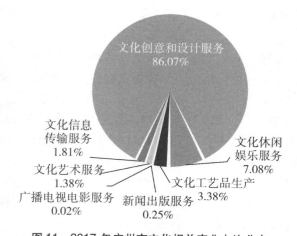

图11 2017年广州市文化相关产业占比分布

三、主要研究结论及对策建议

（一）主要研究结论

（1）高技术制造业组织机构存量逐年增长，但未形成支柱产业及新动能。2017年占全市组织机构总量仅为0.19%的高技术制造业组织机构，创造的增加值几乎占到全市GDP的3.40%，是广州经济增长的重要推动力量，但尚未达到5%。从长期趋势来看，广州市高技术制造业组织机构存量呈逐年增长的态势，每年新增量及其在全市组织机构存量中的比重也呈稳步上升之势。发展高技术制造业已成为广州推动产业转型、促进产业高端发展的重要抓手之一。

（2）高技术制造业内部各行业组织机构行业特征显著。高技术制造业内部各行业组织机构存量排名靠前的行业，一般都具有以下两个特征：一是此行业是非自然垄断性行业，且此行业的进入对非公有制经济是高度开放的，行业是竞争性的；二是此行业与普通市民的生活直接相关，并且是属于消费需求量比较大的行业，比如截至2018年6月末，排名最靠前的是电子及通信设备制造业（994家，所占比重为47.90%）、医疗仪器设备及仪器仪表制造业（532家，所占比重为25.64%）。

（3）高技术制造业内部六大行业超前系数差异显著且严重分化。高技术制造业内部六大行业按照超前系数排序，分别是：计算机及办公设备制造业，超前系数为3.90；电子及通信设备制造业，超前系数为2.01；医疗仪器设备及仪器仪表制造业，超前系数为0.16；航空、航天器及设备制造业，超前系数为-0.83；医药制造业，超前系数为-1.36；信息化学品制造业，超前系数为-3.23。

（4）科技服务业机构发展迅猛，规模不断壮大，智力支持不断加强。近年来广州科技服务业机构数量飞速增长，平均每年新增科技服务机构2.74万家，新增机构在当年全市新增机构中的比重不断递增。科技服务业以科技推广及相关服务为主导。

（5）广州文化相关产业新增机构年均上涨近四成。近年来广州市文化相关产业组织机构发展较快，2017年新增机构数39596个，较2016年增长52.42%。2010—2017年间，广州市文化相关产业新增机构数量从4657个增长至39596个，年均增长38.08%。文化相关产业机构集聚地日益明显，以天河区、番禺区为主，中心城区（除天河区外）的地位逐渐弱化。

（二）对策建议

（1）抓住粤港澳大湾区建设现代产业体系的历史机遇，积极培育高技术制造业发展内生动力。在中美贸易摩擦之际，我国经济发展的外部环境发生明显变化，相当长时期内面临新挑战。在继续保持对外开放政策的情况下，要用活"一国两制"制度安排，抓住历史机遇，从地区经济安全的高度，培育广州市工业发展内生动力。一是持续支持本地工业企业做大做强，特别是以产业链为纽带，培育以产业链为架构的工业产业发展体系；二是加强吸引央企工业企业来广州落户；三是在汽车制造业、电子信息制造业之外，将广州市高技术制造业培育成为新的支柱制造业，作为广州工业发展的持续动力。

（2）及时优化调整政府产业扶持政策。近几年来广州围绕扶持、鼓励工业企业做强做优先进制造业，从大局宏观上出台了多项财政资金管理办法和专项基金管理办法（例如 2015—2017 年，3 年安排 30 亿元财政资金支持工业转型升级）。对于超前系数较大的一些行业，由于其自身发展已经较快，广州今后只需顺其自然，而不应过度地鼓励和支持其发展；对于超前系数较小的一些行业，如果符合广州产业结构调整的大方向，广州今后应适当放宽准入标准，允许一些私人及民营企业进入，增强行业市场竞争，促进行业的繁荣发展，提高其对广州经济发展的贡献率。整合现有财政资金，统筹安排工业转型升级专项资金，市级工业基金优先向重点领域内的项目倾斜；发挥广州市工业转型升级发展基金的作用，创新支持方式。同时，采取多元化扶持方式，如股权投资、事中补助、事后奖补、贴息、风险补偿等。

（3）结合大湾区的战略定位，推进工业产业结构的战略性调整。大湾区五大战略定位之一是"充满活力的世界级城市群"。广州要紧扣这一战略定位，大力发展实体经济。当前广州市产业结构还没有达到高级化阶段，服务业乃至整个国民经济对工业的倚重并没有发生根本改变。广州市应进一步强化工业在城市经济发展中的基础性地位，抢抓新一轮科技革命和产业变革，以及"中国制造 2025"、创新驱动发展战略、"互联网＋"等重大战略机遇，以产业升级为目标，按照"引进新建一批、改造提升一批、做大做强一批"的总体要求，大力推进工业产业结构的战略性调整，夯实建设先进制造业的产业基础，努力使广州实现从"千年商都—消费型城市"向"充满活力的世界级城市"转变。

（4）优化工业投资方向。广州要有危机感和紧迫感，要顺应经济发展新常态和"互联网＋"、智能制造发展趋势，紧抓全球新一轮产业变革机遇，对标全国、全球一流水平，聚焦一批高精尖工业重点领域，大力推进工业有效投资，促进工业转型升级。进一步明确广州工业投资和技术改造的重点方向，加大工业重点领域和薄弱环节的补短板力度，着力引导社会投资更多地投向工业，有效推动工业投资结构的优化。补强短板，瞄准传统产业的关键领域和薄弱环节，加强工业生产智能化改造，实现弯道超车。优化存量，突出本地特点，依托既有基础，集中力量做大做强优势产业，打造新比较优势，吸引优质资源集聚。提升增量，推动新兴产业动能加快培育、加速崛起、扩容倍增。

（5）积极推动筹建"上交所南方交易中心"和"港交所南方交易中心"，利用多层次资本市场做大做强广州企业。全面落实国家税收优惠政策，加大收费清理，切实减轻企业负担。搭建工业投资项目银企信贷合作平台和信息沟通平台，通过财税政策、信息交流与共享等办法，引导和鼓励银行与企业开展工业投资项目信贷合作，拓宽多元融资渠道；鼓励企业通过融资租赁、上市融资、发行债券、引入产业投资基金等方式，扩大直接融资规模。支持优秀工业企业改制上市，尽快推动"上交所南方交易中心"和"港交所南方交易中心"落户广州，利用多层次资本市场做大做强广州企业。

（6）营造大湾区优质工业发展环境。一是强化工业用地支撑。工业用地紧张是当前广州工业有效投资增长的短板。广州应拓展工业用地来源；加大对闲置工业用地的处置力度，积极开展节约集约用地探索。创新工业用地出让方式，探索合同管束、差别年期、分批出让、先租后让等方式，抬高企业拿地门槛，从源头把好工业投资用地"增量关"。通过差别税收、支持企业提高容积率等政策来支持企业开展"零土地"招商和"零土地"技改。新增用地向科技含量高和投入产出率高的产业基地、重大项目、"补链"项目倾斜。二是采取适当措施，集聚新支柱制造业产业链，打造产业技术人才高地，通过集约化发展模式降低制造业企业用工成本。三是精准出台相关扶持工业发展的政策，一个产业一项相关扶持政策。四是激发工业领域的民间投资活力，破除制约民间投资的各种障碍，形成有利于民营企业转型升级、促进民间投资增长的体制机制和政策环境。为工业企业发展和项目推进提供充分可及的公共基础设施和公共服务，搭建最便利的服务平台，夯实新旧动能转换的基础支撑。

参考文献

［1］国家统计局. 高技术产业（制造业）分类（2017）［Z］. 2017.

［2］中共中央、国务院. 粤港澳大湾区发展规划纲要［M］. 北京：人民出版社，2019.

［3］广州市统计局，国家统计局广州调查队. 广州统计年鉴2016［M］. 北京：中国统计出版社，2016.

［4］广州市统计局，国家统计局广州调查队. 广州统计年鉴2017［M］. 北京：中国统计出版社，2017.

［5］广州市统计局，国家统计局广州调查队. 广州统计年鉴2018［M］. 北京：中国统计出版社，2018.

［6］广州市发展和改革委员会. 关于广州市2018年国民经济和社会发展计划执行情况与2019年国民经济和社会发展计划草案的报告［R/OL］.（2019－01－15）［2019－03－20］. http://www.gz.gov.cn/attachment/0/66/66000/5673482.pdf.

［7］刘灏. 2018年广州市新登记市场主体增速25.47%［EB/OL］.（2019－02－01）［2019－03－20］. http://economy.southcn.com/e/2019－02/01/content_185039170.htm.

第二编　专家特稿

粤港澳大湾区协调发展的体制机制创新研究*

毛艳华**

摘　要：湾区经济是区域经济发展的高级形态。粤港澳大湾区是中国开放程度最高和经济活力最强的区域，但粤港澳区域是"'一国两制'、三个关税区和三种法律体系"的跨境合作，这与国际典型湾区和国内主要城市群存在本质上的差别。因此，推动体制机制创新是粤港澳大湾区协调发展的核心问题。笔者在对现有文献回顾的基础上，深入分析了粤港澳大湾区协调发展的基础和障碍，认为粤港澳大湾区作为异质性制度下的区域协调发展，需要实现要素跨境顺畅流通、区内营商规则对接、区域合作机制创新。作为一种成功的异质性跨境合作模式，欧盟基于要素便利流动、市场体制接轨、多层治理合作的区域协调发展机制为粤港澳大湾区提供了很好的借鉴与启示。因此，粤港澳大湾区要加快体制机制创新，改善营商环境，加强湾区市场体制对接，消除要素跨境流通障碍，强化湾区跨境政策协调，形成湾区协调发展新格局，加快建设富有活力和竞争力的国际一流湾区和世界级城市群。

关键词：粤港澳大湾区；协调发展；体制；机制

一、问题提出与文献评述

粤港澳大湾区是一个空间地理的概念。回顾过去，在内地加入全球价值链的过程中，香港、澳门和珠三角地区因其独特的优势扮演着重要角色，港澳与内地的发展逐渐紧密相连，成为内地连接世界的重要枢纽（毛艳华，2009）。进入21世纪，随着内地尤其是珠三角地区港口基础设施的逐步完善，香港作为内地产品转口港的角色不断弱化，但作为重要的国际金融中心，香港仍然是外资进入内地和内地资金走出去的首选平台。2017年，香港占内地外商直接投资的比重达到75%，超越了改革开放初期的比重，香港占内地对外直接投资的比重也高达60%。依靠毗邻港澳的优势，珠三角地区在改革开放后成为内地吸引外商直接投资最活跃的地区，而广东全省对外贸易额一直保持着占内地对外贸易总

---

* 本项目是国家社会科学基金重大项目"新时代粤港澳大湾区协调发展机制体系研究"、国家自然科学基金重点项目"构建服务'一带一路'的粤港澳区域联动机制及发展研究"、"研究阐释党的十九大精神"教育部人文社会科学研究专项任务"创新粤港澳大湾区合作体制机制研究"的研究成果。

** 毛艳华，中山大学粤港澳发展研究院教授、博士生导师，港澳珠江三角洲研究中心主任。

额的四分之一左右。作为全球第二大经济体和最大的对外贸易国，改革开放40余年来中国经济发展的巨大成功，离不开积极加入全球分工体系和自身比较优势的充分发挥，而珠三角地区正是中国经济增长速度和数量规模优势的典型代表。

　　2008年全球金融危机爆发后，经济全球化出现新特点，贸易保护主义抬头，全球开放合作面临挑战，全球价值链贸易与分工方式加快调整，国内经济发展进入新常态。因此，党的十八届三中全会提出要加快实施新一轮高水平对外开放，培育引领国际经济合作竞争新优势，加快实施创新驱动发展战略，推动经济发展方式转变，实现由注重增长速度向注重质量和效益转变（孙久文，2018）。在国家实行"双向"开放、推动共建"一带一路"和加快创新能力开放合作的战略背景下，推动港澳和珠三角地区加快构建开放型经济新体制和培养国际经济合作竞争新优势具有重要的战略意义。党的十九大报告提出，要支持香港、澳门融入国家发展大局，以粤港澳大湾区建设、粤港澳合作、泛珠三角区域合作等为重点，全面推进内地同香港、澳门互利合作。2018年国务院政府工作报告也提出，出台实施粤港澳大湾区发展规划纲要，全面推进内地同香港、澳门互利合作。

　　规划建设粤港澳大湾区，既是粤港澳地区自身加快经济社会深度调整与转型的需要，也是代表国家参与新一轮全球竞争和提升竞争力的客观要求（张晓强，2017）。通过破除湾区内部要素流通障碍、缩小粤港澳三地营商环境差异、增进粤港澳三地政策协调，有利于港澳更好地融入国家发展大局，促进粤港澳三地深化分工合作，推动珠三角地区产业升级，加快香港经济转型和促进澳门经济适度多元化，建成富有活力和国际竞争力的一流湾区和世界级城市群。一直以来，粤港澳合作为"一国两制"下港澳与内地深化合作发挥了先行先试的功能，2010年以来签订和实施的《粤港合作框架协议》和《粤澳合作框架协议》更为"一国两制"的实践提供了丰富的经验。推动粤港澳大湾区协调发展，建设宜居宜业宜游湾区，有利于港澳居民到内地创新创业，把粤港澳大湾区建成"一国两制"实践示范区（毛艳华、荣健欣，2018）。

　　协调发展是湾区经济发展的关键因素。首先，协调发展有利于发挥湾区城市群的集聚经济效应，特别是要素在市场机制作用下的跨境流动和集聚有利于形成区位产业优势互补、资源高效配置、居民利益趋同的局面。提升湾区城市群的整体竞争力，需要在核心城市之间、核心城市与其他城市之间以及城市群与外围腹地之间形成有序的分工协作关系。其次，区域协调发展有利于湾区城市在"一国两制"制度背景下取长补短，互相学习，实现经贸规则体系对接，通过制度创新培育区域国际经济合作和竞争新优势，打造国际一流湾区。最后，完善的协调机制是协同治理湾区经济发展的重要保障。湾区涉及"一国两制"制度背景下的多个行政区域，城市基础设施衔接、环境保护等带有外部性的公共事务都需要区域协调。

　　在国家加快推动区域经济协调发展的进程中，相关学者也对区域经济协调发展问题进行了深入研究和探讨。范恒山（2014）提出，贯彻落实促进区域协调发展战略，要科学把握促进区域协调发展的方向和重点，积极探索区域良性互动机制，探索优化区域协调发展的新路径，并着力构建长效机制。刘志彪（2012）基于中国长三角、珠三角沿海开放地区的实践，在区域经济协调发展研究中引入国际贸易的因素，强调出口导向贸易、全球价值链和国内价值链在形成地区发展差异中的决定性作用。倪鹏飞等（2014）的研究发现，资本通过证券市场在空间上的配置和变化对区域经济协调发展产生重要影响，提出通过资本市场总量的扩大和资本市场空间结构的调整,加快促进区域经济协调发展。罗富政和罗能生(2016)运用古诺博弈模型和系统 GMM 估计方法,分析了非正式制度歧视路径下地方政府行为对区域经济协调发展的影响。

总体上看,已有文献对区域协调发展的内涵和重要性论述较多,对国内区域协调发展的困境提供了多种解决思路,但研究出发点都是同一制度和同一市场下的区域协调发展问题,以及对国内京津冀、长江经济带等重要区域经济的特殊协调发展问题,而对粤港澳区域这类制度异质性的跨境合作问题探讨较少。展金泳等(2016)利用粤港澳 1995—2014年的 GDP、常住人口以及市场价格数据对 20 年间粤港澳经济协调发展的时间演变与空间分布进行了分析,研究发现,港澳经济具有先发优势,粤港澳经济发展中空间分布并不均衡,靠近中心城市的区域发展更为迅速,粤澳之间的市场一体化水平要高于粤港之间的水平,但该文并未深入分析粤港澳区域经济协调发展的体制机制障碍以及深层次原因,难以提出具有操作性的政策建议。粤港澳区域的特殊性在于"'一国两制'、三个关税区和三种法律体系",这是与国际典型湾区和国内主要城市群的本质差异。因此,粤港澳大湾区的协调发展问题研究需要基于其特殊的制度背景和经济发展特色。

二、粤港澳大湾区协调发展的基础条件和体制机制障碍

改革开放 40 余年来,粤港澳基于互补性的合作发展为推动粤港澳大湾区协调发展奠定了坚实基础。粤港澳大湾区已成为中国开放程度最高、经济活力最强的区域之一,构建开放型经济新体制为粤港澳大湾区协调发展创造了条件。当然,粤港澳大湾区是"'一国两制'、三个关税区和三种法律体系"的区域合作,因此,与国际典型湾区和国内主要城市群的协调发展问题有根本的差异,体制障碍是粤港澳大湾区推动区域协调发展需要克服的难题。

(一)基础条件

第一,粤港澳已形成紧密合作的发展格局。粤港澳地理相连、人缘相亲、文化相通。改革开放以后,港澳与珠三角地区建立了"前店后厂"的分工合作模式:一方面,珠三角地区成为"世界工厂"并推动了珠三角地区的工业化、城市化和现代化,成为内地经济增长的引擎和改革开放的示范与窗口;另一方面,香港与澳门逐渐向服务业经济转型,香港一举成为国际金融中心、国际贸易中心和国际航运中心,澳门成为国际旅游休闲中心。2017 年,深港各口岸出入境人数达 2.41 亿人次,珠澳各口岸出入境人数达 1.40 亿人次。粤港澳三地已形成以政府间联席会议和合作框架协议为基础的政府间协调治理机制。总之,改革开放 40 余年来,粤港澳三地形成了产业结构高度互补、跨境要素流动频繁、政府间合作紧密的合作发展格局,为粤港澳大湾区协调发展打下了良好基础。

第二,"一带一路"倡议为粤港澳大湾区协调发展创造了机遇。共建"一带一路"是中国提出的推动国际和区域合作的重大倡议。粤港澳大湾区是中国与海上丝绸之路沿线国家海上往来距离最近的发达经济区域,同时,通过航空物流和铁路物流又与丝绸之路经济带沿线经济体的市场建立了密切联系,在推动"一带一路"建设中发挥着重要枢纽作用。香港作为亚太地区重要的全球物流控制中心、排名全球第四的国际金融中心,以及全球最

大的离岸人民币中心,与珠三角地区发达的产业经济相结合,能够发挥广东作为"一带一路"的重要枢纽、经贸合作中心、重要引擎和香港、澳门作为"一带一路"的重要节点的双重功效,不断增强粤港澳大湾区在金融、贸易、航运等优势领域的国际影响力,提升该区域对全球资源的配置能力。因此,发挥粤港澳三地的互补优势功能,粤港澳携手参与"一带一路"建设,将推动粤港澳大湾区成为"一带一路"建设的重要支撑区域。另外,近年来,广东科技综合实力和自主创新能力得到稳步提升,已初步构建起开放型区域创新体系,有望依靠科技创新推动整个产业实现升级,以创新为主要引领和支撑的经济体系和发展模式正加速形成。香港也把发展创新科技和创意产业作为重要方向,努力推动经济多元发展。在粤港澳大湾区中,香港拥有国际一流的高校和国际化科技资源,珠三角地区则形成了高度发达的制造业产业链和高科技企业资源。因此,推动面向"一带一路"的创新能力开放合作,有助于粤港澳三地整合科技创新资源,进一步集聚高端要素、占领产业链高端,强化全球资源配置能力,有助于粤港澳大湾区成为引领国家经济转型升级的国际科技创新中心。

第三,构建开放型经济新体制为粤港澳大湾区协调发展提供了制度条件。粤港澳大湾区具有发展开放型经济的优越条件,在改革开放进程中一直走在全国前列。香港和澳门作为特别行政区,司法独立,具有自由港和独立关税区地位,国际化程度高,是我国对外开放进程中的重要枢纽和主要门户。多年来,在世界银行全球营商环境排名中,香港始终保持前列,被认为是全球最开放、最具活力、最具竞争力的经济体之一。澳门是中葡经贸合作平台,在粤港澳大湾区与拉丁美洲和葡语系国家之间的合作交流中发挥着桥梁与纽带的作用。珠三角地区拥有广大的国内市场腹地,同时作为改革开放先行地,市场化水平在全国处于前列,初步形成了一套与国际接轨的体制机制,营商环境不断优化。在国家加快构建开放型经济新体制的背景下,粤港澳三地都有意愿降低三地制度差异,增进三地政策协调,加强区域发展协同,共同构建符合国际惯例和规则的开放型经济新体制,促进区域内外要素便捷流动,推动粤港澳大湾区成为全球最具活力的经济区。近年来,广东自贸区正在按照市场化、国际化、法治化的要求,建立更加开放透明的市场准入管理模式,完善外商投资事中事后监管体系,健全投资贸易法律法规制度,着力构建稳定、公平、透明、可预期的全球营商环境最佳区域。2018年,香港出台科技人才入境计划,彰显了破除本地保护主义、扩大湾区高科技人才流动的决心。

(二) 体制机制障碍

第一,粤港澳市场经济体制和社会制度的差异。港澳与内地在政治制度、社会管理体制、经济制度和生活方式等方面存在较大差异。特别是在市场经济体制方面,香港与澳门作为自由港,强调市场主体的自主运营,着力减少政府规制,"小政府、大市场"的市场经济管理体制增强了港澳的经济活力以及对各类要素的吸引力。但香港和澳门的市场经济体制也不可避免地使政府缺乏权力和能力扶持科技创新活动,不能很好地促进产业升级,应对全球竞争。相比港澳地区来说,内地的社会主义市场经济更强调发挥政府在宏观调控、产业发展以及行业监管中的重要作用。但是,在内地不少领域中,市场在资源配置中的决定性作用仍有待确立,政府干预过多或监管不到位等现象仍很突出,社会主义市场经济体制仍需要不断改革和完善。粤港澳三地在市场经济理念、体制和运行等方面存在的明显差异，对湾区要素便捷流通、产业优势互补发挥和区域经济协调发展造成了明显影响。例如：内地的行业准入资质与市场监管受制于政府行政审批，与港澳更注重行业集体自律的做法不同，增加了湾区资质互认以及专业服务人才跨境执业的难度；内地各项税率远高于港澳，导致港澳人才不愿在湾区内地城市长居；内地对境外金融机构投资设定的门槛仍然较高，阻碍了港资金融机构在珠三角的投资；香港和澳门对科技创新的促进政策明显缺乏，影响了湾区内地城市的科技创新人才到港澳创新创业；等等。

第二，粤港澳三地的关境障碍影响要素跨境流动和湾区协调发展。珠三角、香港、澳门分属3个关税区。香港和澳门独立关税区可自主制定关境政策，珠三角的9个城市属于内地关税区，因此，货物、人员、资金和信息在湾区的跨境流动受到限制。即使没有流通限制的要求，在跨境流通时也要通过关境的检查和监控，从而降低了流通速度。因此，粤港澳之间必然存在要素流通的"关境之上"障碍。同时，作为独立关税区域，湾区的内地城市和港澳又各自拥有历史遗留的、彼此有巨大差异的技术标准与行业准入资质，这些构成了湾区要素流通的"关境之后"障碍。例如：港澳对各类内地人才计划有名额限制，赴港澳商务签注申请不便且有停留限制；内地对双向跨境资本流动有审查机制，影响湾区跨境投融资合作；粤港、粤澳海关和边检部门技术标准不同且缺乏信息互通，导致口岸重复查验问题突出。会计、法律等专业服务业的准入资质差异妨碍了湾区专业服务人才的跨境执业。内地对信息和资金的流动限制比港澳多，影响了湾区机构和个人的跨境运作。粤港澳大湾区存在3个关税区，要素流通障碍导致湾区难以完全形成集聚经济效应与创新溢出效应，阻碍了湾区三地形成真正的利益共同体，放大了湾区三地本位主义政策的负面影响。

第三，粤港澳三地还未形成合作治理长效机制。粤港澳合作缺乏政策沟通协调的长效机制，目前的粤港、粤澳合作联席会议的会面频度低、会期时间短，导致三方不可能就具体事项和问题进行深入讨论和研究。会议的决议限于基本的合作原则和意向，很少有深入、具体的实施细则。此外，粤港澳合作依据《关于建立更紧密经贸关系的安排》（Closer Economic Partnership Arrangement，CEPA）、《粤港合作框架协议》和《粤澳合作框架协议》等文件，缺乏明确的法律授权，且未完成《中华人民共和国立法法》规定的相应的法律立法程序，其法律位阶和效力不确定，导致执法和司法层面难以有效落实相关文件中涉及的粤港澳合作内容。缺乏政策协调的地方主义治理模式会导致湾区三地政策制定的本位主义倾向，降低湾区政策协调效率，阻碍湾区协调发展。例如：珠三角城市为了控制本地房价，出台针对港澳居民的限购政策；2014年，香港屯门垃圾填埋场建设项目在环评中未考虑对深圳环境的影响；等等。

三、欧盟区域协调发展经验及对粤港澳大湾区的启示

作为一种制度异质性下的跨境合作，欧盟的区域协调发展机制对粤港澳大湾区具有一定的借鉴与启示意义。陈瑞莲（2006）和刘婷婷（2011）梳理了作为主权国家联盟的欧盟的区域协调发展政策。然而，现有文献对欧盟跨境协调发展政策的梳理集中于跨境行政治理协调，忽略了欧盟在消除要素跨境流通障碍、促进市场体制对接等方面的政策努力，以及这些政策对欧盟区域协调发展的重要意义。2003年以来，CEPA的实施为粤港澳合作

奠定了制度基础，但市场体制差异和要素流通障碍仍然是粤港澳大湾区实现协调发展面临的重大挑战，欧盟推动区域市场一体化的经验可以为粤港澳大湾区实现区域协调发展提供借鉴。

（一）欧盟区域协调发展的经验总结

第一，构建高标准规则，确保要素跨境自由流通。在人员流通方面，欧盟将自由迁徙设为基本自由。《欧洲联盟运行条约》第 20 条规定，具有欧盟成员国国籍的公民同时也获得欧盟公民身份，可在欧盟境内自由迁徙，包括无须签证的自由通行权、短期居住权以及跨境工作、求职、经营、求学者的长期居住权和超过 5 年跨境居住者的永久居留权。欧盟还规定了长期跨境居住者的国民待遇。通过《申根协定》，欧盟确保申根国取消相互之间的边境检查，并确立统一外部边境控制标准。在物资流通方面，欧盟致力于全面简化通关程序。欧盟通过制定和实施 3 部海关法典，取消内部关税，通过电子海关系统建设简化和统一海关手续，实现数据在成员国海关和其他边境部门之间的共享与交换；制定了"单一接入点"框架，确保报关人员能在单一电子界面处理所有与海关相关的业务。在资金流通方面，欧盟原则性规定成员国之间，以及成员国和第三国之间的资本流动与支付限制完全消除。同时，要求培育单一、开放、竞争和高效的金融服务市场。为实现最大程度资金跨境流通自由，欧盟还建立欧元区，实行统一货币，资金跨境无须兑换。欧盟在信息发布、电信漫游、数据存储等方面推进信息自由流通。欧盟很早就建立了聚集欧盟各类政策、产业、生活和统计信息等的统一信息平台，并建成了全球最大的、统一的政府数据开放平台。欧盟还在 2017 年取消了跨境漫游费。通过取消限定数据存储地点的成员国法律、允许政府监管机构跨境获取数据、鼓励互联网厂商实现服务和标准互联互通等方式，欧盟鼓励和推动数据跨境自由流动。

第二，实现各成员国市场规则的全面对接。欧盟力图统一成员国的市场准入、市场监管和产品技术标准，从而有效降低市场主体在不同欧盟成员国之间市场运营的交易成本。首先，欧盟通过统一行业准入标准减少跨境投资障碍。在最为敏感的金融业准入方面，欧盟制定统一的资本充足率和风险标准，对银行、投行、基金公司等金融机构实行单一牌照，规定只需在本国得到批准，成员国的金融机构可在其他欧盟国家开展业务或建立分支机构而无须额外许可；针对来源于欧盟之外经济体的外商投资，欧盟委员会于 2017 年 9 月 14 日公布了外国直接投资审查的欧洲框架建议，试图建立各成员国外资审查机制均应遵守的整体框架，为现有或者将有外资审查机制的成员国提供一套最低的标准。在事中、事后监管方面，欧盟在知识产权、环境保护、劳工保护、市场竞争、网络数据监管和农业补贴等方面努力实现成员国间统一的监管框架，确立最低标准，共享产业补贴。以个人隐私数据保护规则为例，欧盟 2018 年颁布的《通用数据保护条例》大幅提升了欧盟网络数据的管辖范围和监管水平，确定了欧盟境内公民信息保护的覆盖范围、主管机构、合规要求等。欧盟还力图建立统一的产品技术标准。长期以来，欧盟努力协调成员国的技术法规、标准和合格评定程序。欧盟理事会和委员会制定的条例超过 300 个，覆盖了基本指令、通用指令、特定产品指令。欧盟要求成员国将这些指令在规定时间内无条件转化为本国法律，并要求进入欧洲的产品必须符合这些指令的基本要求。

第三，构建超国家的区域政策协调体系。欧盟在区域治理体系方面突破了跨境政策协调的狭隘范畴，构建了整个联盟体系内的多层治理体系。欧盟委员会、欧洲理事会和欧洲议会构成超国家的治理体系，分别负责执行、决策和监督执行。欧盟不仅通过制定统一的市场规则和要素流通规则来协调欧盟对外立场，还致力于协调区域发展，实现各国权利平衡和利益表达畅通。在纵向层面，区域协调的职能机构主要包括：欧盟委员会内设立第16事务部，即区域政策事务部；欧盟理事会内设立区域政策委员会；欧洲议会内设立区域政策委员会（The Committee of Regions，CoR）。CoR是代表欧盟地方政府利益的机构，主要职能是向欧盟委员会或欧盟理事会提供区域政策的咨询意见。在横向层面，欧盟努力构建涵盖各成员国地方政府、私营部门、非政府组织和超国家非政府部门（如欧洲投资银行）的沟通网络，包括区际规划委员会、大都市区合作委员会等（陈瑞莲，2006）。此外，欧盟国家还在实践中探索了其他跨境合作模式。例如，丹麦、瑞典"两国一制"的奥尔胡斯区域合作（Oresund Region），其政策协调架构包括两国间、区域主体间和各级政府间的区域合作组织体系（陈瑞莲，2006）。实践中，奥尔胡斯区域合作增进了两国边境大学和医院的紧密合作，引入和创建了很多公司，已成为斯堪的纳维亚国家引领全球竞争力和吸引外国投资的领头羊。

（二）欧盟区域协调发展经验对粤港澳大湾区的启示

欧盟区域在保障要素自由流动、实现市场体制对接和构建区域协调体系等方面的实践探索推动了欧盟区域市场高度一体化发展，这些经验探索对粤港澳大湾区推动跨境协调发展具有重要的启示。

第一，强有力的政治意志是实现区域协调发展的根本。欧盟的构想源于第二次世界大战后欧洲各国政治家实现欧洲自强、独立、和平的政治构想。出于实现欧洲一体化的政治意愿，欧洲各国能求同存异，互相妥协，积极构建促进欧洲协调发展的体制机制。在长达半个世纪的一体化过程中，欧盟各成员国以坚强的政治意志克服了对失去本国主权的担心、对要素流通可能会冲击本国产品和就业的焦虑、对区域跨境补贴的反对以及对一体化进程倒退的彷徨。当前，粤港澳大湾区实现区域协调发展面临粤港澳三地，乃至珠三角9个城市内部的局部利益调整问题。例如，港澳居民担心引入内地人才会冲击本地就业，珠三角9个城市担心湾区大型基建规划会影响本地利益，等等。消除这些利益冲突，需要湾区三地求同存异，克服障碍，建立实现区域协调发展的强有力的政治意志。粤港澳大湾区作为国家的重要构想，承担着创新区域发展机制、建设国际科创中心、助力国家构建开放型经济新体制的重要任务。中央层面会给予各类机制协调、政策权限方面的支持，而湾区三地要体会到粤港澳大湾区建设对国家的重要战略意义，认识到克服体制机制障碍、实现湾区协调发展是有利于三地长远发展的重要机遇，从而建立区域协调发展的坚定的政治意志。

第二，体制机制创新是实现区域协调发展的保障。通过构建超国家层面的协调机制，欧盟将跨国政策协调深入到各类区域发展议题，能够确保各成员国统一政治意志，对接市场规则，消除要素流通壁垒，解决区域协调发展面临的各类问题。构建包含各级地方政府以及商会、工会、非政府组织等民间组织在内的横向沟通网络有助于欧盟形成区域协调发展的民间共识，减少对区域一体化的误解和反对。在"一国两制"的制度背景下，港澳区拥有高度自治权，湾区三地的政策沟通与协调面临着缺乏法制基础和难以克服本地主义治理倾向的难题。虽然签署了《粤港合作框架协议》和《粤澳合作框架协议》，建立了粤港、粤澳联席会议等政策协调机制，但当前湾区三地仍缺乏法制化、常态化、有约束力、可问责的政策协调机制，也缺乏各类民间组织参与湾区区域治理的渠道。粤港澳三地需要在国家出面协调的基础上，创新现有的湾区政策协调机制，建立湾区政策合作的法制框架，实现常态化的政策沟通与协调，完善区域治理民间参与机制，实现区域协调发展的体制机制创新。

第三，高水平的要素便捷流通是区域协调发展的核心问题。要素跨境自由流通是实现区域产业优势互补、发挥区位集聚效应、构建区域协调发展的基础。提升要素流通便捷程度是欧盟超国家协调机制的核心任务。通过实现高水平的人员、物资、信息、资金的跨境流通，欧盟有效促进了区域发展平衡，改善了要素集聚效率，提升了国际竞争力。要素流通不畅通一直妨碍着粤港澳区域整体优势的发挥，在"一国两制"和"三个关税区"的制度背景下实现要素流通便捷化是湾区协调发展的重要任务。粤港澳大湾区可借鉴欧盟的经验探索，通过区域合作协议的法律形式确立湾区要素便捷流通的各阶段目标，确立各类要素流通的法律权利；通过区域政策协调机构的强力推进，全面消除各类要素流通的障碍。

第四，市场体制对接是实现要素便捷流通的重要环节。通过协调欧盟各国的市场准入、事中事后监管和产业技术标准，欧盟大幅减少了机构和人员跨境运作的障碍。当前，湾区三地在市场经济体制和产业技术标准方面的差异巨大，妨碍了三地机构、企业和人员的跨境运作，阻碍了人员、物资、信息和资金的跨境流通。签订《CEPA经济技术合作协议》和《CEPA服务贸易协议》后，内地与港澳已经加快实现行业准入资质、产业技术标准的对接。广东自贸区在市场准入制度、事中事后监管、贸易投资便利化等领域的制度创新也以加快对接粤港澳营商环境为目标。当然，作为"一国两制"制度背景下的3个关税区，粤港澳三地的市场规则必然存在较大差异，通过政策协调和体制改革，努力对接影响湾区要素流通最关键的市场规则，构建湾区参与国际竞争合作的制度优势，是湾区三地需要进一步探索的方向。

四、推动粤港澳大湾区协调发展的体制创新建议

针对粤港澳大湾区"'一国两制'、三个关税区和三种法律体系"的独特制度环境，在坚持"一国两制"的基本原则下推动粤港澳大湾区协调发展，既需要破解市场一体化的体制机制障碍，促进湾区要素便捷流动，也需要加强营商规则对接，推动湾区形成国际一流的营商环境，还需要创新三地合作机制，推动湾区形成协调发展新格局。

（一）破解市场一体化的体制机制障碍，促进湾区要素便捷流动

一体化的市场环境是促进湾区要素跨境顺畅流通、实现三地产业共同升级、培育湾区国际竞争合作新优势的重要基础，也是推动体制创新、实现湾区协调发展的重要突破点。因此，国家相关部委和粤港澳三地要加快研究破解市场一体化的体制机制障碍，推进湾区人才、物资、资金、信息等要素的顺畅流动。在人才流动方面，重点是改善湾区社会民生，关键是建设公共服务共享体系。建议由国家牵头，联合相关部委与粤港澳三地政府，

推动粤港澳三地的人员流动，扫除居住就业、创新创业等方面的障碍。税收制度、过境签证、边检制度、居留许可等牵涉到"一国两制"以及中央事权的敏感议题，更需要国家相关部委负责协调；同时，阻碍湾区内人才流动的公共服务障碍中细节问题的解决，如跨境交通卡等，关系着全面实现湾区城市群生活的同城化，需要粤港澳三地密切合作与协商。在物资流动方面，湾区要完善口岸执法机构的机制化合作，推进检验检疫、认证认可、标准计量等方面的合作。在资金流通方面，广东应深化跨境金融基础设施和监管制度建设，继续推进跨境人民币业务创新，推动跨境贸易和跨境投资人民币结算业务，深化外汇管理体制改革，率先试点限额内资本项目可兑换，推动建立与自贸区发展相适应的自由贸易账户管理体系。在信息联通方面，应逐步降低粤港澳移动电话漫游通话资费，逐步实现通信一体化。探索在广东自贸区3个片区针对科研、金融等用途建设国际通信专用数据通道，构建与港澳直连互通的互联网环境。

（二）加强营商规则对接，推动湾区形成国际一流的营商环境

香港和澳门都是全球开放程度极高的全域自由港，对标香港的商事制度有助于湾区改善营商环境，建设国际一流湾区。广东自贸区以制度创新为核心任务，通过"先行先试"降低湾区制度创新风险，形成以开放促改革、促创新、促发展的新格局。因此，借鉴港澳商事制度，发挥广东自贸区的制度创新优势，在强化3年改革措施的系统集成的基础上，深化投资管理体制改革，加快营商规则对接，试验高标准国际贸易投资规则，有利于湾区加快形成市场化、国际化、法治化的营商环境。在投资管理改革方面，广东自贸区需要全面实施高水平的投资便利化措施，率先试行市场准入负面清单，试行行业协会与行政机关脱钩改革，完善反垄断审查制度和知识产权保护制度，改善中小企业的信息、人才、科研等公共服务环境。在实现湾区市场规则接轨方面，广东自贸区要推进粤港澳营商规则互认和统一标准，在企业注册登记、许可证授予、人才引进、融资、跨境交易、投资者保护、履约、结算等方面加强与港澳对接，建立湾区统一的行业监管体系，推进粤港澳在商事仲裁、社会信用等方面的合作。作为制度创新高地，广东自贸区还要跟踪国际贸易投资规则的最新进展，在境内规制、竞争中立、权益保护等新一代贸易投资规则议题方面开展"先行先试"，在确保安全底线的前提下开展相关议题的制度创新试验，具体包括：逐项审查现有各项规制措施与准入标准的必要性，削减不必要的准入限制和规制措施，实现境内准入和规制的竞争中立性；完善政府采购目录，减少对港澳服务提供者的歧视，实现政府采购的信息公开以及采购程序和流程的标准化；借鉴香港"清洁生产伙伴计划"等现行政策，实现自贸区内劳工、环境保护的跨境政策协调；在自贸区与港澳协调共同的数据存储与跨境数据转移规则，与港澳协同维护自贸区内数据存储的安全。

（三）创新三地合作机制，推动湾区形成协调发展新格局

一直以来，粤港合作联席会议和粤澳合作联席会议在推动粤港澳区域合作发展中发挥着重要作用。开展粤港澳大湾区规划，首次把香港、澳门纳入国家区域发展战略规划，有利于港澳加快融入国家发展大局，也有利于更好地发挥港澳在国家经济发展和对外开放中的独特功能。因此，开展和实施粤港澳大湾区规划，应创新区域合作机制，推动湾区形成协调发展新格局。一方面，建议成立国家层面的粤港澳大湾区合作发展领导小组（由国

家相关部委和粤港澳三地选派人员组成），实现推进粤港澳大湾区发展规划的统筹，研究解决粤港澳大湾区合作发展的重大问题，为大湾区的建设与发展规划的高效实施提供制度保障，使港澳更好地融入国家发展大局；另一方面，发挥粤港合作联席会议和粤澳合作联席会议的协商机制优势，适应粤港澳大湾区作为一个共同体协调发展的需要，整合两个联席会议的功能，为了完善省区层面的协调机制与对话框架，可以探索成立粤港澳合作联席会议，共同研究基础设施建设、科技装备设施布局、重点产业创新合作、生态环境保护等重大问题，从而实现规划衔接，确保空间布局协调、时序安排统一。对于作为国家重大战略性资源的港口，可成立粤港澳大湾区港口联盟，通过协调各港口的功能定位，推动航运产业分工，联合海上丝绸之路沿线港口制定标准与规则，合力打造粤港澳大湾区国际航运中心。

参考文献

[1] 毛艳华. 珠三角增长模式：特征、影响与转型[J]. 广东社会科学，2009（5）.

[2] 孙久文. 从高速度的经济增长到高质量、平衡的区域发展[J]. 区域经济评论，2018（1）.

[3] 张晓强. 粤港澳大湾区建设，要以改革为发展注入强大动力[J]. 南方，2017（11）.

[4] 毛艳华，荣健欣. 粤港澳大湾区的战略定位与协同发展[J]. 华南师范大学学报（社会科学版），2018（4）.

[5] 范恒山. 促进区域协调发展：基本方向与重点任务[J]. 经济研究参考，2014（13）.

[6] 刘志彪. 区域经济协调发展的根本路径与长效机制[J]. 探索与争鸣，2012（6）.

[7] 倪鹏飞，刘伟，黄斯赫. 证券市场、资本空间配置与区域经济协调发展：基于空间经济学的研究视角[J]. 经济研究，2014（5）.

[8] 罗富政，罗能生. 地方政府行为与区域经济协调发展：非正式制度歧视的新视角[J]. 经济学动态，2016（2）.

[9] 展金泳，张海荣，李浩. 粤港澳区域经济协调发展的时间演变与空间分布研究[J]. 城市发展研究，2016（8）.

[10] 陈瑞莲. 欧盟国家的区域协调发展：经验与启示[J]. 政治学研究，2006（3）.

[11] 刘婷婷. "泛珠三角"区域经济协调发展机制的构建：以欧盟区域协调为启示[J]. 特区经济，2011（9）.

粤港澳大湾区建设中区域协同发展的路径与对策

林昌华　林　珊　曾志兰[*]

摘　要：在粤港澳大湾区建设上升为国家战略的大背景下，本文通过分析大湾区协同发展的内外部环境，剖析区域协同发展潜力及趋势表现，探索粤港澳大湾区经济社会发展持续稳定繁荣的路径与对策。基于可靠的现状分析，文章提出：要贯彻落实新发展理念，共建大湾区现代化经济体系，全面提升国际竞争力；借鉴全球经验打造区域良性互动融合发展的创新生态系统，实现经济社会健康协同发展。

关键词：粤港澳大湾区；协同发展；区域一体化

近年来，伴随着经济全球化和区域一体化进程的加快推进，大湾区已成为带动全球经济发展的重要增长极和引领技术变革的领头羊，由此而衍生出的经济效应被称为"湾区经济"。"湾区经济"在区域一体化发展中的地位举足轻重，对拉动世界经济增长发挥着越来越重要的作用。世界银行的调查数据表明，全球经济总量中的60%源于港口海湾地带及其直接腹地。"湾区经济"逐渐引起全球学者的广泛关注，成为当前学界研究的热点问题。从全球范围看，旧金山湾区、纽约湾区、东京湾区这三大湾区对全球经济发展的引领示范效应获得了世界的广泛认同，为我们提供了诸多协同发展的有益经验和规律。主要体现为大湾区的发展有利于推进区域一体化，快速消除制约区域发展的阻碍因素，促进不同主体间在经济、社会、文化和生态等方面的统筹协作，推动各类市场及生产要素迅速自由流动，在区域内实现资源优化合理配置，全面提高区域发展协作和生产效率，通过协同获得最大区域发展效益，实现不同主体的互利共赢。粤港澳地区作为我国东南沿海的经济发展核心区域，经济联系紧密，总体发展水平领先，合作优势突出，协同发展趋势日益凸显，实施粤港澳协同发展战略是大势所趋，也是实现大湾区一体化的重要途径，对推动全国区域协同发展具有重要的引领示范效应，对探索区域创新合作、提升经济内生动力意义重大。尤其是在"一国两制"下，港澳联系日益密切，两地经济社会发展深度交融，加上港澳制度相近、文化相通、社会相融的先天优势，必将在当前"粤港澳大湾区"战略实施的大背景下发挥区域协同发展的向导优势，带动引领整个大湾区进一步深度融合发展。笔者正是基于这一角度，探索港澳如何发挥特别行政区的优势，率先实现协同发展，为今后整个粤港澳大湾区更好地协同融合提供指引。

---

[*] 林昌华，福建社会科学院副研究员，中国社会科学院马克思主义学院博士生。林珊，福建社会科学院亚太经济研究所研究员。曾志兰，福建社会科学院副研究员。

一、粤港澳大湾区建设的背景及重大意义

粤港澳地区交通基础设施完备，资源要素高度集聚，区域经济联系紧密，是我国有全球影响力的先进制造业基地，拥有全球领先的现代服务业，已成为我国未来经济社会发展的代表性重要增长极。据统计，目前整个大湾区的人口总量已有6000多万人，GDP总量超过1.30万亿美元，大湾区未来将是全球范围内极具经济活力和发展潜力的新湾区。这些条件为"粤港澳大湾区"战略的提出，奠定了重要的经济基础和发展前提。多年来，粤港澳合作始终是国内外关注的热点问题，应运而生的"大湾区战略"是涵盖香港和澳门在内的珠三角区域融合发展的升级版，它是由改革开放以来前店后厂的区域经贸发展格局演变为先进制造业和现代服务业有机融合的重要示范区；成功实现了区域合作的凤凰涅槃和华丽转身，并逐步成为我国改革开放的前沿和经济增长的重要引擎。2017年3月，李克强总理在第十二届全国人民代表大会第五次会议所做的政府工作报告中指出，要推动内地与港澳深化合作，研究制定粤港澳大湾区城市群发展规划，发挥港澳独特优势，提升其在国家经济发展和对外开放中的地位与功能。党的十九大报告中又强调实施区域协调发展战略，再次为"湾区经济"建设提供了路线指引，势必会收获一批大湾区发展的政策红利，促使湾区经济加快释放发展潜力。2017年7月1日，在习近平主席的见证下，《深化粤港澳合作 推进大湾区建设框架协议》在香港签署，大湾区战略开始从区域经济合作战略上升到全方位对外开放的国家战略，为粤港澳城市群未来的发展带来新的机遇，注入新的动力。香港和澳门在回归祖国后，"一国两制"的探索和成功实践激发了港澳地区巨大的发展动能，有效促进了港澳地区持续繁荣稳定，地区经济发展成效全球瞩目，在大湾区战略的有力推动下，香港和澳门的深度协同发展也必将步入新的历史阶段。对粤港澳大湾区协同发展路径进行深入探索，有利于进一步发挥两个特别行政区的区域和政策优势，全面强化内地与港澳的对接融合，对优化区域协同发展策略具有重要的参考价值。

二、粤港澳大湾区协同发展的态势

粤港澳大湾区建设不仅为珠三角地区的发展注入了新活力，也为香港特别行政区和澳门特别行政区寻找发展新动力、开拓发展新空间、融入国家发展大局提供了新机遇。粤港澳大湾区建设是推进新一轮改革开放、实现高质量发展的重大机遇。

（一）大湾区科技创新领域集聚融合发展的态势日益凸显

科技创新是提高社会生产力和综合国力的战略支撑。粤港澳大湾区作为全球最具经济活力的城市群之一，湾区内各城市优势各异。在大湾区战略背景下，融合集聚创新的态势加速显现，粤港澳三地正致力于借鉴世界其他重要湾区的发展经验，结合自身的创新能力现状，在互动融合的基础上，进一步突破制度障碍，加大体制机制创新力度，高层次决策机制和政策协调机制开始紧密衔接，粤港澳三地新型合作平台逐渐增加，创新融合发展的重大基础设施建设快速推进，三地人员、资金、货物等来往便利化程度明显提高，有力地促进了全球科技创新、金融、产业和人才等要素在粤港澳大湾区集聚，为助力国际一流湾

区和世界级城市群建设奠定了坚实的基础。

（二）大湾区协同共建现代产业集群的力度加大

当前，粤港澳三地高度重视产业发展的协同推进，产业合作紧密衔接；加快推进产业转型升级，致力于齐心协力培育新兴产业，打造现代产业集群。在依托珠三角地区世界制造业中心的优势基础上，充分利用港澳强大的金融服务能力，加快推进产业区域协同整体转型升级，致力于重点培育 IAB（新一代信息技术、人工智能、生物医药）、NEM（新能源、新材料产业）等新兴产业，推动产业向价值链高端跃升，打造粤港澳大湾区区域发展的价值洼地。

（三）大湾区互联互通层次提升无缝对接融合的趋势显现

伴随着港珠澳大桥等一批重大交通设施投入使用，大湾区互联互通的优质生活圈开始全面形成，融合发展优势快速增强。尤其是湾区城际轨道交通、高速公路、水运等交通设施建设项目的顺利推进，粤港澳三地人员、货物和资金往来的机制政策举措不断出台，有力地促进了创新要素在湾区内便捷流动；粤港、粤澳"一地两检""合作查验、一次放行"新型通关便利化措施的推广落实平稳推进，促进了粤港澳三地在就学、就业、生活方面的深度融合；大湾区教育、医疗、就业、文化等重大民生项目建设顺利开展，大湾区生态建设协同一体推进顺利，有利于打造宜业、宜居的一小时优质生活圈。

三、粤港澳大湾区协同发展的对策建议

当前，在经济全球化的背景下，"湾区经济"全面崛起。伴随着中国特色社会主义进入新时代，中国经济发展步入新阶段，代表中国经济活力未来新动向的大湾区加快成形，粤港澳大湾区势必成为引领中国"湾区经济"创新发展的重要一翼。以粤港澳为引领的区域协同发展的格局将起到重要的引领助推作用，发挥出区域协同创新的示范效应，为大湾区实现跨越发展，成为世界"湾区经济"新活力中心奠定更加坚实的基础。通过前述分析可以获知，香港和澳门在回归祖国 20 多年的经济社会发展中，呈现出了一些新的特征，也面临着一些需要克服的制约因素。主要表现为：一是经济社会持续稳定繁荣，经济社会发展稳步提升，国家对港澳发展政策的坚定支持取得了显著成效，有效支撑了两地经济社会同步平稳发展；二是港澳经济社会的合作互通程度弱化，两地整体协同度波动明显，协同合作趋势出现一定程度后劲不足的迹象，有待进一步拓展协同合作的空间；三是港澳协同发展瓶颈开始逐渐凸显，呈现出协同发展滞后的现象，有待进一步弥合两地经济社会发展的差异，探索创新互动发展的合作模式，全面拓展联动发展的空间，充分释放特别行政区政策红利，如此才能为大湾区注入最大限度的发展动能。根据以上研究结论，可提出以下几个方面的对策建议。

（一）借鉴全球一流湾区经验打造区域协同发展的世界名片

全面吸收旧金山湾区、纽约湾区和东京湾区世界三大湾区成功定位的发展经验，依托粤港澳大湾区雄厚的经济社会发展基础，充分发挥香港和澳门特别行政区的政策优势，全

力推动技术革新、合作创新，大胆采纳利用新技术，鼓励探索发展新模式，努力构建具有示范效应和世界影响力、适应当前全球格局复杂变化的特色区域发展样板。应定位于打造现代服务业高地，提升中国湾区名片的全球影响力，主动瞄准高端服务业，致力于推动以金融保险、智能生态、信息技术、知识经济等为代表的极具附加价值的高端服务业向区域内集聚，突破地域和时空限制，发挥粤港澳各自的独特优势，尤其是要促进香港发达的金融业、澳门专业的服务业与珠三角广阔的产业空间深度融合、互补协同，推动高端要素资源在区域内全面自由流动，实现发展动能的共创共建共享，进一步激发区域协同发展潜能，形成经济社会发展的国际化和包容性特征，博引全球领先区域的先进发展理念，汇聚互通共进的区域发展合力。

（二）更加注重利用港湾发展效应增强国际竞争优势

顺应经济全球化和自由贸易的发展趋势，粤港澳大湾区拥有世界上最大的海港群和空港群，要依托发达的交通网络和优良的港口条件，充分发挥港湾独特的进出口优势，推动临港产业布局优化，加快湾区产业发展的协调配合，提升港口发展的规模和效益，助推区域经济发展集聚化和整体协同性，进一步提高湾区经济的运转效率，进一步强化完备的法律制度、自由贸易政策和公平开放的竞争环境等方面的软硬件配套，增强湾区在制度、政策、资源、港口腹地和航线等领域的比较竞争优势，促进区域协同向更高级阶段发展，致力于成为中国对接海内外的纽带和主导国际分工的重要阵地，打造有利于激发国际贸易活力的世界贸易中心。

（三）全力构建区域良性互动协同发展的创新生态系统

在注重提升经济社会协同发展硬件配套的同时，不能忽视协同发展的软环境建设。应致力于营造有利于湾区协同嵌套的适配创新生态系统软环境，以此形成对高效经济社会发展模式的有力支撑。尤其是要注重营造区域一体化发展的技术创新文化氛围，形成以绿色发展为导向的湾区空间开发格局，拓展经济、科技、文化交融的创新空间，如此才能获得具备全球视野的影响力和更高的美誉度，吸引全球资本、人才、技术的快速汇集，促进区域资源要素的统筹流动，提高区域发展的包容性和互动性，强化在服务、创业、环境等方面的核心竞争力，形成区域一体化的高效协同系统，实现区域协同价值最大化，为引领区域经济社会融合发展提供更加坚实的保障。

（四）注重内涵式发展，实现经济和社会发展的全面协同

在大湾区的发展视野下要实现区域一体化发展，必须以产业融合为突破口，强化全方位互动合作，缩小区域内产业及城市发展等方面的差距，逐步实现经济社会的全面协同，根本性地弥合湾区经济发展的区域鸿沟。推动区域全面、全方位协同发展才能突破湾区未来协同发展的瓶颈问题，才能实现在港澳引领带动下逐步提升整个湾区在金融、服务、贸易、教育、人才、旅游等方面的整体国际化水平，并在信息基础设施、现代社区、现代医疗、现代能源、现代交通等区域现代化发展领域同步并进，充分提升大湾区发展品质，体现内涵式联动发展的要求。

参考文献

[1] 王丽,刘京焕. 区域协同发展中地方财政合作诉求的逻辑机理探究 [J]. 学术论坛,2015 (2):48-51.

[2] 王得新. 我国区域协同发展的协同学分析:兼论京津冀协同发展 [J]. 河北经贸大学学报,2016 (3):96-101.

[3] 柳建文. 要实现区域协同发展应构建社会机制 [J]. 学术界,2017 (11):248.

[4] 宣晓伟. 中央地方关系的调整与区域协同发展的推进 [J]. 区域经济评论,2017 (6):29-38.

[5] 胡小武. 城市群的空间嵌套形态与区域协同发展路径:以长三角城市群为例 [J]. 上海城市管理,2017 (2):18-23.

[6] 孟庆松,韩文秀. 复合系统协调度模型研究 [J]. 天津大学学报,2000 (4):444-446.

[7] 穆东,杜志平. 系统协同发展程度的 DEA 评价研究 [J]. 数学的实践与认识,2005 (4):56-64.

[8] 翟爱梅,马芳原,罗伟卿. 区域金融一体化的阶段水平与发展轨迹的测度方法 [J]. 数理统计与管理,2013 (5):883-895.

[9] 祝佳. 创新驱动与金融支持的区域协同发展研究:基于产业结构差异视角 [J]. 中国软科学,2015 (9):106-116.

[10] 李健,范晨光,苑清敏. 基于距离协同模型的京津冀协同发展水平测度 [J]. 科技管理研究,2017 (18):45-50.

基于"加法"视角的粤港澳大湾区建设问题研究

杨 英*

摘 要:"粤港澳大湾区"与之前的"珠三角与港澳合作"最大的区别便是,后者是粤港澳各地均将对方看成自身发展的外部合作对象,而前者则是粤港澳均以整体发展为着力点。目前,关于粤港澳大湾区规划与建设方面的研究文献,呈现两大基本特点及局限性:一是基本上均以世界上建设较为成功的纽约湾区、东京湾区和旧金山湾区为对标;二是基本上都是通过探索"消除"建设粤港澳大湾区内各异质区约束区域资源整合的障碍,去促进区内有限度的整体发展。本文指出粤港澳大湾区只有运用"加法法则",即着力于"寻求、发掘及发挥"这一特点所蕴含的多种优势,才能得到高效的发展。讨论运用"加法法则"规划与建设粤港澳大湾区的总体思路,提出树立"粤港澳大湾区"整体观念、系统研究整合区域潜在优势、促进经济运行机制高效对接、科学引导粤港澳大湾区分工与协作体系建设、构建高层次及多层次的协调机制等政策建议。

关键词:粤港澳;大湾区;区域潜在优势;规划与建设

粤港澳大湾区建设是促进珠三角与港澳经济整体共同发展的重要举措。经过长期的合作,粤港澳或珠三角与港澳的经济社会合作及区域一体化已达到相当高的水平。目前,粤港澳三地社会经济发展已处于"谁也离不开谁"的状态。在这一区域合作的总体格局下,可以看出"粤港澳大湾区"与"珠三角与港澳合作"两个概念的不同之处:后者是粤港澳各地均将对方看成自身发展的外部合作对象,着重强调了珠三角与港澳之间通过相互协调以将三地推向"无缝隙"合作;而前者则是着力于珠三角与港澳地区的整体化发展。为此,整体化发展应该是粤港澳大湾区的规划与建设的核心内容及切入点。继广东省于"十三五"规划中将粤港澳大湾区建设作为经济建设的一个重要战略之后,2017年3月中央又将其纳入国家战略。为促进其建设,大量专家投入粤港澳大湾区规划与建设方面的研究,并形成不少文献,为决策层提供依据。但是,目前多数文献的研究还是从"珠三角与港澳合作",而不是"粤港澳大湾区"的角度研究问题,因而对粤港澳大湾区建设的指导意义颇为有限。

---

* 杨英,暨南大学经济学院教授,博士生导师。

一、"减法法则"在规划与建设粤港澳大湾区上的局限性

区域竞争力是由区域功能而不是区域体量所决定的,而区域功能又是由一地各类发展条件以及能有效激发资源开发的可行的举措所支撑的。众所周知,粤港澳大湾区具"一国"、"两制"、"三系"(即"3个关税区、3种货币、3种法律体系")、"四核"、"五枢纽"和"9+2主体"等区域特殊性。这一特点使其在规划与建设初期,存在众多的关于制度及体制难以对接而产生的资源整合方面的摩擦及障碍,自然也拥有世界上其他湾区所没有的特殊的潜在发展优势。目前,多数关于粤港澳大湾区规划与建设方面的研究文献,呈现两大基本特点及局限性:一是基本上均以世界上建设较为成功的纽约湾区、东京湾区和旧金山湾区三大湾区为对标;二是基本上都是运用"减法法则"设定粤港澳大湾区的规划与建设路径,即通过探索"消除"建设粤港澳大湾区由上述特点所产生的约束区域资源整合的障碍,去追求促使其向有限量的可忍受的对接"缝隙"的方向发展,而不是运用"加法法则"着力于"寻求、发掘及发挥"这一区域特点所蕴含的多种优势,去发现并有效塑造具有独特功能及竞争优势的大湾区。虽然与纽约湾区、东京湾区和旧金山湾区等湾区相比,粤港澳大湾区有不少尚未发掘的区域潜在优势,但当下在经济运行机制对接方面的区域劣势也是十分明显的。如纽约湾区、东京湾区和旧金山湾区的市场是高度一体化的,市场在资源配置中起决定性作用,并不存在市场壁垒,经济要素是自由流动的,区域功能清晰且预期确定;而粤港澳大湾区则是在要素的流动上存在着于可见时间内难以消除的障碍(如观念的冲突、经济运行机制互不衔接、办事机制及法律差异、专业资格互认、产业发展机制、跨境及跨货币转换机制等方面的问题),其中的港澳与国际上其他经济体之间经济要素的流动障碍,比与大湾区内部的珠三角之间还少得多。仅着眼于解决这些问题,可能需要很长的时间才能达到"一体化"的效果。纽约湾区、东京湾区和旧金山湾区的区域关系是由成熟的市场机制这只"无形之手"高效调节的,而在粤港澳大湾区,"行政"与"市场"的关系尚未充分理顺,二者关系尚在磨合之中。欧盟虽由不同国家组成,其市场一体化及通过《申根协定》所营造的经济要素跨国自由流动,也足见其趋利避害的竞争优势。由此可见,仅运用"减法法则"指导规划与建设粤港澳大湾区,再努力也很难赶上当今世界上其他较为成功的湾区。

二、运用"加法法则"规划与建设粤港澳大湾区的总体思路

运用"加法法则"既可以增创其他湾区无法企及的优势,又能有效消除现有发展障碍。高效建设粤港澳大湾区,必须在现行主要靠运用"减法法则"的基础上,更多地考虑采用"加法法则"。所谓运用"加法法则"增创粤港澳大湾区发展的新优势,即根据粤港澳大湾区的区域发展特点,充分地寻求、发掘和利用其"一国""两制""三系""四核""五枢纽"和"9+2主体"这一特殊性所潜含的区域优势,为全面提升粤港澳大湾区的区域竞争力创造其他区域无法比拟的发展环境,并制定相应的可行性竞争策略。目前,粤港澳大湾区建设所遇到的许多合作及融合障碍问题,随着区域的独特潜在发展优势的利用及发挥自然会逐渐消失。因此,扬长避短地在采用"减法法则"消除大湾区内部

之间各种经济合作及融合方面的障碍的同时，更多地运用"加法法则"充分地寻求、发掘和利用区域优势，必将是有效地推进粤港澳大湾区建设的理性的选择。反之，一味地做"减法运算"，仅在消除区域劣势上下功夫，最终必定会出现不但约束粤港澳大湾区建设的关键因素没法完全消除，而且区域特殊的潜在发展优势也不能得到有效发掘及利用，进而影响粤港澳大湾区建设的有效推进的状况。运用"加法法则"的具体思路如下。

（一）粤港澳大湾区体制资源整合

所谓粤港澳大湾区体制资源，是指粤港澳大湾区所具有的"一国""两制""三系"等特殊性所表现及隐含的可资利用于优化及促进经济发展的区域特殊条件。这样的资源，在国际上几乎是独一无二的。

通过制度创新可以消除制度障碍及营造促进区域合作的制度环境。制度创新的形式按创新的来源可分为创设式制度变迁和移植式制度变迁两种（李文涛、苏琳，2001）。通过创设式制度变迁，可以有效发掘粤港澳大湾区"一国""两制""三系"所潜含的资源，搭构起有利于推进区域资源整合的体制及机制；通过移植式制度变迁，则能借鉴其他地区的制度及经验，设计出一整套可以结合区情并能促进本区域资源整合的相应的体制及机制。按照"加法法则"，增创粤港澳大湾区的显性及潜在优势，可以从以下两个方面探索主要路向。

1. 发掘并发挥"一国两制"的特殊优势

"一国两制"作为一种伟大的构想的实践意义已是有目共睹的。若能更充分地发掘其优势，相信对处于"一国两制"交汇核心区的粤港澳大湾区的建设会大有裨益。有学者（王英津，2012）将"一国两制"看成一种异质同体结构，即在一个国家共同政治架构的"同体"之下，存在经济、政治、文化、制度等方面"异质"区域的制度安排。在港澳两个特别行政区回归后，不与内地一样实行社会主义公有制及人民代表大会制度，而是继续保持其原有的资本主义经济制度、政治体制、法律制度和司法制度50年不变。这种"异质"和"同体"虽是一对矛盾，但巧妙地处理了一个主权国家内部"异质"和"同体"之间的关系，既为港澳继续繁荣稳定提供了必要的空间，又能实现国家的统一，以实现异质政体在统一政治架构下的和平共处与共同发展。具体做法：一是互相学习和借鉴对方的制度与文化的优秀成分，并促进不同文化和制度模式的交流与互补。如内地可以更多地向港澳特别是香港学习并吸收其在"使市场在资源配置中发挥决定性作用"方面的制度安排及具体做法，以提高发展效率；而作为自由港的港澳则可在宏观调控方面，一定程度上借鉴内地的做法，以增强对外部经济的应变能力。二是探索将内地市场潜力大、劳动力及科技资源丰富，以及"举国之力办大事"体制的优势，与港澳自由港市场机制发达、法制完善的优势相互结合的可行路径及形式。

2. 探索并寻求"三系"的交合优势

面对粤港澳大湾区分属3个不同的关税区、使用3种不同的货币、实行不同的法律体系的情况，我们应该通过分析、研究，寻求相关的应对措施，使之能在更加有效地消除各类经济要素于粤港澳大湾区内不同区域间高效流动的同时，转化为促进经济发展的区域特殊优势。具体操作时，推动整个粤港澳大湾区向"自由贸易试验区"转化，并在珠三角选择合适的区域建立自由贸易港。

就珠三角与港澳分属 3 个不同关税区而言，在当前国际贸易与经济合作上出现有悖全球化的"单边主义"及保护主义的环境下，要能够根据世界经济形势的发展特点，巧妙地利用不同关税区优势叠加、互换与整合机制，有针对性地在各关税区边境上建立不同类型的特别产业园区，使粤港澳大湾区的产业发展及对外贸易与其他区域相比较，有更多的应对选项。

分别使用 3 种不同货币的粤港澳大湾区，可通过分析欧元区的经济运行及其独特的利弊效应，在不断地加强金融监管的前提下，通过 CEPA 补充协议的推进，逐步放开珠三角特别是其中的自由贸易试验区的金融市场并促进珠三角与港澳之间金融市场的互通，从如下两个方面发掘区域优势：一是设计人民币国际化的"路线图"，为人民币的国际化的推进做有益的先行探索。其中，特别是要将香港建设成进行各类资本账户改革开放以推进人民币国际化的试验地。例如，发挥香港资金可自由流动的优势，逐步开放内地各种资本账户，持续进行人民币产品创新等境外人民币业务，加大力度推进 QDII、QFII、沪港通、深港通、债券通、基金互认等业务的先行先试，通过全球最大的离岸人民币中心建设，提升香港金融市场在国际金融市场上的"能级"（杨英，2018）。与此同时，粤港澳大湾区还可以利用自身熟悉国内外市场方面的相对竞争优势，在国内资源全球优化配置，加强内地与香港、内地与海外金融市场衔接，资本长期稳健互动，信息互通，甄别各类潜在风险和机会的过程中发挥桥梁作用。二是为大湾区经济协调、稳步及健康发展优化金融环境，将其建成为内地企业融资、提供资金以及帮助海外投资者进入国内市场，也即内地企业"走出去"和国际投资者"引进来"的主要平台。

就分别使用 3 种不同法律体系的情况而言，粤港澳大湾区可以利用这里多种法律体系交汇的区位优势，有意识地培育能为不同法律体系适应区进行交叉服务的咨询机构并培育相应的综合性法律人才，既为不同法律体系适应区提供相应的市场拓展进行专业服务，也可为优化粤港澳大湾区的法律环境创造条件。

（二）区域节点资源整合

所谓区域节点资源，指的是粤港澳大湾区区域经济发展中已形成的"四核"（香港、广州、深圳、澳门 4 个核心城市）和"五枢纽"（香港、广州、深圳、澳门和珠海 5 个立体交通物流枢纽）等有利于区域经济发展的良好的产业与经济发展基础及高水平的交通物流体系基础。由于区域利益的独立性及不同区域的利益目标函数的差异，粤港澳大湾区建设必须避免各区域主体走进"公地悲剧"困境（王再文、李刚，2009）。"公地悲剧"困境主要表现在，许多资源（如水资源、大气资源及生态资源等）的使用均不具备排他性，区域中的某一地方政府实施对自然资源的保护性措施，仍无法保证相邻地区也采取同样的保护性措施，分享实施该措施所带来的收益；其因减少自然资源的使用量而受到损失时，不仅无法得到合理的补偿，反之还会给那些不限制使用资源的地区带来额外的收益（陈瑞莲、张紧跟，2002）。为此，整合这些资源必须在追求整体利益最大化的基础上，以寻求粤港澳大湾区内各经济主体利益目标函数的"最大公约数"作为基本着力点。具体考虑如下。

1. 明确4个核心城市的发展定位

与世界上著名的纽约湾区、东京湾区和旧金山湾区均各只有一个核心城市的情况不同，粤港澳大湾区有着4个不同规模及特点的核心城市。结束粤港澳大湾区4个核心城市各自为政的状况，依托"一国两制"的有利条件，并且构建促使其在政府的宏观指引下，在发达的市场经济机制上进行合理且明确的分工与协作，共同担当发展责任，打造互利共赢的大湾区价值链，可以形成整体的规模及结构方面的核心区域竞争力优势。其中，理顺珠三角与港澳之间的关系应该是这方面的关键性核心问题。就目前粤港澳大湾区的情况来看，香港、广州、深圳和澳门4个城市的区位呈钻石形结构之势。香港是国际性多功能中心和世界一线城市，深圳是南中国地区金融中心、区域中心城市、创新之都、内地一线城市，广州是华南地区物流、交通、教育文化、医疗中心和内地一线城市，而澳门则是世界知名的博彩旅游城市（国家"十三五"规划纲要将澳门定位为世界休闲旅游中心）。这4个核心城市之间不是从属关系，应该更好地利用这4个核心城市市场经济活跃、平等协作精神基础好且有序、相互竞争生态较完善的条件，以市场为主要着力点发挥各个核心城市的特长，促进各自综合实力的增长。因此，粤港澳大湾区不会有唯一的中心，而应该有多中心。广州、深圳、香港、澳门都可以是粤港澳大湾区经济发展的中心，甚至珠海也有可能发展成大湾区的区域性中心，它们各自承担着不同的功能和使命。处理好它们之间的关系绝对不是谁支配谁的问题，而是在它们之间如何做到相互合理分工与协作的问题。当前，如何更客观地认识及充分利用港澳自由港发达的市场经济体系以及香港发达的国际性多功能经济中心地位，构建以香港为龙头、4个核心城市在分工明确又相互协作的基础上共同支撑发力的地域经济体系，应是解决此问题的关键着力点（杨英，2016a）。

2. 系统建设以五大立体交通物流枢纽为骨架的网络体系

粤港澳大湾区五大立体交通物流枢纽中，2018年，深圳、香港和广州的3个港口继续位列世界集装箱吞吐量十大港口之中（分别居第四、六、七位），而香港及广州的2个机场也维持位于世界最繁忙的国际化机场行列（其中香港居第四位），河运、高铁、城轨及高速公路成网。但多龙头的区域经济体系中，自然会存在着多主体之间的各种博弈行为并影响区域经济的有序发展。整合这些有利的基础设施条件，统筹规划并布局粤港澳大湾区基础设施及产业，促使这一地区的基础设施建设体系化，构建以香港维多利亚港为龙头及以香港赤鱲角国际机场和广州新白云机场为双核心的国际性海空立体航运中心，建设亚太地区最繁荣发达、最有活力的经济区、现代流通经济圈及重要的经贸合作平台将指日可待（杨英，2014）。港珠澳大桥在运用"加法法则"之后，其于粤港澳大湾区及其立体交通物流体系建设中的作用将可以更为有效地发挥出来。

三、运用"加法法则"，发掘区域潜在优势，促进粤港澳大湾区高效建设的对策措施

运用"加法法则"发现、发掘和发挥粤港澳三地间的多种优势，进行粤港澳大湾区建设，必须采取如下的对策措施。

（一）树立粤港澳大湾区的整体观念

从"粤港澳经济合作"到"粤港澳大湾区"的概念的转变，反映了粤港澳三地关系已由原来的互为"外部合作对象"切换到致力于共同发展及整体发展上来。这要求粤港澳大湾区的规划与建设，必须树立整体发展观，在"一国两制"的前提下，进行符合"加法法则"要求的制度创新并出台相应的政策措施，以具体指导实践，再也不能在珠三角与港澳之间，以至珠三角内部各城市之间划定妨碍经济联系的"楚河汉界"。若粤港澳大湾区内各地方，因"一国""两制""三系""四核""五枢纽"和"9+2主体"这些区域特殊性，而存在着约束湾区增创区域优势及经济整体发展的障碍，便说明粤港澳大湾区的规划与建设的整体意识及整合力度尚未达标。

（二）系统研究整合区域潜在优势

从扬长避短的角度出发，粤港澳大湾区必须着力于发掘"一国""两制""三系""四核""五枢纽"和"9+2主体"等的区域潜在优势。对此，本文仅对这方面的问题做方向性的讨论。要有效地发掘粤港澳大湾区的这些潜在优势，更好地推进粤港澳大湾区建设，必须对本区域的各类显性及隐性的资源，做系统性的深入的摸查、梳理及分析，探索这些现实优势及潜在优势的开发方案（特别是叠加不同制度及体制功能区域的优势的开发模式及方案），以及所涉及的各级政府的管理体制及机制模式设计，等等。

（三）促进经济运行机制高效对接

厘定政府与市场边界，促进粤港澳三地经济运行机制的交融及高效对接，是融合建设粤港澳大湾区的各种竞争要素并形成区域特殊潜在优势的基本前提。具体做法：一是考虑到全球的自由港有上千个，但成功的只有少数的几个。港澳特别是香港作为卓有成效的自由港，其发达的市场机制应于发展中进一步优化及完善。珠三角应加快贯彻落实党的十八届三中全会"使市场在资源配置上发挥决定性作用"的精神的步伐，推进及积极培育市场改革，以在经济运行机制上主动与港澳对接。加快珠三角的3个自由贸易试验片区在自由贸易方面的试验及对成功体制的复制、推广进程，并适时将3个片区转化成"自由贸易港"将是最为基础的做法（杨英，2016b）。二是粤港澳大湾区各地区之间，除继续加大力度促进"互惠互利"外，更为重要的是必须加快信息互换、监管互认、执法互助、要素互流（积极寻求经济要素不断向流动自由化的方向推进的逻辑途径）的"四互"工程的建设，以推进大湾区的整体化发展进程。

（四）科学引导粤港澳大湾区分工与协作体系建设

从整体化发展的视角探索粤港澳大湾区中港、穗、深、澳4个核心城市，以及港、穗、深、澳、珠五大交通物流枢纽的分工与协作定位及机制问题，以增创大湾区内部城市的协调优势及产业间的互补、叠加优势。中心城市及其产业的定位，到底应该由规划确定，还是由市场或其他机制确定？若由规划确定，其定位应该包括哪些内容？规划的细化程度怎样？对于这些问题，有关部门必须尽快组织专家进行系统研究。本人认为，作为国家战略的粤港澳大湾区发展规划，宜粗不宜细，以使粤港澳大湾区建设能更好地发挥市场的积极作用并适应发展环境的变化。

（五）构建高层次及多层次的协调机制

粤港澳大湾区存在的"一国""两制""三系"，以及珠三角内部各地开放层次差异性大等多种制度及体制功能性区域的区域特征，使其系统建设的推进涉及的问题颇为复杂，任何单一层级的政府都难以独立面对并解决。为此，构建高层次及多层次的协调机制显得十分重要。目前，已有从国家层面成立由国家级领导人任组长、粤港澳三地首长和国务院各部委负责人为成员的粤港澳大湾区规划与建设领导小组，以便国家对涉及广东与港澳之间在推进区域经济协同发展方面的问题进行指导、协调及管理。与此同时，要优化粤港澳三方现有的合作机制，即将现分属于粤港及粤澳的高层会晤、联席会议制度、专责小组等粤港及粤港澳合作统筹机构整合成"粤港澳合作联席会议及工作机构"，按照粤港、粤澳合作框架协议要求适时举行粤港澳高层会晤，研究重大合作事项，达成战略性共识，形成合作纲领性文件，指导和推动合作的开展，以促使这一机制更具整体性（杨英，2014）。此外，要组织研究成立粤港澳大湾区银行、粤港澳大湾区法院、粤港澳大湾区各类行业协会等机构或组织，以至探索共同的货币——"湾元"等的可能性及可行性，为粤港澳大湾区经济建设的全面整合奠定更为坚实的基础。

参考文献

［1］陈瑞莲，张紧跟. 试论区域经济发展中政府间关系的协调［J］. 中国行政管理，2002（12）：65-68.

［2］李文涛，苏琳. 制度创新理论研究述评［J］. 经济纵横，2001（11）：61-63.

［3］王英津. 从"两德模式"看"一国两制"港澳模式：优势、特色及评价［J］. 学术探索，2012（10）：20-24.

［4］王再文，李刚. 区域合作的协调机制：多层治理理论与欧盟经验［J］. 当代经济管理，2009（9）：48-53.

［5］杨英. 基于市场路径的粤港澳区域经济一体化研究［J］. 华南师范大学学报（社会科学版），2014（5）：101-107.

［6］杨英. 新时期粤港澳经济更紧密合作的基本趋向［J］. 华南师范大学学报（社会科学版），2016a（4）：97-101.

［7］杨英. 广东自由贸易试验区基本建设思路研究［J］. 中国发展，2016b（4）：48-54.

［8］杨英. 从"超级联系人"角度论香港经济发展定位［J］. 华南师范大学学报（社会科学版），2018（4）：96-103.

建设粤港澳大湾区世界级机场群的思考

左连村*

摘　要：世界级城市群与世界级机场群相伴而生、相互促进，具有联动效应。建设粤港澳大湾区世界级城市群离不开世界级机场群的发展。本文围绕建设粤港澳大湾区机场群的问题展开分析。第一部分介绍粤港澳大湾区进入世界级建设时代的背景，第二部分指出建设粤港澳大湾区世界级机场群是推进粤港澳大湾区世界级城市群的必然要求，第三部分阐述世界级机场群的主要特征，第四部分分析粤港澳大湾区世界级机场群建设的优势与不足，第五部分提出建设粤港澳大湾区世界级机场群的战略思路。

关键词：粤港澳大湾区；世界级城市群；世界级机场群；战略思路

一、粤港澳大湾区进入世界级建设时代的背景

建设粤港澳大湾区，打造国际一流湾区和世界级城市群，是国家战略，是新时代推动形成全面开放新格局的新举措，也是实行"一国两制"方针的新实践。2017年7月1日，在习近平主席的见证下，内地与港澳共同签署了《深化粤港澳合作　推进大湾区建设框架协议》。按照协议，粤港澳三地将完善创新合作机制，促进互利共赢合作关系，共同将粤港澳大湾区建设成为更具活力的经济区、宜居宜业宜游的优质生活圈和内地与港澳深度合作的示范区，打造国际一流湾区和世界级城市群。2018年3月7日，习近平主席在参加十三届全国人大一次会议广东代表团的审议时指出，要抓住建设粤港澳大湾区的重大机遇，携手港澳加快推进相关工作，打造国际一流湾区和世界级城市群。

2018年10月25日，习近平主席在考察广东省时又提出要把粤港澳大湾区建设作为广东改革开放的大机遇、大文章，抓紧抓实办好。

认真领会习近平主席提出的粤港澳大湾区的发展定位，对建设粤港澳大湾区有重要意义。从某种意义上说，把粤港澳大湾区打造成国际一流湾区和世界级城市群，从发展目标的质量来看应当是一致的，即国际一流湾区必然伴随着世界级城市群，而拥有世界级城市群的湾区也必然会成为国际一流湾区。因此，集中精力发展粤港澳大湾区世界级城市群是建设粤港澳大湾区的具体而又明确的战略选择。

2017年2月23日，习近平主席在考察北京大兴国际机场时提出了3个问题："京津

---

* 左连村，广东外语外贸大学南国商学院教授。

冀三地机场如何更好地形成世界级机场群？""北京两个机场如何协调？""如何管理运营好北京新机场？"这3个问题不仅给京津冀机场群的建设和民航业的发展指明了方向，也对整个国家机场群的建设和民航业的发展指明了方向。

世界级机场群是现代民航业发展的重要标志，也是世界经济和区域经济发展的重要引擎，尤其是世界著名的湾区经济都表现出世界级城市群和世界级机场群相伴而生、相互促进的局面。国家"十三五"规划明确提出，要建设京津冀、长三角、珠三角世界级机场群，这说明我国在推进国内三大明星区域板块经济发展过程中已经充分认识到世界级机场群建设的重要性。

建设世界级粤港澳大湾区的理念已经在粤港澳大湾区建设的各个方面得到体现并逐步付诸实践。例如，粤港澳大湾区世界级城市群和世界级机场群、国际科技创新中心、粤港澳大湾区世界级港口和世界级国际综合交通枢纽、港珠澳大桥和深中通道、国际优质生活圈、国际文化中心、国际金融中心、世界级经贸中心、世界级制造业中心和世界级服务业中心等的建设。

在习近平主席的指引和国家的大力推动下，粤港澳大湾区开始进入建设世界级大湾区的新时期。本文主要分析粤港澳大湾区世界级机场群的建设问题。

二、建设粤港澳大湾区世界级机场群是推进粤港澳大湾区世界级城市群的必然要求

（一）世界级城市群是现代经济发展的重要趋势

中国经济经过改革开放40多年的发展，已经进入发展的新时代，开始由高速增长向高质量发展转变。在城市化发展的推动下，中国也已经开始进入城市集聚发展的时代，大都市圈和大都市带的发展成为中国经济发展新时代的重要方向。粤港澳大湾区城市群的建设被确定为国家战略是这一发展方向的重要体现。

2017年3月5日，李克强总理在十二届全国人大五次会议上所做的政府工作报告中提出，要推动内地与港澳深化合作，研究制定粤港澳大湾区城市群发展规划，发挥港澳的独特优势，提升其在国家经济发展和对外开放中的地位与功能。粤港澳地区首先被国家确定为以湾区经济作为载体，大力发展现代化城市群的经济区域，这为粤港澳地区的经济发展指明了方向。粤港澳大湾区建设上升为国家战略，使粤港澳地区的经济发展如同插上腾飞的翅膀。

从世界各国的经济发展实践来看，世界级城市群所在的地区往往是一个国家最发达和最繁荣的地区，这样的地区集现代工业、商业、金融、外贸和文化等各种职能于一身，成为国家经济活动最密集、经济效益最好、对外开放程度最高的区域，也是新技术、新思想的诞生地，对一个地区、一个国家甚至世界经济发展都具有引领作用。根据联合国预测，未来世界各地的超级大都市将逐渐发展成更大的超级城市群，到2050年全球城市人口占总人口的比例将超过75%，最大的涵盖40个城市的城市群将参与全球66%的经济活动和85%的技术革新。粤港澳大湾区世界级城市群建设也必将极大地促进粤港澳地区经济的进一步提升，对深化内地和港澳的交流合作，对港澳参与国家发展战略、保持长期繁荣稳

定，对拉动中国经济、实现中华民族的伟大复兴，以及对世界经济发展都将具有重要意义。

（二）世界级机场群是世界级城市群发展的必然结果，二者相辅相成，联动发展

考察世界主要城市群的发展历程，可以从各个角度总结发展的经验，但交通条件是城市群形成和发展的最基础的条件。没有交通条件，就难以形成各种要素的聚集与扩散，城市尤其是现代大城市也就难以较快产生和发展，城市之间的各种功能联系也就难以形成和强化。伴随着城市的发展，交通运输方式和技术的运用也在不断地变化和进步，早期的海运在湾区经济发展和湾区城市的形成过程中起到了积极的推动作用，现代化的世界级城市群早已形成了海运、陆运和民航运输相互交织在一起的综合交通运输体系。这种综合的交通运输体系客观上成为世界级城市群存在的必要的基础条件，同时也是世界级城市群发展的必然要求和必然结果。人类不断进步，世界经济不断发展，客观上要求像湾区这样的局部地区首先发展起来，从而推动人口、物资等各种资源的日益聚集，城市规模不断扩大，城市的发展质量不断提高，为适应这种发展的需要，必然要求交通运输设施更加完善、方便和快捷。

在各种现代交通运输方式中，航空运输方式具有快速、高效、便捷的优势，因此与世界级城市群相适应的世界级机场群建设就成为客观的必然要求。两者是一个相辅相成的过程，具有联动效应。世界级城市群的发展和各种功能的有效发挥，离不开世界级机场群的支撑，而世界级城市群的发展又会产生对航空业更广泛和更高质量的需求，从而促进机场群的发展。

（三）机场群建设不仅是经济和社会发展的基础设施的表现形态，而且具有以机场群为核心所建立起来的航空运输业的战略性产业意义

机场、港口、铁路、公路等属于基础设施，这些基础设施的建设是相对固定的基础建设。在这些基础设施上面运作的产业如果经营管理得当则更具强大的生命力。机场群的建设会直接促进航空业的发展，有利于提高城市群的对外开放程度，依托方便快捷的航空运输，推动城市群全面深入地融入全球产业分工体系，加快城市群建设的速度，提高城市群建设的质量。同时，能够带动空港经济和临空经济的发展，促进产业结构调整与优化，带动区域经济的发展并引领国家经济的发展。

（四）粤港澳大湾区城市群和机场群存在相互影响和相互促进的联动态势，但城市群的发展要比机场群的发展更快一些

目前，粤港澳大湾区城市群和机场群也存在相互影响和相互促进的联动态势，城市群和机场群的发展已经具备建成世界级城市群和世界级机场群的基础和条件。粤港澳大湾区城市群拥有6000多万人，面积约5.60万平方千米，GDP规模约1.30万亿美元，这些发

展规模整体指标毫不逊色于旧金山、纽约、东京等成熟的大湾区城市群。[①] 据公开资料，2017年，粤港澳大湾区五大机场（香港、澳门、广州、深圳、珠海的机场）的总体旅客吞吐量超过2亿人次，货邮吞吐量近800万吨，运输规模已经超过纽约、伦敦、东京等地区世界级机场群，位于全球湾区机场群之首。[②] 但是与世界级城市群和世界级机场群的目标还存在明显的差距。

综合来看，粤港澳城市群和机场群的发展速度和发展质量总体保持在相同的水平，但城市群的发展要比机场群的发展更快一些。这是因为城市群是机场群发展的基础，没有城市群发展的要求，就不会产生机场群的发展，这是与粤港澳区域经济发展的实际相一致的。同时，我国推进城市化发展战略，也使得城市群的发展步伐加快。这提出了加快粤港澳机场群建设的客观要求。

三、世界级机场群的主要特征

机场群是指以一两个空域资源丰富、流量较大的枢纽机场为核心，周边数量不等、规模相对较小的机场相辅助，所形成的航空网络形态。世界级机场群则是与世界级城市群相匹配的，其枢纽机场成为世界级城市群的大型国际航空枢纽，是世界级城市群政治经济对外开放和互动交流的桥梁和门户。

建设世界级机场群，需要把握和了解世界级机场群的主要特征。根据法国地理学家戈特曼的学说，目前国际上公认的世界级城市群有5个，即美国东部大西洋沿岸城市群、北美五大湖地区城市群、欧洲西北部城市群、英国中南部地区城市群和日本太平洋沿岸城市群。与世界级城市群相适应，世界级机场群大体上有美国东部沿海地区机场群、北美五大湖地区机场群、欧洲西北部地区机场群、英国中南部机场群和日本太平洋沿岸机场群。[③] 不同的世界级机场群有着不同的发展特色，但总的来看，也呈现出一些共同的特征。

（一）世界级机场群的空间布局特征

1. 世界级机场群一般集中分布于海岸线，生成于世界级大湾区之内，与世界级城市群相协调，成为服务于世界级大湾区的国际交通体系的支撑平台

当今世界，发展最好的城市群普遍集中在沿海湾区，比如东京湾区、纽约湾区和旧金山湾区等。如前所述，世界级大湾区的形成与不同的交通运输方式紧密相连，湾区发展初期，区域内仅有零星的公路和铁路，交通方式以海运为主，区域内主要依托天然的港口资源发展临港工业。工业化的加快和贸易的扩大，促进了环海湾区交通体系的形成，特别是航空业的发展，催生了服务于工商业发展的机场群，这种机场群随着城市群的发展和扩

[①] 参见戴双城、朱伟良、沈梦怡《对接"一带一路" 湾区如何走向世界》，载《南方日报》2017年12月29日，第AT08版。

[②] 参见陈若萌《粤港澳大湾区机场竞合提速 世界级机场群雏形已现》，载《21世纪经济报道》2018年5月22日，第15版。

[③] 参见邹建军《世界级城市群视角下的机场群特征分析与发展建议》，载《中国民用航空》2017年第4期，第22-23页。

大，逐渐具有世界性。

2. 机场群中的不同机场一般位于湾区主要交通体系的重要节点位置，而且不是孤立存在的

借助城市群高度发达的综合交通网络，机场群内的机场之间实现了高效连接，特别是轨道交通成为其主要的连接方式。机场群拥有一体化的地面交通和以航空为主体的多式联运体系，这种多式联运体系在湾区内更突出地表现为空海联运方式，如旧金山湾区的各大机场和主要客运码头之间就存在着十分紧密的一体化发展的区域轨道交通系统。

3. 世界级机场群一般拥有一个或两个世界级的枢纽机场

为适应城市群的多层次需求，枢纽机场或是单一机场，或是多机场系统。同时，以枢纽机场为核心的多机场布局成为常态。枢纽机场处于机场群的核心地位，对机场群内的中小机场起到很强的带动作用，从而能够大幅扩大区域机场体系的整体容量，有利于城市群的扩展。

4. 从一个国家来看，机场群所形成的航空枢纽在国土范围内的分布相对比较平衡

以美国为例，美国的国际航空枢纽机场形成向东、西海岸线集中分布的格局，并且逐步形成以旧金山、休斯敦、迈阿密和纽约、洛杉矶、芝加哥等城市为中心的机场群。

(二) 世界级机场群的发展特征

1. 世界级机场群所在城市群都是国际大都市群，世界级机场群与世界级城市群相伴而生，规模巨大

美国东部大西洋沿岸城市群包括40多个大中小城市，人口约占全美总人口的20.40%，面积达到13.80万平方千米，2014年GDP产值约占全美的25.70%，制造业占全美的30%以上，城镇化水平高达90%；北美五大湖地区城市群，包括35个中小城市，面积达24.50万平方千米，人口超过5000万人，GDP产值在2014年达33600亿美元，占美国城市总产值的19.50%；英国中南部地区城市群，人口占英国总人口的56.70%，经济总量占全英国的78.30%；欧洲西北部城市群，连接法国、德国与比利时，包括多个欧洲著名经济中心与工业城市，拥有4600万人口，2014年GDP产值高达21000亿美元；日本太平洋沿岸城市群，拥有全日本55.10%的人口和72.40%的经济总量。[1]

与世界级城市群相适应，世界级机场群也形成了巨大规模。美国东部沿海地区机场群拥有百万级以上机场10个，其中8个是超千万级机场；英国中南部地区机场群中的伦敦大都市区有5个百万级以上的机场，其中4个为超千万级；北美五大湖地区机场群有9个百万级以上的机场，其中5个为千万级；欧洲西北部地区机场群拥有百万级以上机场数量最多，达到11个；[2] 日本太平洋沿岸机场群区域面积达3.50万平方千米，占日本国土面积的6%，人口占全日本总人口的61%，工业产值占全日本的65%，分布着全日本80%

---

[1] 参见邹建军《世界级城市群视角下的机场群特征分析与发展建议》，载《中国民用航空》2017年第4期，第22页。

[2] 参见邹建军《世界级城市群视角下的机场群特征分析与发展建议》，载《中国民用航空》2017年第4期，第23页。

以上的金融、教育、出版、信息和研究开发机构。

2. 世界级机场群业务量巨大

世界级机场群国际旅客吞吐量以及国际航空货物吞吐量大。以2015年机场旅客吞吐量来看，美国东部沿海地区机场群旅客吞吐量超过2.64亿人次，北美五大湖地区机场群旅客吞吐量超过2.13亿人次，英国中南部地区机场群整体旅客吞吐量超过1.64亿人次，欧洲西北部地区机场群旅客吞吐量超过2.29亿人次。[①]

3. 世界级机场群的全球化吸引力和影响力大

伴随着城市国际化程度的不断提升，机场群国际化程度也不断得到提升，核心机场成为国际航空枢纽。世界各国通过世界级机场群的航空网络，加强了相互之间在政治、经济、贸易、旅游、文化等方面的交流和联系。世界级城市群和世界级机场群加强了全球性的人才、资金、物资、信息等各种资源的聚集，产生了极大的吸引力和国际影响力，成为所在国经济和世界经济的重要引擎。

4. 世界级机场群具有极高的一体化程度

世界级城市群地区不仅在一国之内具有很高的一体化程度，而且跨国城市群内的城市之间也表现出很强的同城效应，区域一体化达到较高水平。与此相适应，机场群也具有极高的一体化程度，世界级机场群不仅仅是区域内多个机场的集合，更是以协同运行和差异化发展为主要特征的多机场体系。不同机场之间有着合理的分工协作，差异化定位特色明显，有着一体化与差异化经营的良好竞合局面。

5. 世界级机场群形成了市场化资源配置机制，运营效率高

在运营管理方面，世界级机场群能够根据城市群的发展需求，不断创新管理方式和商业运营模式，形成了市场化资源配置机制。机场群建设通过航线布局、产业联合等方式优化各个机场的资源配置，形成分工合理、功能齐全的机场共同体，城市群资源要素流动畅通，提高了生产运营效率，具有较高的服务水平和较强的服务能力。同时，机场群自身的发展又推动了城市群的创新发展。

四、粤港澳大湾区世界级机场群建设的优势与不足

目前，我国民航业已经成为世界第二大航空运输系统，粤港澳大湾区作为国内发展最快的地区，在世界级机场群建设方面拥有许多优势，从设施规模、运输量级和效率、管理水平和国际影响力等各方面看，都已经具备建设世界级机场群的基本条件。

---

① 参见邹建军《世界级城市群视角下的机场群特征分析与发展建议》，载《中国民用航空》2017年第4期，第23页。

(一) 建设粤港澳大湾区世界级机场群的优势条件

1. 粤港澳大湾区城市群和机场群已经形成规模,成为建设粤港澳大湾区世界级机场群的良好基础

从大湾区城市群的人口、面积和经济规模来看,粤港澳大湾区可以说已经处于和纽约湾区、东京湾区等国际湾区相同的水平上。据2016年统计,纽约湾区拥有面积2.15万平方千米,人口836万人,GDP 1.40万亿美元;东京湾区拥有面积3.68万平方千米,人口1318万人,GDP 1.80万亿美元;而粤港澳大湾区拥有土地面积约5.60万平方千米,人口6000多万人,GDP超过1.30万亿美元。①从机场群业务规模来看,公开资料显示,2017年,粤港澳大湾区五大机场(香港、澳门、广州、深圳、珠海的机场)的总体旅客吞吐量超过2亿人次,货邮吞吐量近800万吨,运输规模已经超过纽约、伦敦、东京等地区世界级机场群,位于全球湾区机场群之首,已具备发展成为世界级机场群的良好市场基础。②

2. 密集的国际航线网络成为建设粤港澳大湾区世界级机场群的重要条件

粤港澳大湾区各机场拥有优良的硬件设施,有条件满足世界各地旅客的出行需求,并且已经开通了密集的国际航线。其中,香港国际机场已开通覆盖100多个国家的137条国际航线,每日起降的航班超过1100架次,5小时内可飞往全球半数人居住的城市。澳门国际机场已迅速成为全球发展最快的机场之一,2017年澳门国际机场新增6个航点和5家航空公司。截至2017年年底,广州白云国际机场的航线网络已覆盖全球90个航点,已有超过75家中外航空公司在此运营。深圳宝安国际机场新航站楼总建筑面积45.10万平方米,共提供62个近机位和14个临近主体的远机位,可服务旅客吞吐量达4500万人次。2017年,深圳机场新增16个国际客运通航城市,持续完善国际航线网络。2020年,深圳机场的国际班机将达到48条。③

3. 粤港澳大湾区巨大的市场和旺盛的增长活力是建设世界级机场群的前提条件

粤港澳大湾区是中国经济最发达、最活跃的地区之一,具有经济规模大、增长活力旺盛、产业结构高端化等区位经济优势,推动了珠三角机场群近年来的飞速发展。珠三角机场群正在向世界级机场群快速发展。机场群中的香港、广州和深圳三大机场的吞吐量占整个机场群的93%,呈现出较高的集中度。随着珠三角地区商贸和经济的不断发展,机场群内航空市场将依然保持快速增长。随着商贸和整体经济的不断发展,粤港澳大湾区的国际航空市场将依然保持快速增长。根据国际航空运输协会预测,估计到2020年,客货运需求量将分别达到2.33亿人次和1000万吨,到2030年,客货运需求量将分别达3.87亿

---

① 参见鲁飞《粤港澳大湾区机场群为什么能建成世界级航空枢纽?》,泛珠三角合作信息网,2018年6月15日。
② 参见陈若萌《粤港澳大湾区机场竞合提速 世界级机场群雏形已现》,载《21世纪经济报道》2018年5月22日,第15版。
③ 参见鲁飞《粤港澳大湾区机场群为什么能建成世界级航空枢纽?》,泛珠三角合作信息网,2018年6月15日。

人次和2000万吨。①

4. 海陆空铁一体化的综合交通体系正在进一步完善

粤港澳大湾区世界级机场群所依托的陆海空铁交通一体化的格局已基本形成,并在广东自由贸易区的推动下进一步发展完善。国家提出要畅通内地与香港的物流大通道,发展粤港澳大湾区海空联运、陆空联运和铁空联运通道。珠三角发达的轨道交通网络、高速公路网络、港珠澳大桥以及航运枢纽系统等形成了便捷的交通优势,这为粤港澳大湾区机场群开展联动运输提供了强大的支持。

5. 珠三角机场群建设规划有利于大湾区世界级机场群的成长

国家发展改革委员会与中国民航局联合制定的《全国民用运输机场布局规划》提出要建设京津冀、长三角、珠三角三大世界级机场群,对珠三角地区提出要推进广州、深圳等地的机场资源共享、合作共赢、协同发展,提升国际枢纽竞争力,共同打造珠三角地区世界级机场群。中国民航局印发的《关于进一步深化民航改革工作的意见》中提出,要疏解北京、上海、广州等地机场的非国际枢纽功能,以北京首都机场为试点,研究制定大型国际枢纽航班分流补偿机制,优化航权、航线、航班时刻结构,扩大国际航线覆盖面,增加国际中转比例。

《广东省综合交通运输体系发展"十三五"规划》指出,要打造珠三角世界级机场群,把广州白云机场定位为国际航空枢纽机场,构建覆盖全球的国际航空客货运输网络,重点打造通达欧洲、美洲、澳大利亚、非洲及南美等地区的国际运输通道,提升国际中转功能。深圳宝安机场加快建设国际航空枢纽,强化区域航空枢纽机场功能。增加国际航班航线航点数量,积极发展面向东南亚及欧美地区的国际航空客货运输网络。珠三角新干线机场与广州白云机场共同形成国际航空枢纽,主要服务珠三角中西部及周边地区,积极发展国内国际航空客货运输。珠海金湾机场打造复合型国际干线机场,主要服务珠江西岸及周边地区,主要发展客运和国内、东南亚货运航线网络。惠州机场建设干线机场,主要服务惠州、汕尾、河源以及深圳东部地区,发挥深圳第二机场功能。

应当认识到,无论是国家发改委和中国民航总局的机场布局规划,还是广东省的航空发展规划都只是在珠三角的范围内进行布局,都还没有包括香港和澳门的机场与航空业的发展。因此,这些都还不是粤港澳大湾区世界级城市群的概念,真正的粤港澳大湾区世界级城市群的规划还要等国家的规划出台,但已有的这些规划对粤港澳大湾区世界级城市群的建设将产生极其重要的作用。

6. 国家和地方政府的政策支持成为粤港澳大湾区世界级机场群建设的重要保证

习近平主席亲自部署和推动,国家相关部门制定国家层面的战略规划,出台相关政策如过境免签政策等。香港、澳门特别行政区政府也十分重视,比如由特别行政区政府提出的给予合资格飞机出租商及合资格飞机租赁管理商利得税宽减的税务修订条例草案得到香港特别行政区立法会通过等。各方政策的大力支持成为粤港澳大湾区机场群建设的促进因素。

---

① 参见鲁飞《粤港澳大湾区机场群为什么能建成世界级航空枢纽?》,泛珠三角合作信息网,2018年6月15日。

（二）粤港澳大湾区世界级机场群发展存在的问题

城市群和机场群既然是相伴而生，那么，粤港澳大湾区建设世界级城市群和世界级机场群所存在的基础优势和问题也基本上是相仿的。粤港澳大湾区世界级机场群发展存在的问题主要有以下几个方面。

1. 粤港澳大湾区机场群目前的规模仍然不够大

粤港澳大湾区的面积和人口数量均远远大于纽约湾区和东京湾区等国际大湾区，但GDP总量则与这些大湾区基本持平甚至较低。这说明粤港澳大湾区城市群的经济发展总量和机场群的发展规模仍然有巨大的发展空间。

2. 粤港澳大湾区还没有明确世界级机场群的核心枢纽机场

正如粤港澳大湾区城市群发展中没有明确哪个城市为龙头城市，粤港澳大湾区世界级机场群建设中同样也没有明确哪个或哪些机场为核心枢纽机场。尽管国家和广东省在建设珠三角世界级机场群规划中把广州作为核心枢纽机场来规划建设，但在粤港澳大湾区多机场体系中，香港机场作为客货吞吐量最大的机场还没有被官方规划纳入讨论。所以，粤港澳大湾区世界级机场群核心枢纽机场的定位仍然是缺失的。

3. 机场群内不同机场产业同质化明显

粤港澳大湾区不同城市产业同质化发展明显，机场群的发展与城市群的发展相一致，机场基本是为所在地区服务，是一个自然而然的发展过程。虽然广东省的规划对此做了分工，但实践的结果如何以及规划是否完全合理还需要得到实践的检验。机场群内的合理分工以及差异化发展格局还没有形成。

4. 城市群和机场群的一体化程度较低

城市群的协同发展不够，机场群的协作较差。目前，粤港澳大湾区在政府层面还缺乏统一的监管协调机制，更多依赖于各市场主体的自发合作。粤港澳大湾区五大机场虽已在粤港澳合作框架下形成了A5联盟，建立了定期的沟通协调机制，但由于定位分工、产权归属、运行标准、利益主体等多方面的因素，在基础设施、国际客货等方面的合作进展缓慢。这与世界级机场群的要求存在较大差距。

5. 粤港澳大湾区不同机场的管理水平和经营效率差距明显

香港机场在价格、服务以及与航空公司联动等方面均比内地的机场有显著优势，不少内地居民在出境旅行时都会选择从香港出发，珠三角的居民更是如此。这说明香港机场在管理和营运方面的做法是值得内地的机场学习的。然而，在"一国两制"的条件下，粤港澳大湾区世界级机场群的运作模式、协调内地与港澳机场的管理制度仍然是值得研究的内容。

6. 粤港澳大湾区机场群人均出行次数较低

虽然粤港澳大湾区机场群的规模整体上比较大，但目前人均出行次数远远低于世界其他国际大湾区的机场群，仅为纽约湾区的1/4，伦敦湾区的1/5。虽然从正面来看，这个指标说明粤港澳大湾区机场群还存在巨大的发展潜力，但这个落后局面确实是客观存在的。而存在哪些潜力以及如何挖掘潜力则是粤港澳大湾区机场群发展中应当面对的现实问题。

7. 发展世界级机场群的认识落后于实践

发展世界级城市群和世界级机场群的思想观念（包括管理理念、服务理念、经营模式以及合作理念等）和实际要求不吻合，认识落后于实践要求。珠三角经济已经进入世界级城市群和世界级机场群发展时代，实践要求加快发展和推动，但人们的认识基本仍然停留在过去几十年的发展模式上。观念认识的滞后严重制约了粤港澳大湾区世界级城市群和世界级机场群的发展。

五、建设粤港澳大湾区世界级机场群的战略思路

（一）继续扩大经济规模，为世界级机场群的发展提供坚实的物质基础

世界级机场群是围绕世界级城市群而发展起来的，往往是一个国家或区域的经济核心区和增长极，具有完整的现代产业体系和合理的国际分工协作体系。珠三角经过40多年的发展，产业集群和经济规模已经拥有一定的比较优势，但面对新的形势要求，需要建立更加庞大的现代产业体系和更大规模的经济总量，只有这样才能促进更大规模的世界级机场群的发展。中国经济已经进入新时代，创新驱动战略成为国家发展的主导方向。面对世界级城市群和世界级机场群发展的要求，珠三角需要以创新驱动为引领，发挥制造业发展的优势，大力发展现代服务业和战略性新兴产业，进一步扩大开放，建立资源流动更加方便快捷的网络体系，以更大的经济规模支撑世界级城市群和世界级机场群的发展。

（二）成立粤港澳大湾区世界级机场群协调组织机构，建立统一的监管协调机制，合理配置资源，促进良性竞争

粤港澳大湾区涉及一个国家、两种制度、三个独立关税区、三种货币、三种法律体系以及多元文化，无论是在城市群建设还是在机场群建设中都会面临诸多矛盾和问题，比一般的国际大湾区的机场群在管理方面要复杂得多。因此，可以借鉴国际经验，成立由中国民航总局和粤港澳三地主要机场参与的粤港澳大湾区世界级机场群协调组织机构，建立统一的监管协调机制，集中管控机场运营，整体协调，合理配置航空资源，避免恶性竞争，提高粤港澳大湾区世界级机场群的整体运营效率。

基于"一国两制"的实践，粤港澳大湾区世界级机场群协调组织机构在管理上可以综合参考纽约机场群和东京机场群的做法。纽约机场群实行强有力的整体协调和集中管控，而东京机场群则实行政府政策调控下的管理主体多元化。粤港澳大湾区世界级机场群协调组织机构可以采取统一协调监管与粤港澳三地各机场产权主体独立管理相结合的管理体系。这是考虑到粤港澳地区的实际而采取的政策措施。

（三）制定粤港澳大湾区世界级机场群的发展规划，明确核心枢纽机场，实行机场群内部差异化经营策略

应加快制定粤港澳大湾区整体发展规划，以及粤港澳大湾区世界级机场群发展规划。珠三角要打造世界级机场群必须联手港澳，应通过规划确立核心枢纽机场的地位。世界级

机场群发展规划要注意与世界级城市群发展规划相衔接，要与珠三角地区的经济地理格局和珠三角地区的经济发展水平相一致，同时还要体现大数据和互联网时代城市群集散方式的新特征。通过规划还要明确世界级机场群差异化、协同化的机场功能定位，为民航资源优化配置提供支持。

（四）进一步完善粤港澳大湾区世界级机场群的地面综合交通体系

前面讲到，现代航空业不是孤立运行的，机场群的运营效率包括地面综合交通体系的运营效率，四通八达、方便快捷的一体化地面综合交通体系是世界级机场群建设的必然要求。粤港澳地区的地面交通体系可以说已经具有良好的基础，但相对于世界级机场群的要求来说，还有许多需要继续不断提高和完善的方面。特别是在数字化经济时代，人们的出行方式和出行习惯将发生极大的改变，因此现代化的地面综合交通体系的建设，不仅表现在数量和规模上，还更多地表现在软硬件配套、智能化发展的趋势和高质量的服务上。

（五）正确处理政府与市场的关系

建设粤港澳大湾区世界级机场群首先要遵循政府的调控政策，特别是航空业发展的调控政策，接受政府对航空经济的宏观管理。同时要充分发挥市场在资源配置中的决定性作用，并以市场为基础，在符合总体规划的框架内，各个机场寻找并确立符合自身特点和当地发展的功能定位并实施动态微调，形成合作互补关系，促进资源的优化配置，提升机场群的整体服务能力，实现机场群的高效运营。

（六）注重人才、资金、技术、信息、空域和创新观念在粤港澳大湾区世界级机场群建设中的重要地位

建设世界级机场群需要有一流的高端人才（包括技术人才、管理人才、经营人才等）、成熟的融资方式、先进的航空技术和互联网技术、丰富快捷的信息、广阔的国内外空域以及不断开拓创新的观念，这是保证世界级城市群和世界级机场群持续繁荣的重要产业资源。

参考文献

[1] 冯正霖. 实现世界级城市群和机场群联动发展 [N]. 人民日报, 2017-07-24 (7).

[2] 赵巍. 中国打造三大城市群世界级机场群的机遇与挑战 [J]. 民航管理, 2017 (5): 10-14.

[3] 戴双城, 朱伟良, 沈梦怡. 对接"一带一路"湾区如何走向世界 [N]. 南方日报, 2017-12-29 (AT08).

[4] 陈若萌. 粤港澳大湾区机场竞合提速 世界级机场群雏形已现 [N]. 21世纪经济报道, 2018-05-22 (15).

[5] 欧阳杰, 张倩丽. 大湾区机场群布局规划和发展特征 [J]. 国际航空, 2018 (3): 41-44.

［6］邹建军. 世界级城市群视角下的机场群特征分析与发展建议［J］. 中国民用航空，2017（4）：22－25.

［7］连龙飞. 珠三角世界级机场群建设的几点思考［J］. 空运商务，2018（1）：12－13.

［8］李艳伟. 打造京津冀世界级机场群　助推世界级城市群建设［N］. 中国民航报，2017－03－02（7）.

［9］杨学兵. 论我国世界级机场群的总体发展战略［J］. 民航管理，2017（5）：15－17.

深化改革开放，促进粤港澳经济合作可持续发展

周运源[*]

摘 要：我国改革开放经历了 40 多年的发展，因此，总结其中的经验并从中获得启示，无疑是当下需要讨论的重要问题之一。在我国改革开放的持续发展中，具有中国特色的粤港澳经济合作发展，成为中国特色社会主义的重要组成部分。粤港澳经济合作的成因和发展，来源于中国改革开放的实践；粤港澳经济合作的深化及其先行先试的发展成果，又反过来极大地丰富了中国特色的改革开放的实践。通过分析，作者认为：中国特色对外开放层次的深化和提高，对中国区域经济发展起着十分重要的作用；继续解放思想，深化粤港澳合作前景广阔；中国特色的区域经济的形成和发展，既源于改革开放的实践，又反过来进一步丰富了改革开放的实质内容；中国改革开放促进了中国整体经济发展的成功实践及经验，对世界发展中国家谋求振兴民族经济具有参考意义。

关键词：改革开放；粤港澳经济合作；可持续发展

一、改革春潮风起南粤，开放新歌响遍华夏大地

众所周知，中国共产党十一届三中全会于 1978 年冬召开，产生了举世瞩目的影响，昭示着中国人民在中国共产党的领导下，拨乱反正，正本清源，充满信心地开始了社会主义的新征程，中国实行改革开放的基本国策，打开国门，走上融入世界发展的现代化之路。改革开放的春风，给中国大地带来了广阔前景。坚持实事求是、进行改革开放、"实践是检验真理的唯一标准" 等，使全国人民得到思想观念上的洗礼，并进一步解放思想。

改革开放需要借鉴资本主义经济发展中对我们有益的经验，利用国外与港澳台等境外的资金、技术和先进管理经验等实现自身的发展。国家商务部有关数据资料显示：2017 年，全国新设立外商投资企业 35652 家，同比增长 27.80%；实际使用外资 8775.60 亿元人民币，同比增长 7.90%。[①] 改革开放以来，我国形成了经济技术开发区、高新区、自贸试验区、边境经济合作区、跨境经济合作区等一批开放平台。这些平台不仅成为吸收外资的集聚区，也是技术创新的引领区和开放型经济体制机制创新的先行区。目前，我国拥有国家级经济技术开发区 219 个、高新区 156 个、边境经济合作区 16 个。继上海自贸试验

---

[*] 周运源，中山大学教授，广东省产业发展研究院特约研究员。
[①] 参见《经济日报》2018 年 1 月 16 日相关报道。

区之后，广东、天津、福建3个自贸试验区以及辽宁等7个自贸试验区相继设立，形成了覆盖东中西部的"1+3+7"发展格局。特别是2017年我国以"一带一路"倡议为引领，加强规划引导，推进业务创新，强化监管服务，加大政策支持，营造良好环境，有效防范风险，对外投资合作实现健康规范发展。广东作为中国改革开放的先行点、试验区和率先发展的排头兵，以思想大解放为抓手，把握机遇，利用毗邻港澳、面向国际市场等的优势，率先通过港澳及海外侨胞的"穿针引线"，在全国先行利用外资、技术设备进行经济合作，并取得了举世瞩目的成效。

（一）解放思想，更新理念，广东发展率先行

实行改革开放，振兴中国发展，是历史赋予中华民族全面发展的重要使命。面对"文化大革命"结束后整个国民经济发展处境十分艰难的状况，党和国家赋予广东特殊的政策，要求广东利用特殊的条件，探索先行一步发展的改革开放创新之路。实际上，广东人民继承历史上岭南人勇于开拓、探索、进取和发展的传统，发扬敢闯、敢冒的精神，掀开了新时期改革开放创新发展的历史新篇章。广东在党中央领导和全国人民的支持下，在全国率先创办了深圳、珠海和汕头经济特区，在世界经济性特区数百年来的发展史上写下浓浓的一笔。经济特区的建立，旨在发挥"知识""技术""管理"和"对外政策"4个窗口的作用。建立经济特区，是对毗邻香港、澳门的深圳、珠海等地先行开放，撤掉数十年来人为的藩篱，加快互相之间的联系与合作，以香港和澳门两大国际自由港的优势，辐射内地其他地区，当然首先是加快广东及我国东南沿海地区开放和外向型经济的可持续发展，以及后来的沿海14个港口城市的开放等全方位的开放格局的形成和发展。广东的深圳、珠海和珠江三角洲的其他地区与香港、澳门经济协同发展的格局，就是通过这种特殊的形式建立和发展起来的。历史发展到2018年，中国经济的发展又到了一个新的特殊阶段，中国的整体实力已经跃升至世界第二位。为此，习近平同志在参加党的十九大广东代表团讨论时提出，要进一步解放思想、改革创新，真抓实干、奋发进取，以新的更大作为开创广东工作新局面。要求全党和全国人民与时俱进，继续全面推进社会主义现代化建设。他在参加十三届全国人大一次会议广东代表团审议时又提出：发展是第一要务，人才是第一资源，创新是第一动力。中国如果不走创新驱动发展道路，新旧动能不能顺利转换，就不能真正强大起来。强起来要靠创新，创新要靠人才。历史发展到21世纪之初，世界经济、政治和社会等的发展呈现多样性变化，全球和平与发展共存的格局，区域性合作、竞争发展的态势对中国在新世纪的发展提出了更高的要求。事实上，广东乃至全国在中国特色社会主义建设进程中，正是基于这些高瞻远瞩的思想理论的及时指引，广东实行的改革开放才有可能引领全国风气之先，取得举世瞩目的发展成效。如今，包括香港、澳门在内的大珠江三角洲，在中国改革开放40多年来的建设中，已经发展成为世界知名的"成长三角洲"，而中国整体的全面深化改革开放政策的实施，同样使中国的国际竞争力大为提高，有中国特色的强国富民的康庄大道越走越宽广。

（二）分阶段实施CEPA成果显著，与港澳合作持续发展

"三来一补"和"三资"企业的建立与发展，是中国改革开放的特殊产物，也是内地特别是广东与港澳台地区合作的丰硕成果。改革开放以来，特别是全面分阶段实施CEPA

(《内地与香港关于建立更紧密经贸关系的安排》)后,中国改革开放的深入进行,促进了香港、澳门经济的发展。仅2017年香港的GDP就达到21800亿元,澳门的GDP达到3102亿元,前者比上年增长3.70%,后者比上年增长10.90%。国家商务部的相关资料显示,服务贸易方面,截至2018年4月底,香港共签发160300份原产地证书,货物离岸价总值为920.30亿港元。香港工业贸易署签发香港服务提供者证明书3209份,其中,运输服务及物流服务签发证明书1397份,占核发总数的43.50%。截至2018年4月底,澳门经济局签发澳门服务提供者证明书628份,主要涉及货代、运输、仓储、物流、电信及广告等领域。截至2018年4月底,澳门经济局共发出4943张原产地证书,其中4390张使用的证书,总出口额8.90亿澳门元。货物贸易方面,2017年1—12月,内地与香港货物贸易额2866.60亿美元,贸易顺差2720.30亿美元,同比增长2%。香港是内地第四大贸易伙伴和第三大出口市场。截至2018年4月底,累计进口澳门CEPA项下受惠货物值1.20亿美元,关税优惠5952.80万元人民币。个人游方面,截至2018年4月底,内地赴港"个人游"旅客累计2.48亿人次。2003年7月至2018年4月底,内地赴澳"个人游"旅客累计达9674.50万人次,占内地游客总数的42.10%。吸收港资方面,截至2017年12月底,内地累计批准港资项目417032个,实际使用港资10093亿美元。港资占内地累计吸收境外投资总额的53.10%。对港投资方面,截至2017年年底,内地对香港非金融类累计直接投资5481.50亿美元,占投资存量总额的52%。承包工程和劳务合作方面,截至2017年12月底,内地在港累计完成营业额604.30亿美元,同期内地在澳累计完成营业额166.70亿美元。对澳投资方面,截至2017年12月底,内地累计对澳门非金融类直接投资23.40亿美元。吸收澳资方面,截至2017年12月底,内地累计批准澳资项目15917个,实际使用澳资142.40亿美元。澳资占内地累计吸收境外投资总额的0.80%。

广东省商务厅的资料显示,截至2017年年底,香港对广东实际投资额累计达2728.50亿美元,占广东实际利用外资总额的64.40%,同期广东累计在香港设立的企业4878家,实际投资额达到775.10亿美元,占广东对外实际投资总额的57.90%。同期港资累计在广东的投资项目15.10万个,占广东外资项目总数的71.10%。2013年至2017年9月,粤澳进出口总额共计100.61亿美元,澳门对广东直接投资额达26.32亿美元,其间澳门在粤新设项目累计2145个。

由此可见,分阶段实施CEPA的成效充分显示,实施CEPA成效最为显著、最为受惠的仍然是广东省。这也许是广东与港澳的联系和合作中区域经济一体化使然。因此,今后随着CEPA全面实施,粤港澳合作可持续发展的新格局必将更好。

二、深化改革开放与新时代的可持续发展

习近平总书记在党的十九大报告中重申:"中国开放的大门不会关闭,只会越开越大。"[①] 李克强总理在十三届全国人大一次会议做的《政府工作报告》中指出,要积极主动扩大对外开放。面对国际环境的新变化和国内发展的新要求,要进一步完善对外开放战

---

① 习近平:《决胜全面建成小康社会 夺取新时代中国特色社会主义伟大胜利——在中国共产党第十九次全国代表大会上的报告》,人民出版社2017年版,第34页。

略布局,加快构建开放型经济新体制,推动更深层次、更高水平的对外开放。要扎实推进"一带一路"建设。要研究制定粤港澳大湾区城市群发展规划,发挥港澳的独特优势,提升其在国家经济发展和对外开放中的地位与功能。

2018年5月4日,国务院颁布了《进一步深化中国(广东)自由贸易试验区改革开放方案》,要求进一步深化自贸试验区的改革开放,支持香港、澳门融入国家发展大局。对标国际先进规则,建设开放型经济新体制先行区。要求争创国际经济合作竞争新优势,打造高水平对外开放门户枢纽。并要求开拓协调发展新领域,打造粤港澳大湾区合作示范区。这实际上是要求广东在新时期以自由贸易区的发展为引擎,大力夯实广东自由贸易试验区运行以来建设取得的阶段性成果的基础上,进一步深化改革开放,加强与港澳的合作,继续在全国发挥先行发展的示范作用。实际上这进一步明确了广东自贸试验区"两区一枢纽"的战略定位,是国家首次在国务院文件中确立了广东的国际航运枢纽、国际贸易中心的特殊定位,即打造开放型经济新体制先行区、高水平对外开放门户枢纽和粤港澳大湾区合作示范区。3年多来,广东的深圳前海、珠海横琴和广州南沙三大自由贸易区建设发展,广东自贸试验区大胆先行先试,共形成385项制度创新成果,取得了快速发展。例如,已有大批知名企业选择落户南沙自贸区,其中世界500强企业已有87家落户南沙。2017年,南沙的投资额达1000亿元,并加快南沙港区四期工程、邮轮母港、南沙港铁路、深水航道拓宽工程、高快速通道、广中江高速、虎门二桥等的建设。2017年1—6月,南沙港完成集装箱吞吐量664万TEU,同比增长15.09%,增速位居全国各大港口首位。

珠海横琴自由贸易区位处珠海,毗邻澳门,随着港珠澳大桥的建立,横琴将成为唯一陆桥连接港澳两地的区域,其优势将更为凸显。据统计资料显示,2017年横琴地区的GDP达到183.60亿元,年均增长39.23%,已经落地的制度创新成果310项,有44家世界500强企业、72家中国500强企业落户横琴。其中,港澳企业数达到2218家。深圳作为我国创办的第一个经济特区,发挥着改革开放先行点和试验田的积极作用。如今,作为自由贸易试验区的前海也日益发挥着独特的重要作用。《南方日报》2017年12月7日的资料显示,深圳前海蛇口自贸片区已形成131项"全国首创或领先"的制度创新成果,如前海港货中心,是前海首家真正的"港资建设、港企运营、港人收益"的购物中心,像港货中心、前海深港青年梦工场这样的深港合作创新模式,为推动深港两地深度合作提供了新经验、新模式。前海约有1/3的土地面积向港企提供,除港货中心外,目前还有汇丰、恒生、东亚、嘉里、港铁、金银业贸易场等超过3000家港企落户,在前海的港籍人士已近2000人。从2018年开始,不用再办理《台港澳人员就业证》了。2018年3月20日,前海自贸区推出了在前海工作的港澳居民免办就业证的新政策,这意味着在我国实施了12年的台港澳人员内地就业许可制度在前海实现了突破。这证明深圳前海等已经成为今天广东继续深化改革开放的再试验区。[①]

由此可见,与时俱进,继续深化改革和扩大对外开放,是中国在新时期努力实现"两个一百年"奋斗目标的必由之路。广东是中国改革开放政策实施的先行点、试验区。

---

① 参见张玮、曲广宁《港澳居民前海就业免办就业证》,载《南方日报》2018年3月21日,第A10版。

实践证明，改革开放是广东的根，也是广东发展的魂。广东经济在 40 多年的改革开放中迅速发展，经济基础不断夯实的最为根本的原因，是广东不断深入地开展经济体制改革，并在深化改革中进一步扩大对外开放，从而形成了颇具广东特色的改革开放的创新模式。改革开放以来，广东在全国各省区中一直保持着先行发展、领先发展的良好态势，为中国的改革开放提供了新鲜经验。

三、以习近平新时代中国特色社会主义思想为引领，继续推进改革开放与中国经济可持续发展

（一）中国特色对外开放层次的深化和提高，对中国区域经济发展起着十分重要的作用

改革开放以后，从经济特区的建立到沿海 14 个港口城市的对外开放，再到长江三角洲、珠江三角洲和厦漳泉三角地区的对外开放，从上海浦东新区的开发建设到沿海、沿江、沿路和沿边"四沿战略"的实施，再到后来的中部崛起、东北老工业基地的开发建设和西部大开发建设发展战略的实施，从若干改革（综合）试验区发展战略的实施到上海、广东、天津、福建自由贸易区以及 2017 年 3 月以来辽宁等七大自由贸易区的建设和发展等，具有中国特色的全方位、多层次和宽领域的开放格局逐渐形成并得到发展，体现了我国对外开放层次的深化和提升。毫无疑问，中国区域经济若干板块的形成和发展，充分体现出中国全面改革开放的重大成效。而中国特色对外开放层次的深化和提高，对中国区域经济发展起着十分重要的作用。

（二）继续解放思想，深化粤港澳合作前景广阔

昔日的成绩并不能代表未来的成绩，今后粤港澳合作的使命仍然光荣而艰巨，并充满机遇和富有挑战性。既然粤港澳合作是改革开放、思想解放的特殊产物，那么，粤港澳在更宽领域、更深层次、更高水平和更具区域化发展时代特色的合作，不言而喻具有世界区域合作发展的示范意义。习近平总书记在中国共产党第十九次全国代表大会上所做的报告中指出：要坚持"一国两制"和推进祖国统一。保持香港、澳门长期繁荣稳定，实现祖国完全统一，是实现中华民族伟大复兴的必然要求。必须把维护中央对香港、澳门特别行政区的全面管治权和保障特别行政区的高度自治权有机结合起来，确保"一国两制"方针不会变、不动摇，确保"一国两制"实践不变形、不走样。实际上，"一国两制"是完全正确的，具有强大的生命力，香港、澳门回归祖国以来，"一国两制"的实践日益丰富。按照"一国两制"实现祖国和平统一，符合中华民族的根本利益。由此可见，保持香港、澳门长期繁荣稳定是在新时代、新形势下面临的重大课题。因此，继续更新合作理念，拓宽合作领域，提升合作层次，创新合作模式，促进新时期粤港澳合作利益共享，形成多赢发展新格局，已经成为内地特别是广东与港澳之间的共识。《广东省国民经济和社会发展第十三个五年规划纲要》指出：要全面深化粤港澳合作，创新粤港澳合作机制，打造粤港澳大湾区，形成最具发展空间和增长潜力的世界级经济区域。2019 年 1 月，中共广东省委、省政府也提出，要求把习近平总书记在考察广东时的重要讲话作为推进粤港

澳大湾区建设的根本遵循，把大湾区建设作为改革开放再出发的重大战役、重中之重，举全省之力推进建设，携手港澳建设国际一流湾区和世界级城市群。由此可见，新时期全面落实粤港、粤澳合作框架协议，深入实施 CEPA 有关协议，必然是全面推进粤港澳合作特别是服务贸易自由化重要的发展策略。而且粤港、粤澳高层联席会议的持续召开，有利于粤港澳高层互访商榷并达成共识。在继续坚持贯彻落实"一国两制"、香港基本法、澳门基本法、"港人治港"、"澳人治澳"的条件下，及时把握国际化和区域一体化迅速发展的态势，以全球视野和世界眼光谋划和加快粤港澳大湾区建设，全面、务实地推进粤港澳各个领域更具有时代特色和成效的合作，为广东经济、社会等的又好又快发展，为实现第十三个五年规划甚至更长远的发展目标绘出更美好的蓝图。新时期粤港澳合作前景必将更为广阔和更为美好。

（三）中国特色区域经济的形成和发展，既源于改革开放的实践，又反过来进一步丰富了改革开放的实质内容

1. 从内部形成新的发展能动力

我国国民经济和社会发展第十三个五年规划指出，要打造区域创新高地，引导创新要素聚集流动，构建跨区域创新网络，充分发挥高校和科研院所密集的中心城市、国家自主创新示范区、国家高新技术产业开发区的作用，形成一批带动力强的创新型省份、城市和区域创新中心。党的十九大报告指出，要实施区域协调发展战略。加大力度支持革命老区、民族地区、边疆地区、贫困地区加快发展，强化举措推动西部大开发形成新格局，要继续深化体制改革和提高对外开放水平，进一步扩大对外开放，以开放促改革、促发展，加强改革开放的总体指导和统筹协调，注重把行之有效的改革开放措施规范化、制度化和法制化。这实际上是从中国整体经济未来发展的基点出发，把内部功能转换成新的能动力，作为重要的发展战略加以实施的具体所在。

2. 从外部形成新的发展活力

我国在全方位对外开放中，与境外的经济合作日益得到加强。有资料显示，在 2005 年，与我国达成的 8 个自由贸易协定中只有 6 个是与周边国家和地区签署的，如我国与巴基斯坦签订的《中华人民共和国政府与巴基斯坦伊斯兰共和国政府关于自由贸易协定早期收获计划的协议》和与智利签订的《中华人民共和国政府和智利共和国政府自由贸易协定》等，而到 2018 年 3 月 11 日，中国已经和 24 个国家和地区签署了 16 个自由贸易协定。与境外的经济合作对我国的投资和对外贸易发展起到了重要的推动作用。特别是 2017 年我国和东盟贸易额达到 5000 多亿美元，是开始实施自贸协定第一年贸易额的 6 倍。① 这些充分表明中国区域经济的发展有利于推动形成全面开放新格局，也证明中国在新时期进一步实施全方位对外开放成效显著，举世瞩目。

---

① 商务部：《2017 中国和东盟贸易达 5000 多亿美元》，载《人民日报》2018 年 3 月 11 日。

四、结语

　　1978 年,广东率先发挥各种优势,与港澳地区紧密合作,为全国逐步扩大对外开放引领了发展的潮流。40 多年的改革开放及实践取得了举世瞩目的成就。今天在经济全球化、区域化长足发展的态势下,为进一步适应世界经济发展新格局的要求,粤港澳面临着大好机遇和严峻挑战,粤港澳新时期合作发展新格局的构建和完善,对中国更好地走向国际化、融入世界经济发展大潮具有举足轻重的意义和作用。在习近平新时代中国特色社会主义思想的引领下,通过深化改革开放继续完善粤港澳合作发展新机制,对进一步贯彻落实国家发展规划的要求和"一国两制"方针,对保持香港、澳门的繁荣稳定,为中国今后继续参与世界经济贸易等的竞争,提高中国的国际竞争力,实现中华民族的伟大复兴等都具有重要的现实意义和历史意义。广东省人民政府公布的《粤港合作框架协议》和《粤澳合作框架协议》2018 年重点工作,就包括合力建设粤港澳大湾区,携手参与"一带一路"建设,完善基础设施与推动便利通关,促进社会公共服务合作,推进重点合作区域建设和完善工作机制等。由此可见,以全球眼光、经济全球化思维贯彻落实思想大解放,实现大发展,已成为新时期广东、香港和澳门继续为全国改革开放探索可持续发展的新路的重要任务。因此,未来粤港澳仍然肩负着光荣而艰巨的重要历史使命。继续解放思想和深化改革开放,精准施策,探索宽领域、多层次和更高水平的合作发展新模式,那么,我们相信建设粤港澳共同幸福家园的美好愿望是可以实现的。

　　中国改革开放 40 多年的经验,给予我们重要的启迪:在新时代、新征程中,与时俱进,继续解放思想,是深化改革开放,推动中国经济向深层次、高水平发展的重要内容,也是继续保持港澳地区繁荣稳定的重要保证。

　　香港、澳门回归祖国以来,经济社会得到稳定发展是众所周知的事实。然而,在世界和平与竞争共存的格局下,香港、澳门作为我国的两大自由港,同样需要与时俱进。例如,如何提高香港国际金融中心的地位和作用,需要我们继续加强与香港的金融合作,内地相关部门要更新理念,认识到协调和开展与香港金融业的有效合作是适应经济全球化发展的必然要求和提高国际竞争力的重要内容,而不是故步自封,唯我独大,或不愿为巩固香港国际金融中心的地位、深化内地与香港的金融合作提供多方面的服务。我们应该有全局意识,认识到巩固和提高香港国际金融中心地位,就是提高中华民族的竞争力。因此,以习近平新时代中国特色社会主义思想为引领,继续全面深化改革开放,在准确理解和贯彻落实"一国两制"方针的条件下,继续加强与香港金融等领域的全面合作,实施符合实情的精准政策和措施,推动内地特别是广东与港澳的合作迈上新台阶并取得更大的成效,是完全有可能的。

参考文献

[1] 覃成林. 构建多极有序、相对平衡的区域发展新格局 [N]. 南方日报,2012 - 07 - 02(2).

[2] 张玉. 广东全面开放新格局中的"三位一体"路径 [N]. 南方日报,2018 -

03-26(2).

[3] 庞彩霞. 广东高新企业总数居全国首位[N]. 经济日报. 2017-02-17(10).

[4] 宾红霞. 南沙打造粤港澳服务业 深度融合发展先行区[N]. 南方日报, 2018-07-18(GC02).

[5] 周雪婷. "中总论坛"探讨2017年香港经济机遇[EB/OL]. (2017-02-14)[2018-07-20]. http://hm.people.com.cn/n1/2017/0214/c42272-29079339.html.

[6] 周运源. 创新发展 精准合作 建设粤港澳大湾区[J]. 广东经济, 2017(10): 70-73.

[7] 广东经济学会宏观经济课题组. 2018年经济发展：态势、问题与对策：基于百人问卷调查的分析[J]. 南方经济, 2018(3): 113-128.

[8] 龙建辉. 五论世界经济新格局下广东"开放发展"策略[J]. 广东经济, 2017(10): 42-45.

第三编　科技创新湾区

粤港澳大湾区协同创新：现状测度与实施策略

陈章喜[*]

摘　要：区域协同创新包括区域内直接主体之间的协同及间接主体与直接主体之间的协同两个方面。粤港澳大湾区是中国经济最发达、最具活力的区域之一，是新时代中国经济发展的战略平台。文章根据区域协同创新的理论，通过构建区域协同创新的指标体系，运用计量分析方法，实证分析了粤港澳大湾区协同创新的协同度。研究发现，粤港澳大湾区协同创新的协同度处于弱协同的状态，区域协同创新的协同程度有很大的提升空间，并提出了提升粤港澳大湾区协同创新效应的路径。

关键词：协同创新；粤港澳大湾区；评估；路径

20世纪以来全球区域经济一体化进程不断加速，地理位置优越的沿海湾区在吸引投资、鼓励科技创新、促进经济发展等方面具有得天独厚的优势，以纽约湾区、旧金山湾区和东京湾区为代表的沿海湾区极大地促进了区域内城市群经济的高速发展，成为地区乃至全球经济的强劲增长极。协同创新是湾区经济发展不可忽视的重要方面。

粤港澳大湾区协同创新是粤港澳大湾区城市群协同发展的重要驱动力量。充分发挥粤港澳大湾区各城市科技资源的创新优势，整合区域内部科技创新资源，构建粤港澳大湾区的区域创新体系，推动粤港澳大湾区城市群的整体创新，形成包括研发共同体、科技服务共同体和科技成果转化共同体在内的粤港澳大湾区创新共同体是在国家实施创新驱动战略、推进创新型国家建设的进程中所面临的重要战略任务。

一、粤港澳大湾区协同创新的理论描述

（一）协同创新的理论内涵

在区域创新系统的整体框架内，区域创新系统内部的企业、高校、科研机构、政府和金融中介等主体之间的协同创新和各区域创新系统之间的空间关联，构成了区域创新要素的组织与协调的方式。

区域协同创新表现在两个方面，即区域协同创新直接主体之间的协同、区域协同创新间接主体与直接主体之间的协同。理论路径是：在区域协同创新直接主体间的协同方面，

---

[*] 陈章喜，中共中央统战理论研究广东基地副秘书长，暨南大学特区港澳经济研究所教授。

高等学校和科研院所作为知识创造、技术产生和人才培养的重要载体，具有庞大的创新人才队伍和先进的科研仪器设备，掌握着前沿知识和技术，但是这些优势能否顺利转化为现实生产力则需要市场信息的引导和研发资金的支持。在此情形下，通过区域协同创新直接主体间的协同互动，企业将产品研发的市场信息和所需资金输送给高校和科研机构，而高校和科研机构则利用自身的人才、知识和技术优势，帮助企业实现产品创新，这在促进创新资源优化配置与高效利用的同时，也促进了区域创新产出绩效的整体提升。

在区域协同创新间接主体与直接主体间的协同方面：①在政府结构的职能上，通过直接资助的方式，弥补直接主体研发资金的不足，从而使得原本缺乏资金、无法完成的创新项目得以实现；通过改善基础设施条件来为直接主体的创新活动提供便利；通过发布相关信息、搭建协同创新平台等途径引导直接主体的创新行为，降低直接主体间的信息搜寻成本；通过制定相关的政策法规，规范直接主体的创新行为，降低交易成本。②在金融中介的职能上，可以帮助直接主体对创新项目的投资组合进行优化，分散和降低投资风险，提高创新收益；可以为直接主体创新活动提供融资支持，利用自身的专业优势和信息优势对直接主体的创新项目进行评估、筛选和监督，减少盲目投资；等等。

由此可见，区域创新系统中，不论是直接主体还是间接主体都各有优势又各具功能，其有效联结、协同互动，将有助于区域创新生产绩效的提升。

(二) 粤港澳大湾区协同创新的特点

1. 协同创新主体的多元性

粤港澳大湾区协同创新的主体不仅包括企业（技术创新主体）、高校和科研机构（知识创新主体）、政府（制度创新主体），还包括中介组织、金融机构等，这些主体从属于不同的行政区域，分布在粤港澳大湾区不同的区段，同一类型、同一层次的创新主体是平等的，其关系主要表现为"横向水平关系"，而不是"纵向垂直关系"，不存在管理和被管理的关系。粤港澳大湾区协同创新是多元化创新主体开放包容、共同参与、协同互动、交互催化的过程。

2. 协同创新关系的紧密性

粤港澳大湾区虽然空间分布较广，但不同城市在地理区位、自然禀赋、航运交通、经济发展、历史文化、生态文明建设等方面有着天然的联系，这种相互依存性会激发创新主体自发地进行创新合作。由于创新合作与联系的日益深入、广泛和密切，粤港澳大湾区水陆交通城市之间产生了密集的人流、物流、资金流、知识流和信息流等，促进和保障了粤港澳大湾区协同创新体系的形成和发展。

3. 协同创新网络的复杂性

粤港澳大湾区协同创新要进行空间协同、主体协同、要素协同等多方式协同，而粤港澳大湾区是国家"一国两制"的实施区域，空间分布比较广，不同城市在经济实力、科技水平、社会发展等方面存在较大差距，技术、资金、人才、信息等创新要素差异明显，创新主体、创新要素之间不是简单的线性叠加，而是进行动态的、多元的、交互的、非线性的、强耦合的多维协同，推动协同创新体系的演变和优化。

4. 协同创新环境的统一性

基础设施、经济基础、市场环境、政策法律环境、科技资源条件、创新创业文化状况等创新环境是地区创新能力的保障和支撑要素。粤港澳大湾区协同创新，必须具备互联互通的电力、通信、交通等基础设施网络，形成比较发达的市场体系和市场制度，制定并实施一致性的经济、产业及科技发展、环境保护等政策规划，倡导共识性的创新创业文化等，推动创新主体"无缝"对接，实现创新要素"顺畅"流动，为协同创新提供强有力的保障和支撑。

5. 协同创新定位的区段性

粤港澳大湾区的节点城市分布在不同的区段，在资源禀赋、产业布局、科技实力、发展目标等方面往往具有比较大的差异，存在比较优势的区域产业分工，区域创新会形成明确又高效协同的创新分工功能定位，这些创新活动分工既包括按地区、部门或产业的横向分工，也包括按产业链的纵向分工，区域创新分工功能定位往往沿经济布局分布，形成粤港澳大湾区不同区段的创新能力和竞争力，增强创新合作的动力协同效应。

二、粤港澳大湾区协同创新的现状考察

（一）基本现状

1. 协同创新资源投入雷同

目前，粤港澳大湾区内创新主体的联系和协作度偏低，给创意延伸到产业方面造成一定阻碍，对粤港澳大湾区创新潜力的发挥造成一定影响。湾区内城市分工不明确，城市研发、产业化等功能定位错配现象在一定程度上还存在，导致粤港澳大湾区内的产业结构雷同严重，进而导致要素跨城市流动受阻，利用效率较低。粤港澳大湾区创新体系和网络建设尚处于启动阶段，缺乏有效的制度保障，没有形成统一的技术标准规范，缺乏良性的互动机制，导致资源浪费与供给不足现象并存。

2. 协同创新资源分布不均

总体而言，粤港澳大湾区的创新资源比较丰富，创新能力在全国乃至全球均处于前列，但是湾区内创新能力不均衡。湾区内有三大龙头城市：深圳、广州和香港。其中，深圳、广州作为全国创新型城市，要素集聚程度高且具有集聚的创新要素、丰富的创新资源和引领性的创新能力，是国家重要的自主创新高地和技术辐射源头；香港拥有 4 所世界一流大学，具有较强的创新能力，但制造业衰竭导致其创新绩效并不显著。其他城市特别是处于珠江西岸的珠海、中山和江门的创新能力相对比较落后，创新资源相对匮乏，与深圳和广州相比，还存在高层次人才比较缺乏、研发经费投入偏少、专利申请授权量偏低、技术合同成交额偏小等问题。创新资源的分布不均在一定程度上造成了粤港澳大湾区创新能力的空间异质性。地理上临近而科技创新水平和能力不均衡，意味着大湾区内科技溢出效应较弱。

3. 协同创新机制不够完善

粤港澳大湾区协同创新要破解"一国两制""三个关税区"条件下制约要素便捷流动

的体制机制障碍，以共建共治共享为基本原则，在体制机制、制度政策上系统谋划，为引领粤港澳大湾区的协同创新提供内需拉动力、创新驱动力。近年来，虽然粤港澳地区领导的互访频次在不断提高，但高层次的创新合作磋商协调机制尚未建立起来，湾区内创新合作的大项目偏少。科研机构和企业的合作相对薄弱。科技中介服务体系仍不完善，科技中介服务机构的"结构洞"优势还不能有效发挥。

4. 协同创新要素流动受阻

首先，大湾区内主要是珠三角9市尚无事业单位科研人员到企业从事技术研发的鼓励性政策，科研院所和高校创新研发人才向企业的流动缺乏动力和制度保障，整体创新效能有待提升。其次，粤港澳大湾区内11个城市在社会公共服务、工作环境等方面还存在较大的地理空间差异，导致大湾区内相对落后的城市（如珠江西岸的城市）难以吸纳并集聚创新要素和资源。相比之下，香港、深圳、广州等龙头城市却形成了强大的"虹吸效应"，人才、资本、信息等要素大量集聚。再次，与国有企业的制度资源相比，科技型民营企业在社会保障、户籍政策、职称申报等方面对人才缺乏吸引力。最后，薪酬、工作环境等也是企业引进和留住人才所面临的瓶颈问题。

5. 协同创新服务网络失衡

虽然珠三角国家自主创新示范区、广深港澳科技创新走廊等创新平台建设取得了一定成效，但仍存在重复建设，"重布局、轻运行"，缺乏比肩硅谷、筑波科学城、华尔街等的引领性科技园区等问题。粤港澳三地分属不同的关税区，且城市间、地区间发展不平衡，诉求、利益也不尽相同，一定程度上阻碍了三地协同创新服务网络的形成。此外，各种数据平台、人才平台、专利平台等发展相对滞后，对网络服务能力的发挥造成了一定影响。粤港澳大湾区内11个城市的科技服务能力发展不均衡，也会阻碍粤港澳大湾区协同创新的进程。

（二）与国际湾区的差距

在发明专利总量方面，粤港澳大湾区虽然基本实现了对旧金山湾区的超越并有望保持扩大趋势，但是在发明专利使用程度上出现了不同的结果。利用施引专利数，可以分析发明专利质量的高低。施引专利数就是发明专利被引用的次数，被引用次数越多，发明专利的质量就越高。在这一数据上，粤港澳大湾区远远不及旧金山湾区。2012—2016年间，粤港澳大湾区的施引专利数量明显低于旧金山湾区，粤港澳大湾区施引专利数与旧金山湾区施引专利数的比值整体呈现下降趋势，从2012年的53.56%下降到2016年的22.81%。这说明在发明专利的质量上，粤港澳大湾区仍然与旧金山湾区存在较大的差距。

三、粤港澳大湾区协同创新的实证评估

（一）协同创新评估的理论模型

通过引入协同度的度量概念，定量刻画协同创新发展的程度。协同度是指在特定阶段城市群各城市之间为实现某种共同目标而采取步调一致的行动的程度，它是与冲突程度相对而言的，协同度越大，冲突度越小。在本文中，协同是指粤港澳大湾区创新系统中各子系统之间在整个创新系统演化过程中的协同效应，协同度是对系统协同发展程度的度量。

根据陈丹宇整理的计算模型，并结合协同学的相关研究，本文主要利用以下方法测算协同度。

首先，创新系统 $S = \{S_1, S_2, \cdots S_k\}$，$S_i$ 为复合成 S 的第 i 个区域子系统，$i = 1, 2, \cdots k$，且 $S_i = \{S_{i1}, S_{i2}, \cdots S_{ik}\}$，即 S_i 由若干个子系统的元素计算而得。由于本文中的研究对象是粤港澳大湾区，所以 S_i 指的是粤港澳大湾区的 11 个区域子系统。

S_i 的相互作用及其协同关系形成创新系统 S 的复合机制，这种复合机制的数学表达式为：

$$S = f(S_1, S_2, \cdots S_k) \quad (1)$$

定义 1：称 $S = f(S_1, S_2, \cdots S_k)$ 中的 f 为区域创新系统 S 的复合因子。

若 f 可以用精确的数学方程式表达，对于复合区域创新系统 S 而言，f 一般为非线性方程。

定义 2：

$$E^g(S) = E\{F[f(S_1, S_2, \cdots S_k)]\} = E[g(S_1, S_2, \cdots S_k)] > \sum_{i=1}^{k} E^f(S_i) \quad (2)$$

式（2）中的 F 就是区域创新系统 S 的协同作用表达，如果用 T 表示区域创新系统 S 的协同作用的集合，那么可以把 T 称为区域创新系统的创新协同机制。

对以上公式的说明：

①定义 2 中的不等式表达了前文提到的协同学中的协同效应"（1+1+ΔV>2）"的状态。就是指在区域创新系统的协同作用下，区域创新系统协同发展所带来的正向效能要大于在非协同状态下单个要素或单个系统的效能的简单加和。

②能够满足定义 2 中不等式的 F 不止一个，也就是说 F 代表的协同表达式不唯一。对于指定的区域创新系统 S，至少有一个 F 能够使其从现状走向创新协同，即从无序走向有序。创新系统的协同作用 F，包括能够使区域创新系统的状态、结构、功能得以改善的外部作用，因此定义 2 规定了创新协同机制的集合体。创新协同机制 T 作为协同作用 F 的集合，表明了创新协同作用 F 的形成规则与作用程度。

定义 3：

将下式定义为子区域创新系统 S_i 的序参量 c_{ij} 的系统有序度：

$$\mu_i(c_{ij}) = \begin{cases} \dfrac{c_{ij} - \beta_{ij}}{a_{ij} - \beta_{ij}}, & j \in [1, l_1] \\ \dfrac{a_{ij} - c_{ij}}{a_{ij} - \beta_{ij}}, & j \in [l_1 + 1, n] \end{cases} \quad (3)$$

从式（3）可知，$\mu_i(c_{ij})$ 是 0～1 之间的一个数值，这个数值是通过定义 3 中的公式计算出来的，这里 a_{ij}，β_{ij} 是系统稳定时，处于临界点上序参量 c_{ij} 的上下限，$\mu_i(c_{ij})$ 的数值越大，表示 c_{ij} 对子区域创新系统有序的作用越大。

定义 4：

本文采用相对容易计算的几何平均法进行集成和整合，即：

$$\mu_i(c_i) = \sqrt[n]{\prod_{j=1}^{n} \mu_1(c_{ij})} \quad (4)$$

称上述定义的 $\mu_i(c_i)$ 为子区域创新系统 S_i 序参量变量 c_i 的系统有序度，$\mu_i(c_i)$ 是 0～1 之间的数值，其数值越大，c_i 对子区域创新系统 S_i 有序的作用就越重要，S_i 子区域创新系统的有序程度也越高，反之则越低。

定义5：区域创新系统整体协同度模型（用 W 代替）。

假设初始时刻为 t_0，各子区域创新系统序参量的系统有序度为 $\mu_i^0(c_i)$，$i=1,2,\cdots k$，对区域创新系统演变过程中的某时刻 t_1 而言，如果 t_1 时刻各子区域创新系统序参量的系统有序度为 $\mu_i^1(c_i)$，$i=1,2,\cdots k$，则 t_0—t_1 时间段的复合区域创新系统整体协同度为：

$$W = \theta \sum_i^k \lambda_i [\,|\mu_i^1(c_i) - \mu_i^0(c_i)|\,] \tag{5}$$

其中，
$$\theta = \frac{\min_i[\mu_i^1(c_i) - \mu_i^0(c_i) \neq 0]}{|\min_i[\mu_i^1(c_i) - \mu_i^0(c_i) \neq 0]|}, \quad i = 1,2,\cdots k \tag{6}$$

$$\lambda_i \geq 0, \sum_{j=1}^n \lambda_i = 1, \quad i = 1,2,\cdots n$$

本文中，$\lambda_i = \dfrac{GDP_i}{\sum_{i=1}^{11} GDP_i}$，其中 $i = 1,2,\cdots 11$。

当式（6）中的 θ 大于0的时候，区域创新系统才能保证 W 大于0，也就是在 t_0—t_1 时间段，系统中不存在任何一个还没有走向有序的子系统；相反，若式（5）的 W 为负数，说明系统中至少存在一个子系统还处于无序的状态，也就是整体区域创新系统还处在非协同演进的过程。

区域创新系统整体协同度 W 为 $[-1,1]$ 的数值，其值取得越大，则表明复合区域创新系统的整体协同的程度越高，反之则其协同度就越低。如此，可将协同度 W 作为判断系统是否处于协同发展进程中和协同程度高低的评价标准。对区域创新系统协同度进行等级划分见表1。

表1 区域创新系统协同度等级划分

等级范围	[0, 0.4]	(0.4, 0.5]	(0.5, 0.6]	(0.6, 0.7]	(0.7, 0.8]	(0.8, 0.9]	(0.9, 1]
协同评价	极不协同	不协同	轻度不协同	弱协同	基本协同	良好协同	高度协同

（二）指标选择与数据来源

基于可行性、客观性、科学性等指标建立的基本原则和本文指标建立所依据的原则，结合《中国区域创新能力报告》和其他学者相关研究的评估系统，明确本研究的评价体系主要分为知识创造、知识获取、知识应用、创新环境、创新绩效 5 个指标（一级指标）。本文评价指标见表2。

表 2　区域创新系统协同效应评价指标

	一级指标	二级指标
区域子系统	知识创造 C_{i1}	政府科技投入
		专利授权数
		科研论文数
	知识获取 C_{i2}	发明专利申请增长率
		外国直接投资
	知识应用 C_{i3}	规模以上工业企业研究开发投入
		每万人专利申请
		高技术产业产值
	创新环境 C_{i4}	每万人计算机数
		居民消费水平
		人均受教育年限
		高技术企业数
	创新绩效 C_{i5}	人均GDP
		高技术产值占GDP的比例
		商品出口额
		人均收入
		高技术产业就业人数占就业人员的比重

本研究设置的指标体系包含17个二级指标，二级指标数据主要来源于《中国区域创新能力报告》、各城市历年统计年鉴、香港统计署网站、澳门统计局网站、历年科技统计年鉴、各城市（广州、深圳、东莞、惠州、佛山、江门、肇庆、中山、珠海）统计局网站。

（三）协同度测算

利用式（5）的创新系统协同度测算模型和表2中的指标体系，研究粤港澳大湾区创新系统的协同效应，对大湾区内创新系统协同创新过程中各子系统、子系统之间及整体创新系统发展过程中创新系统协同度进行分析。根据粤港澳大湾区创新系统的发展过程，确定粤港澳大湾区创新系统及其子系统的序参量，应用式（4）、式（5）和式（6）的公式计算子系统序参量（具体计算从略）和子系统有序度以及粤港澳大湾区创新系统整体的协同度。（见表3）

表 3　2011—2016年粤港澳大湾区创新系统子系统有序度

城市	2011年	2012年	2013年	2014年	2015年	2016年
香港	0.6298	0.6167	0.6109	0.6378	0.6477	0.6568

(续上表)

城市	2011年	2012年	2013年	2014年	2015年	2016年
澳门	0.5305	0.5459	0.5396	0.5631	0.5633	0.5662
广州	0.5137	0.5205	0.5481	0.5696	0.5941	0.6262
深圳	0.5019	0.5166	0.5467	0.5700	0.5933	0.6217
珠海	0.4667	0.4803	0.4994	0.5208	0.5408	0.5776
佛山	0.4614	0.4797	0.5018	0.5187	0.5360	0.5757
惠州	0.4227	0.4355	0.4634	0.4816	0.5035	0.5236
东莞	0.4658	0.4759	0.4965	0.5157	0.5317	0.5712
中山	0.4389	0.4516	0.4758	0.4968	0.5197	0.5365
江门	0.4177	0.4340	0.4553	0.4760	0.4962	0.5123
肇庆	0.4131	0.4294	0.4526	0.4729	0.4960	0.5198

本文按照上述定义4、定义5中的公式对粤港澳大湾区的整体创新系统协同度进行测算，结果见表4。

表4 2014—2016年粤港澳大湾区创新系统协同度

项目	2014年	2015年	2016年
整体协同度	0.23	0.31	0.59

（四）结果分析

从表3可以看出，粤港澳大湾区中的各城市子系统的有序度还是中等以上的水平，2011—2016年，各城市子系统的有序度逐渐提高，但是香港在2012年、2013年以及澳门在2013年处于特殊状态，有序度下降，说明粤港澳大湾区整体在2012年、2013年处于非协同发展状态。在2014—2016年的3年时间内，粤港澳大湾区处于协同发展状态，所以我们选择2014—2016年的有序度计算粤港澳大湾区创新系统的整体协同度。此外，也可以将本文所选的指标时间划分为两个不同的阶段：2013年以前，粤港澳大湾区创新系统处于不协同发展状态；2014年以来，粤港澳大湾区创新系统整体处于协同发展阶段。

由表3还可以看出，所计算的结果基本与当前各区域子系统的经济发展趋势、科技创新水平一致。在2016年，粤港澳大湾区中子系统有序度最高的是香港、广州和深圳，这与这3个子系统的经济发展水平、创新水平的真实情况基本吻合。有序度最低的3个城市是江门、肇庆、惠州，这3个子系统在从无序走向有序的进程中仍然面临着比较大的困难，虽然显示为协同发展状态，但是仍然要重点关注有序化进程的动力，提高子系统城市的有序程度。

从表4的结果可以看出，2014—2016年粤港澳大湾区创新系统协同度逐渐提高，但是总体的协同度还比较低。按照表1的协同度等级标准，粤港澳大湾区创新系统2016年仍处于轻度不协同的状态，创新系统的协同程度还有很大的提升空间。

四、粤港澳大湾区协同创新的政策路径

（一）加强粤港澳大湾区协同创新制度建设

加快推进粤港澳大湾区协同创新的步伐，加强三地间的制度对接，完善跨区域政府间的协商协调机制，促进创新主体互动融合。在"一国两制"的前提下，进行粤港澳三地协同创新的顶层设计，加强各城市的协调与沟通，打造创新的利益共同体。建立以地方政府为主导、中央政府参与的区域创新合作委员会，作为粤港澳大湾区协同创新的权威指导机构，协调和规范创新活动，保障和促进粤港澳三地创新合作项目的实施。

（二）重塑粤港澳大湾区协同创新市场环境

粤港澳大湾区的协同创新，要发挥市场机制对粤港澳大湾区内创新资源配置的决定性作用，打破地方保护的行业壁垒和"一国两制"所造成的制度壁垒，缓解"一国两制"带来的市场分割，逐步缩小大湾区内11个城市创新发展的市场环境差距。大力促进劳动力市场、技术市场、信息市场与金融市场一体化的实现，保证要素的充分合理流动与要素统一市场的形成。

（三）推进粤港澳大湾区协同创新优势互补

粤港澳三地在基础研究、科技成果转化、科技服务与产品生产方面各有千秋，资源互补性很强，须构建以市场为导向、以企业为主体、产学研深度融合的科技创新合作体系，提升区域创新效率。在科技研发阶段，要充分利用香港和广州优质的高校资源，推进知识创新与技术研发，为湾区高技术产业和传统制造业转型升级提供科研支撑。在成果转化阶段，要充分发挥深圳高技术企业以及香港科技服务业的作用，提高湾区科技成果转化率。在科技成果产业化阶段，要利用广州、东莞、珠海等城市制造业发达的优势，将具有市场前景的科技创新产品批量生产。

（四）构建粤港澳大湾区协同创新战略平台

一是构建人才平台，提升湾区对人才的吸引力。依托前海、南沙、横琴自贸区设立国际人才特区，探索建立海外科技人才进入粤港澳的绿色通道以及绿卡制度，简化外籍科技人才办理就业签证的程序，放宽入境时长，增加技术移民签证数量。二是构建教育平台。引进国外优质的教育资源，加快大湾区教育国际化进程，培养复合型国际化人才。打造高质量、国际化的湾区高校群，培养一批国际化创新型人才。三是构建合作平台。要建立一批区域技术创新合作平台，促进高校、科研机构、企业在特定区域集聚并融合，共享创新资源。打造粤港澳大湾区国际科技创新中心，加快建设协同创新服务体系和创新资源开放共享平台。

（五）完善粤港澳大湾区协同创新服务网络

一是完善金融服务。充分发挥香港国际金融中心的功能。依托澳门自由港的优势，发展特色金融，关注融资租赁、资产管理等领域，打造中国与葡萄牙及"一带一路"沿线国家融资租赁平台。放宽香港、澳门金融机构进入广东市场的条件。二是完善法律服务。要建立跨境商事仲裁、粤港澳版权登记、司法协助合作、区际律师事务所等跨区域的法律服务组织与机构，为企业跨境创新与创业提供法律支持。三是完善决策服务。发挥粤港澳地区商会、协会、咨询机构和智库等中间组织的作用，共同促进大湾区各领域科技合作可持续健康发展。

参考文献

［1］刘瞳. 粤港澳大湾区与世界主要湾区和国内主要城市群的比较研究：基于主成分分析法的测度［J］. 港澳研究，2017（4）：61－75，93－94.

［2］覃成林，刘丽玲，覃文昊. 粤港澳大湾区城市群发展战略思考［J］. 区域经济评论，2017（5）：113－118.

［3］钟韵，胡晓华. 粤港澳大湾区的构建与制度创新：理论基础与实施机制［J］. 经济学家，2017（12）：50－57.

［4］周春山，罗利佳，史晨怡，等. 粤港澳大湾区经济发展时空演变特征及其影响因素［J］. 热带地理，2017，37（6）：802－813.

［5］陈章喜. 港珠澳大桥对珠江口城市群协调发展的影响效应［J］. 澳门理工学报，2017（3）：35－44.

［6］陈世栋. 粤港澳大湾区要素流动空间特征及国际对接路径研究［J］. 华南师范大学学报（社会科学版），2018（2）：27－32.

［7］程玉鸿，汪良伟. 城市群内城市间竞争合作关系研究及实证测度：以粤港澳大湾区为例［J］. 港澳研究，2018（1）：45－54，94－95.

［8］张立真，王喆. 粤港澳大湾区：演进发展、国际镜鉴与战略思考［J］. 改革与战略，2018（3）：73－77，122.

［9］辜胜阻，曹冬梅，杨嵋. 构建粤港澳大湾区创新生态系统的战略思考［J］. 中国软科学，2018（4）：1－9.

［10］陈章喜. "一带一路"与澳门世界旅游休闲中心建设［J］. 澳门研究，2017（2）：25－31.

创建粤港澳大湾区国际科技创新中心研究

刘慧琼　吴向能[*]

摘　要：如何对标国际一流湾区和世界级创新中心，立足制度创新、技术创新、组织管理创新，研究提出一揽子政策措施，把大湾区建设成为代表国家参与全球竞争的创新发展高地，是粤港澳大湾区的重要发展战略及功能定位。本文在分析打造粤港澳大湾区国际科技创新中心必要性与可行性的基础上，针对目前粤港澳大湾区科技创新方面存在的若干问题，提出相关政策规划及构思。

关键词：粤港澳大湾区；科技创新中心；政策规划

自党的十九大报告提出建设粤港澳大湾区以来，大湾区的发展战略及功能定位引起了社会各界的广泛讨论。依托湾区城市群建设全球科技创新中心，是当今世界城市、经济及科技融合发展的基本规律和客观趋势，是粤港澳大湾区城市群转型和高质量发展的必然要求。尤其是 2017 年 7 月 1 日习近平总书记亲自见证签署的《深化粤港澳合作　推进大湾区建设框架协议》，首次提出建设粤港澳大湾区国际科技创新中心，在更高层次、更大范围支持粤港澳强强联合，共建共享，推动大湾区科技创新一体化，建设粤港澳大湾区国际科技创新中心迎来重要战略机遇期。

一、建设粤港澳大湾区国际科技创新中心的必要性

（一）对外开放新门户

建设高水平参与国际经济合作的新平台，探索建立高标准贸易规则，引领对外开放，助力"一带一路"倡议。

在当前全球贸易保护主义抬头的背景下，中国经济正面临着新一轮对外开放的挑战和机遇。粤港澳大湾区历史上是海上丝绸之路的起点之一，区位优势突出，具有侨乡、英语和葡语三大文化纽带，是连接 21 世纪海上丝绸之路沿线国家的重要桥梁。建设粤港澳大湾区，有利于整合发挥其港口、金融、贸易、制造业等优势，推进"一带一路"倡议实施。并且，粤港澳大湾区将凭借"一国两制"的制度优势，寻求制度创新，探索制定新

---

[*] 刘慧琼，女，中共广东省委党校（广东行政学院）行政学教研部（系）教授，主要从事粤港澳研究。吴向能，男，广东能迪资本管理有限公司董事长，高级会计师，主要从事产业经济及资本运营研究。

规则,率先在大湾区内部试用,再推广到全球,参与国际贸易规则制定。

(二) 区域发展新布局

在北中南区域经济发展格局下,大湾区将发挥区位优势,带动泛珠三角区域发展。

京津冀、长江三角洲和珠江三角洲城市群,是我国经济最具活力、开放程度最高、创新能力最强、吸纳外来人口最多的地区。"十三五"规划指出,我国区域发展以"一带一路"建设、京津冀协同发展、长江经济带发展为引领。粤港澳大湾区南接东南亚、南亚,东接海峡西岸经济区、台湾,北接长江经济带,西接北部湾经济区。建设粤港澳大湾区可提高珠三角城市群的战略地位,形成北有雄安新区助力京津冀协同发展、中有长三角领衔长江经济带、南有粤港澳大湾区带动泛珠三角的区域经济发展新格局。2016年3月,《国务院关于深化泛珠三角区域合作的指导意见》要求,构建以粤港澳大湾区为龙头,以珠江—西江经济带为腹地,带动中南、西南地区发展,辐射东南亚、南亚的重要经济支撑带。

(三) 港澳繁荣新保障

深化内地与港澳的合作,拓展港澳发展新空间和新动能,促进港澳长期繁荣稳定,确保"一国两制"基本国策不动摇。

2018年国务院政府工作报告强调要继续全面准确贯彻落实"一国两制"方针,支持香港、澳门融入国家发展大局,深化内地与港澳地区的交流合作。在改革开放初期,香港、澳门凭借其产业、技术、资金等优势,引领内地特别是珠三角发展。随着内地改革开放的深入推进,香港、澳门发展相对滞后,急需内地带动。粤港澳大湾区可以通过构建协同机制,消除影响要素便利流动、产业合理分工的制度性障碍,打破行政地域壁垒,推进"一国两制"的新实践,保持港澳长期繁荣。

二、建设粤港澳大湾区国际科技创新中心的可行性

(一) 粤港澳大湾区的基础条件在国内最成熟

粤港澳大湾区由"9+2"个城市组成,这11个城市包括广东的广州、深圳、珠海、佛山、中山、东莞、惠州、江门、肇庆,以及香港特别行政区、澳门特别行政区。土地面积合计约5.60万平方千米,占全国的0.60%;2017年经济总量达10万亿元,占全国的12.20%;常住人口6000多万人,占全国的4.90%。

湾区经济是大国发展标配,全球约60%的经济总量集中在入海口。世界知名的三大湾区包括以现代金融为核心的纽约湾区、以科技创新为核心的旧金山湾区和以现代制造为核心的东京湾区。中国自北向南主要有渤海湾区、胶州湾区、杭州湾区、粤港澳大湾区、北部湾区等,实力最强、基础条件最成熟的则是粤港澳大湾区。

(二) 粤港澳大湾区从地方构想上升为国家战略

粤港澳大湾区发展已酝酿10余年,从2005年明确"湾区发展计划",到2015年

"一带一路"倡议提出共建粤港澳大湾区，2017 年国家发改委牵头粤港澳三地签署大湾区建设框架协议，再到当前《粤港澳大湾区发展规划纲要》出台，粤港澳大湾区规划建设逐渐落地。从发展历程来看，可分为两个阶段。

第一阶段（2005—2014 年），湾区经济进入地方构想。2005 年，广东省政府在《珠江三角洲城镇群协调发展规划》中明确划分"粤港澳跨界合作发展地区"，并要求把发展湾区列入重大行动计划。之后，湾区发展陆续被写入 2008 年国家发改委《珠江三角洲地区改革发展规划纲要（2008—2020）》、2009 年粤港澳三地政府共同参与的《大珠江三角洲城镇群协调发展规划研究》、2010 年《粤港合作框架协议》等文件，跨区域合作初现雏形。2014 年，深圳市政府工作报告提出，聚焦湾区经济，构建区域协同发展新优势。

第二阶段（2015 年至今），大湾区上升为国家战略，并将基调定为"千年大计"。2015 年 3 月，"一带一路"倡议首次明确提出"粤港澳大湾区"概念。2016 年，"粤港澳大湾区"被写入国家"十三五"规划、《国务院关于深化泛珠三角区域合作的指导意见》、广东省"十三五"规划等，要求建设世界级城市群。2017 年，"粤港澳大湾区"首次被写入国务院政府工作报告。2017 年 7 月 1 日，时值香港回归 20 周年，国家发改委牵头粤港澳三地政府签署的《深化粤港澳合作 推进大湾区建设框架协议》明确提出打造国际一流湾区和世界级城市群。2018 年 3 月"两会"期间，国家发改委主任何立峰在接受采访时指出，粤港澳大湾区是"千年大计"，这意味着粤港澳大湾区的战略地位非同寻常。2018 年 5 月，中共中央政治局常委、国务院副总理韩正在广东调研时强调，粤港澳大湾区建设是习近平总书记亲自谋划、亲自部署、亲自推动的国家战略。

（三）粤港澳大湾区具有三大中心地位的传统优势

在既有的国际金融中心、航运中心、贸易中心的基础上，把粤港澳大湾区建设成为国际创新科技中心，既切中大湾区当前经济发展需要，同时也向大湾区经济社会发展提出了新的愿景和奋斗目标。粤港澳大湾区在现有传统优势产业的基础上，通过发展创新科技产业来拓宽发展道路，推动经济转型升级，具有极大的优势。一方面，创新科技产业涉及研发、转化、应用、产品、市场、资本等一系列要素和环节，对相关行业具有强大的带动和辐射作用。打造国际创新科技中心，通过围绕创新科技产业链部署创新链、完善资金链，有助于激活和提升粤港澳传统优势产业的竞争力，带动三大中心进一步向高增值方向发展。另一方面，粤港澳活跃的资本市场、成熟的贸易体系、完善的法治环境等传统优势，也为发展创新科技产业特别是加速科技成果转移转化提供了坚实基础和有力支撑，使粤港澳大湾区建设国际创新科技中心具备了先天条件。因此，打造国际创新科技中心与巩固提升传统三大中心地位之间是增量与存量、促进与支撑的共生关系，两者相得益彰、相辅相成。

三、粤港澳大湾区科技创新存在的问题

（一）香港、广州、深圳三大核心城市科技创新合作较少，未能实现协同创新发展

香港、广州、深圳是粤港澳大湾区的核心城市，其在科技创新方面各有优势和不足。香港集聚数量众多的全球顶级高校，且在人才、科研、资本、法治等软硬条件上具备突出优势，但香港科技产业发展薄弱，缺乏全球性的科技创新企业，未能形成活跃的创新科技生态圈；广州集聚丰富的高校和科研平台资源，科技创新支撑作用较强，但广州亦缺乏科技型龙头企业，科技创新成果转化体制约束较多；深圳科技创新体系完备、创新生态优良、产业化能力突出，但缺乏高质量的研究型大学以及世界级的基础性、前沿性研究平台。总体而言，香港、广州、深圳在科技创新方面具备良好的合作基础和合作需求。

但实际上，香港、广州、深圳三大城市在科技创新方面的合作乏善可陈。香港的高校及科技服务机构与内地缺乏互动，香港的8所大学中仅香港科技大学在深圳成立了研究院，其他高校与内地合作较少；香港的金融优势对湾区科技企业发展的支撑也较弱，香港195家银行中仅15家在内地设有分支机构。此外，广州和深圳之间长期存在"龙头斗争"，长期处于各自发展的状态，从其在科技创新方面的定位来看，广州提出要打造具有国际影响力的国家创新中心城市和国际科技创新枢纽，深圳则致力于打造全球科技产业创新中心，科技创新定位雷同，导致产生科技创新资源争夺、科技创新合作缺乏等问题。

（二）体制机制优势尚未发挥，人才、资本等要素未能实现高效流动

自2003年CEPA协议开始实施以来，粤港澳三地的资金、技术、人才等创新要素的流动效率得到了很大的改善，但仍面临诸多限制，主要体现在粤港澳人才资质互认、科技资金使用、通关便利化等方面。在人才方面，港澳人员在内地从事经济活动的个人身份为境外人士，就业须满足《台湾香港澳门居民在内地就业管理规定》，获取《台港澳人员就业证》和旅行证件，满足地方政府的就业许可要求，经过一系列审查后才可在内地就业，且从事国家规定的职业（技术工种）的，必须持有相应的资格证明；粤港澳三地人员在社保、医保等方面的待遇不同，也在一定程度上影响了人才的高效流通。在资金方面，香港的企业、经济组织或个人到内地投资，仍然实行有关外商投资企业法律、法规及相应的程序规定，在行业准入方面受到很多限制，如对外贸易、保险业、信托投资等。

（三）科技创新质量和效率与世界其他湾区相比仍存在一定差距

粤港澳科技创新资源丰富，在高校数量、科研院所数量等指标方面完全不逊色于世界三大湾区，但就科技创新质量和效率来看，仍存在一定差距。

一是科技成果转化率较低。粤港澳大湾区依托众多的高校和科研院所资源，基础创新能力较强，创新成果数量众多，如香港在发光二极管技术、薄膜太阳能光伏技术、云计算、生物医学、纳米材料和电动汽车等方面具备技术领先优势，但科技创新对产业发展的推动作用未能充分发挥。反观世界其他湾区，以大企业主导创新为特色的东京湾区科技成

果转化率高达80%以上，旧金山湾区的斯坦福大学是学术成果转化为产品的全球典范，培育了谷歌、惠普、雅虎、思科、英特尔等一批全球知名公司。

二是发明专利质量不高。2016年粤港澳大湾区发明专利总量达19.40万件，是旧金山湾区的3.5倍；深圳—香港地区PCT申请数量达4.10万件，高于圣何塞—旧金山的3.40万件，在全球创新活动群落中排名第二。但从专利施引数量来看，近5年粤港澳大湾区的平均专利施引数量仅为旧金山湾区的33%，这说明粤港澳大湾区创新成果质量与其他湾区相比仍存在一定差距。

（四）产业生态发展有待提升，产业结构尚未实现高端化

粤港澳大湾区在经济总量上已具备比肩世界一流湾区的实力，但在产业结构、产业生态培育等方面仍存在不足。

一是产业结构偏于传统。粤港澳大湾区第三产业占比仅为62.20%，而世界三大湾区均超过80%，粤港澳大湾区在向创新经济和服务经济发展的同时，仍存在大量的港口经济和工业经济。产业结构层次低直接影响经济发展质量，粤港澳大湾区人均GDP为2万美元，仅为旧金山湾区的1/5、纽约湾区的2/7、东京湾区的1/2。二是缺乏独角兽企业等爆发式增长的企业，未能有效引领新经济发展。独角兽企业是创新爆发的标志，代表着产业变革的方向，是评价地区创新能力的重要标志。根据长城战略咨询最新发布的《2017年中国独角兽企业发展报告》，粤港澳大湾区内独角兽企业仅23家。而旧金山湾区依托完备的产业创新生态，培育了超过100家独角兽企业，引领世界产业发展变革。

四、建设粤港澳大湾区国际科技创新中心的具体构想

（一）组建粤港澳大湾区科技创新发展智库，推动湾区协同创新发展

联合湾区内各城市科技主管部门、高校、科研机构、创新型企业、民间咨询机构等主体成立粤港澳大湾区创新发展智库，重点围绕科技创新、产业升级、创新资源分配和流动等方面开展调研和研究工作，准确把握湾区科技创新发展中急需解决的问题和瓶颈，并提出相应的发展和改善建议，使其成为湾区创新发展的"思想库"和"智囊团"。支持智库成为统筹各地科技创新发展的平台，积极参与各地政府有关科技创新的政策决策，组织各地区相关科技创新机构加强沟通合作，推出影响力大、公信度高、可操作的创新性理论观点和研究成果，推动形成思想共识，共同推动湾区科技创新发展。

（二）突破体制机制障碍，推动创新要素高效流动

加快落实推进粤港澳大湾区科技体制机制改革，推动构建人才、资金、物品、信息等资源要素便捷流动机制，提升湾区科技创新效率。

一是促进科技人才跨境便利流动。率先探索"大湾区绿卡"制度，推动粤港澳人才资质互认，实现港澳创新人才与境内居民享受同等待遇，加快推动湾区内部人才的充分流动。

二是促进科技资金跨境便利使用。加快推动各级各类科研项目经费在大湾区内转移使

用，放宽对创新型产业的港澳投资者资质要求、股比限制、经营范围等准入限制措施。

三是推进科研设备和材料通关便利化。探索制定粤港澳三地研发小物流通关便利政策，对科研设备、实验材料的跨境运输和使用，给予保税货物等特殊通关待遇，减免研发"小物流"进出口税收。

四是推动技术信息顺畅流动。探索在粤港澳大湾区建立统一的"互联网特区"，放宽网络公司的审查和落地制度；在广东自贸试验区三大片区建设国际通信专用通道，建设与港澳直连互通的国际互联网环境。

（三）注重新兴产业的发展培育，抢占产业发展制高点

随着全球新一轮科技、产业革命的不断演进，产业跨界融合层出不穷，新兴产业实现快速迭代和衍生发展，人工智能、基因技术、虚拟现实技术、新能源、新材料、空间技术、无人驾驶等"硬科技"成为科技创新的最前沿，数字经济、人工智能、新材料与新能源等平台型、支撑型产业成为未来产业发展的新方向。作为世界级湾区，粤港澳大湾区急需转变产业发展思路，积极主动谋划，充分发挥技术优势和产业优势，抓住平台型新兴产业发展机遇。主要从以下4个方面开展谋划。

一是抓爆发点。独角兽企业等爆发式成长企业标志着重大的产业发展机会，粤港澳大湾区应重视独角兽企业培育，抓住产业爆发式增长机遇。

二是抓跨界融合。新经济背景下，产业边界趋于模糊，产业跨界将更为频繁，数字经济、分享经济、平台经济、智能经济是产业跨界的四大核心领域，粤港澳大湾区应积极营造适合跨界的产业生态和创新创业生态环境，培育产业新增长点。

三是抓科技属性。"硬科技"时代，前沿技术突破和知识产权创造成为企业创新发展的核心。粤港澳大湾区应加大对"硬科技"创业者的扶持力度，推动实现对新技术的开发、集成及市场应用。

四是抓数据驱动。大数据技术是许多新兴业态诞生的基础，具有无限的发展前景。粤港澳大湾区可率先开展制度创新探索，加大数据开放力度，抢抓数据驱动型产业的发展先机。

（四）深化粤港澳创新合作，提升整体创新能力

一是深化粤港澳产学研合作，加速科技成果产业化。推动粤港澳共建科技创新平台，支持珠三角企业与港澳高校、科研院所共建研发机构和技术转移机构，共同开展研究开发、成果应用和推广等工作；鼓励粤港澳各创新主体围绕重点产业、技术领域组建一批跨区域产业技术创新联盟，合作发起和牵头国际科技合作计划，加快推动共性关键技术攻关；组织高校和科研院所形成粤港澳大湾区科技成果目录，推动科技成果与产业、企业需求有效对接，加快推动科技成果产业化。

二是加强粤港澳大湾区重大科技资源开放共享。完善粤港澳大湾区科技资源开放共享管理体系，建立科技资源开放共享的激励引导机制，支持各科技创新平台对外提供有偿开放共享服务；鼓励和支持湾区内非涉密和无特殊规定限制的科技资源向全社会开放和共享，加快推动湾区内大型科学仪器开放共享；鼓励湾区内创新平台合作举办高规格的研讨会、辩论赛、技术交流展等活动，吸引和聚集世界一流科学家互访互问。

（五）加快融入全球创新网络，提升国际化发展水平

在创新全球化的背景下，粤港澳大湾区作为世界级湾区，应更加积极主动地融入全球创新网络并参与全球产业价值链重构，把科技创新与国家外交战略相结合，在更高水平上开展科技创新合作。

一是营造自由高效的国际化创新环境，提升湾区的全球链接能力。高端链接是提升创新发展水平的有效途径，粤港澳大湾区应充分利用港澳的开放优势，率先在体制机制、法律法规等制度层面全面对接港澳，营造更加自由、高效、便利的国际化、市场化、法治化的创新环境，瞄准硅谷、伦敦等创新尖峰地区，吸引科技巨头企业在湾区内设立研发中心，招引集聚全球科技领军人才、华人留学生等高端创新创业人才，充分利用全球创新资源在湾区内开展研发创新，提升湾区创新辐射能力。

二是依托港澳两大国际化平台，推动湾区优势企业实现全球布局。积极引导内地公司进入港澳发展，鼓励内地创新型企业在港澳设立办事处、研发中心分部、实验室等平台，以港澳作为"走出去"的重要平台，开拓国际市场。引导珠三角创新企业赴港上市，积极融入国际融资平台，强化与国际市场的接轨，提高湾区企业的全球知名度。

（六）促进粤港澳协同发展，加快人才引进与科技生态创新

一是发挥港澳所长和服务国家所需的关系。新中国成立之初，以美国为首的西方国家对我国实行封锁禁运，港澳成为内地开展对外贸易和进口急需物资的重要桥梁窗口。改革开放后，国家借助港澳自由开放的特点推动内地扩大开放，港澳也乘势而上得到进一步发展，在中华民族伟大复兴的壮阔征程中，把握国家发展机遇，进一步巩固和发挥了自身的特色和优势。以香港资本市场为例，内地在港上市企业已从回归前的不足 100 家增长至 2017 年年底的 1051 家，市值达 22.50 万亿港元，占港交所上市公司总数的 50%、市价总值的 66%、总成交金额的 76%，内地企业庞大的融资需求吸引了大量的国际资金，有力地支撑了香港资本市场的超常规发展。历史深刻表明，港澳发展的每一步都和国家紧密相连，"国家所需"成就港澳，"港澳所长"贡献国家，当"港澳所长"与"国家所需"紧密结合时，就会迎来港澳发展的黄金时代。

二是加快科技人才引进和改善创新科技生态的关系。科技人才是创新科技发展中最重要、最宝贵的战略资源。一方面，加快科技人才引进是在短时间内快速提升创新科技能力最便捷、最有效的途径。例如，香港科技大学早在 20 世纪 90 年代建校之初，就通过广泛引入全球优秀科技人才来实现学校的快速发展。另一方面，在"引进来"的同时，要改善科技人文环境，加强创新文化建设，厚植创新创业沃土，立足长远，增加科技人才源头供给。这是增强粤港澳创新科技产业发展的内生动力、实现可持续发展的必然要求。我们要支持粤港澳大湾区在提升青少年科学素养、加强产学研合作、营造支持创新科技发展氛围等方面提出的一系列政策举措，引导港澳同胞进一步了解祖国的科技成就和国家科技发展战略，推动港澳科技界进一步同内地开展学术交流、加强科技合作，提升港澳青年的创新创业意识和能力，为保持粤港澳大湾区长期繁荣稳定和实现中华民族伟大复兴做出新的更大贡献。

参考文献

[1] 段云龙. 创新、产业结构调整与经济增长研究［J］. 云南财经大学学报（社会科学版），2010（4）：41－42.

[2] 黄茂兴，李军军. 技术选择、产业结构升级与经济增长［J］. 经济研究，2009（7）：143－151.

[3] 何雄浪，王代敬. 产业结构、经济增长与制度创新［J］. 阿坝师范高等专科学校学报，2002（2）：14－18.

[4] 王斌. 技术创新、经济增长与产业结构升级［J］. 北京机械工业学院学报，1999（4）：64－67，72.

[5] 国世平. 粤港澳大湾区规划和全球定位［M］. 广州：广东人民出版社，2018.

[6] 广东省社会科学院. 粤港澳大湾区建设报告：2018［M］. 北京：社会科学文献出版社，2018.

粤港澳大湾区科技创新的经济增长效应
——基于珠三角区域的分析

杨 林 黄震环 项江云[*]

摘 要：科技是第一生产力，科技创新对经济增长起着至关重要的作用。利用广义 Cobb-Douglas 生产函数，对 2006—2016 年珠三角区域科技创新的经济增长效应进行分析后发现，珠三角地区科技创新对经济发展具有明显的促进作用，且不同科技创新方式对经济发展的影响程度存在差异。珠三角区域应在注重原始创新的经济效应的同时，重视集成创新和消化再创新对经济增长的影响，从而促使珠三角地区经济发展实现质的飞跃。

关键词：科技创新；经济增长效应；珠三角

科技是国家强盛之基，创新是民族进步之魂。党的十九大明确提出，创新是引领发展的第一动力，是建设现代化经济体系的战略支撑。在新常态经济下，科技创新的能力不仅代表了该区域的生产创新能力，还成为区域经济发展的关键点之一。珠三角地区是国家重点关注和支持的科技研发与创新地区之一，近年来珠三角地区科技创新能力不断增强，对经济增长产生了巨大的推动作用。提高科技创新能力与创新效率，优化产业结构、促进产业转型升级，培育珠三角地区经济增长新动力已经成为促进珠三角地区经济发展的重要途径。因此，为了使珠三角地区走在时代发展的前沿，需要进一步对科技创新的经济效应进行深层次的分析与研究，把握好科技创新与经济增长的内在联系，从而将科技创新的作用发挥到极致。

一、文献评述

近年来，国内多位学者对科技创新的经济效应进行了大量的分析，在科技创新指标的选择和相关研究方法上进行了研究。

科技创新指标大致上分为 3 种。第一种是选用创新投入作为衡量科技创新水平的指标：刘纳新（2013）选用了湖南省 16 年的 3 种专利的申请情况作为衡量科技创新水平的指标，在误差修正模型的基础上研究了科技创新对经济增长的作用，结果表明科技创新无

---

[*] 杨林，男，安徽桐城人，副研究员，硕士研究生导师，主要研究领域为区域金融与区域经济、经济效率测度。黄震环，男，中国民生银行股份有限公司广州分行企业金融三部总经理。项江云，男，重庆人，主要研究领域为区域经济。

论是长期还是短期都显著地促进了经济的增长,并提出要加大技术创新来促进经济发展的建议;魏振香和邝志鹏(2017)选取专利申请量作为科技创新指标,利用山东省相关数据建立 Var 模型进行实证分析,得出了科技创新对山东经济发展有显著的贡献,但贡献度较低的结论,并基于此结论提出了相关建议;张永凯、薛波(2017)以甘肃省为例,选用科技研发经费作为科技创新指标,基于相关面板数据建立了计量经济学模型,研究科技创新对甘肃省地区经济增长的影响,并分析科技创新对甘肃省经济增长影响的空间差异及其演化趋势。

第二种是选用创新产出作为科技创新水平的指标:邹娟梅(2014)以重大科技成果产业化作为科技创新指标,运用因子分析法和回归分析法分析了重大科技成果产业化对经济发展方式转变的影响,实证结果表明重大科技成果产业化显著地促进了经济发展,在此基础上提出了重大科技成果产业化创新的模式并对如何发展此模式提出了相关建议;周柯等(2016)选取专利授权量作为衡量科技创新水平的指标,根据中国 30 个省份 7 年的面板数据构建了模型,对科技创新的经济效应做了实证分析,结果表明科技创新对产业升级转型具有显著的促进作用,但也存在显著的区域性差异;郑强(2017)选取专利授权量、国外主要检索工具收录的科技论文数、规模以上工业企业新产品销售收入与主营业务收入比值及技术市场成交额 4 个科技产出指标来计算科技创新能力,并计算了中国 30 个省份的新型城镇化水平,从此角度建立了面板门槛模型并用来分析科技创新能力对新型城镇化的影响,结果表明科技创新对新型城镇化虽然有显著的促进作用,但这种正向作用会随着时间的推移、科技创新能力的不断提高而不断减弱。

第三种是最为普遍的方式,即混合选取创新投入与创新产出作为衡量科技创新水平的指标:马卫刚、程长林(2014)选取科研活动人员、人力资本存量、运用科技创新产出与投入计算出来的创新效率作为衡量科技创新水平的指标,运用面板数据回归分析了科研活动人员、人力资本存量与创新效率对经济增长的影响,结果表明科技创新效率的经济效应最为显著,科技 R&D 人员与人力资本存量对经济发展的影响相比之下较低,且我国科技人力资源、创新效率对经济增长影响存在区域差异较大的问题;喻开志等(2016)选取 R&D 内部经费支出、R&D 人员折合全时当量人员来作为衡量科技创新活动的投入指标,用申请专利数以及发表科技论文数来表示科技创新成果,采用主成分得分的回归法来计算四川省各个市的科学技术创新能力,并运用地理-经济加权矩阵的空间杜宾模型对科技创新的区域内经济增长效应和溢出效应做了实证研究;顾伟男等(2017)从投入-产出系统角度出发,通过选取科技创新投入、科技创新产出、科技创新环境 3 个方面的指标来构建科技创新指标体系,对各区域联系与差异方面进行分析,基于 Cobb-Douglas 生产函数并运用空间局部自相关的模型做研究,发现各区域都形成了内在联系的阶段提升,空间的梯度格局显著;吴祖昱(2018)选取 R&D 经费占 GDP 的比重、教育经费占 GDP 的比重、专利授予数量作为衡量科技创新水平的指标,运用并改进了稳健标准差的估计方法,利用 Eviews 计量分析软件对广东省 21 个地级市 2014—2016 年经济发展和科技创新的相关公开数据进行了研究和实证分析,结果表明 R&D 经费占 GDP 比重和教育经费占 GDP 比重对经济发展影响显著,而专利授予数量的经济效应并不十分显著。

综上,不同的学者选用了不同的科技创新指标来研究经济发展的影响因素,丰富了此方面的研究成果,为科技创新的经济效应研究做出了自己的一分贡献。但是他们的研究所选取的科技创新指标不能完全表现一个地区真实的科技创新的能力以及水平，对分析科技创新的经济效应有一定的影响，需要做进一步的研究。

二、珠三角地区经济增长与科技创新现状

（一）经济增长现状

珠三角地区的经济得到了快速持续的增长。珠三角地区依据自身有利的地形优势、良好的经济基础与国家经济政策的支持，经济增长不断实现新的突破。据统计，2016年珠三角地区的GDP为67915.60亿元，同比增长9%，经济整体实力得到了很大提升；珠三角地区第二、第三产业的发展水平也得到了很大提高，2016年第二产业产值为27612.20亿元，同比增长1.60%，第三产业产值为34432.34亿元，同比增长11.60%。

（二）科技创新现状

珠三角地区科技研发总投入呈现出逐年增长的态势。2016年珠三角地区全社会研发经费支出为1931.78亿元，占国内生产总值的2.80%，占全广东省科研经费总支出的94.80%，其中工业企业研发经费的支出为1584.30亿元，比上年增长了10.30%，占广东全省的94.45%，占总体研发经费的81.90%。企业作为科技创新的主体，科研投入占了总体的绝大部分比重。

科技人员的数量呈现增长态势，素质也得到了显著提高。在全民创新的提倡下，珠三角地区为科研人员营造了良好的科技创新环境，对科研人员予以鼓励和支持，提高科技人员的创新激情。2016年珠三角地区工业企业科研活动人员总数为54.24万人，比上一年增长了10.10%，是科研主力军。

在如此庞大的科技人员队伍和经费的投入下，科技研发成果累累。2016年珠三角地区专利申请总数为45.38万件，比上一年增长了42.17%。此外，2016年珠三角地区新产品产值为27872.63亿元，比上年增长了27.40%。由此可见，珠三角地区创新驱动成效显著，科技创新成果转化为生产力的能力得到提高，科技创新亦成为经济发展的新动力。

珠三角地区科技创新也存在一些问题：长期以来，基础研究都是珠三角地区的短板，科研经费虽有所增加，但相对还是不足；珠三角地区内部科技创新存在差异，无论是科技投入还是产出，广州和深圳都占据了绝对份额，说明珠三角地区科技研发活动覆盖面并不大，还需要进一步协调发展。这也就需要我们对珠三角地区的科技创新的经济效应进行分析和研究，从而使珠三角地区的经济得到长期稳定的增长。

三、实证过程

（一）模型选取

20世纪30年代，美国数学家柯布（C. W. Cobb）和经济学家保罗·道格拉斯（Paul H. Douglas）对美国制造业1899—1922年经济指标变动的经验数据进行了研究与分析，在

共同研究投入与产出的关系时创造出了新的生产函数,他们还在生产函数中引入新的因素即技术资源,对其一般形式做出了相应的改进,简称 Cobb-Douglas(柯布-道格拉斯)生产函数。该生产函数得到了许多学者的认可,成为研究经济增长的核心理论,后世学者也在不同领域对其进行了广泛的应用和改进。

本文运用广义的 Cobb-Douglas 生产函数来对经济发展的贡献率进行测算。广义的 Cobb-Douglas 生产函数是在 Cobb-Douglas 生产函数的基础上把科技进步也作为一个生产要素添加进去,即:

$$Y_{i,t} = AK_{i,t}^{\alpha_1}L_{i,t}^{\alpha_2}R_{i,t}^{\alpha_3}e^{\varepsilon_{i,t}} \quad (1)$$

式(1)中,Y 表示某地区产出水平,K 表示的是某地区的资本投入,L 表示劳动的投入,R 为科技创新水平指标。下标 (i, t) 表示的是第 i 个地区第 t 年的相应指标,$\varepsilon_{i,t}$ 是满足 $E(\varepsilon_{i,t}) = 0$ 和 $Var(\varepsilon_{i,t}) = \sigma^2$ 的随机误差项。

在广义的 Cobb-Douglas 函数中,参数具有重要意义:α_1 所表示的是资本的产出弹性,即在保持劳动力投入、科技创新水平不变的情况下,资本投入每增加1%所带来的产出的变化,记为资本对经济的贡献率;α_2 表示的是劳动的产出弹性,即在保持资本投入、科技创新水平不变的情况下,劳动力每增加1%所带来的产出的变化,记为劳动力对经济的贡献率;α_3 表示科技创新水平对经济增长的影响,即科技创新对经济的贡献率;A 作为常数项表示的是广义的技术水平。

为求指数参数,对模型进行简单的对数变换,得到

$$\begin{aligned}lnY_{i,t} &= lnA + \alpha_1 lnK_{i,t} + \alpha_2 lnL_{i,t} + \alpha_3 lnR_{i,t} + \varepsilon_{i,t} \\ &= \alpha_0 + \alpha_1 lnK_{i,t} + \alpha_2 lnL_{i,t} + \alpha_3 lnR_{i,t} + \varepsilon_{i,t} \\ \alpha_0 &= lnA\end{aligned} \quad (2)$$

(二)变量选取

本文研究的样本包含 2006—2016 年珠三角地区 9 个市的观测数据,相应的各变量及其定义如下。

1. 因变量

经济增长指标:实际国内生产总值。国内生产总值作为国民经济核算的核心指标,在衡量一个地区经济发展水平中起到至关重要的作用。利用 GDP 平减指数对名义 GDP 进行平减,消除了价格因素的影响,更能反映一个地区经济发展的实际情况。

2. 自变量

(1)资本投入指标:资本存量是定量计算或衡量资本效率必不可少的指标,本文计算资本存量的方法主要借鉴范巧(2012)的永续盘存法,参照了单豪杰对基期资本存量的计算方法,采用固定资本形成总额作为当年的投资指标,折旧率选用 11.28%。

(2)劳动投入指标:采用各地区就业人口总数作为劳动力投入,当年就业人口总数由(上年年末就业人口总数 + 当年年末就业人口总数)/2 得到。

(3)科技创新指标:为了研究科技创新发展水平对经济发展的影响,本文主要选择工业企业新产品产值以及发明专利授权量作为科技创新水平指标,选取它们作为科技创新水平指标主要基于以下几种原因。由于创新投入能否转化为创新产出乃至于现实产出受到

诸多因素的影响，如创新效率、创新资源配置情况等，因而运用创新投入来衡量科技创新水平具有局限性，即基础科学转化为现实的生产力具有条件性，科技投入在中途会出现许多无用的损失，将基础科学成果作为衡量科技创新发展水平的指标才是最主要的方式，所以本文采用创新产出来作为衡量科技创新水平的指标。创新产出主要包括原始创新带来的产出和集成创新、消化再创新带来的产出。企业是科技创新的主体，工业企业新产品产值体现了技术创新的产业化、集成创新与消化再创新，技术成果的转化应用得以体现，直接反映了该地区工业企业的创新产出能力；而发明专利授权量则表示原始创新所带来的产出，它所表现的科技含量是最高的，是新产品和新工艺的核心，更能体现一个地区的科技创新水平，且发明专利自申请到授权需要一个过程，就已经考虑到了时滞性。

具体变量指标体系见表1。

表1 变量指标体系

变量名称	具体变量	变量单位	变量代码	数据来源
经济增长	各地区实际国内生产总值	亿元	Y	《广东统计年鉴》
资本投入	各地区资本存量	亿元	K	《广东统计年鉴》
劳动投入	各地区就业人口总数	万人	L	《广东统计年鉴》
科技创新水平	各地区工业企业新产品产值	亿元	R	《广东统计年鉴》
	各地区发明专利授权量	件	Q	《广东知识产权年鉴》

（三）实证分析

本文利用式（2），将数据输入Stata计量分析软件进行面板数据分析，因工业企业新产品产值中含有发明专利带来的产值部分，两变量之间存在内在的联系，所以本文分别运用不同的科技创新指标进行实证研究，分析不同科技创新方式对经济发展的影响。

1. 以工业企业新产品产值作为科技创新指标的实证分析

模型变量描述性统计见表2。

表2 模型变量描述性统计

变量名称	样本容量	平均值	标准差	最小值	最大值
Pro	99	5.00	2.60	1.00	9.00
lnY	99	8.00	0.91	6.23	9.77
lnR	99	6.60	1.35	2.84	9.26
lnK	99	8.59	0.87	6.82	10.44
lnL	99	5.77	0.64	4.57	6.82

由图1可知，直观上工业企业新产品产值与国内生产总值是正相关关系。

由表3可知，工业企业新产品产值与资本存量、就业人员总数、时间是正相关关系，而地区和工业新产品产值是负相关关系。模型解释变量当中，相关系数都小于0.7，故不改变原来的模型设定。

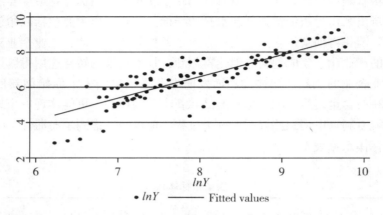

图1 工业企业新产品产值与国内生产总值的散点图

表3 模型变量相关性分析

变量名称	lnY	lnR	lnK	lnL	Pro
lnY	1.00				
lnR	0.84	1.00			
lnK	0.97	0.67	1.00		
lnL	0.88	0.59	0.78	1.00	
Pro	-0.72	-0.71	-0.70	-0.50	1.00

下面利用Stata12.0对面板数据进行回归分析，回归结果见表4。

表4 全样本回归结果

项目	(1) lnY	(2) lnY	(3) lnY	(4) lnY	(5) lnY	(6) lnY
lnR	0.389***	0.394***	0.064***	0.056***	0.045***	0.011
	(18.607)	(18.82)	(4.362)	(3.838)	(2.702)	(0.922)
lnK			0.556***	0.549***	0.474***	0.169***
	(3.855)			(24.295)	(22.954)	(10.124)
lnL			0.319***	0.502***	0.451***	-0.137*
	(-1.684)			(3.422)	(8.352)	(6.239)
时间效应	否	否	否	否	是	是
常数项	5.430***	5.395***	0.959**	0.012	0.930*	6.811***
	(9.844)	(39.101)	(25.053)	(2.039)	(0.040)	(1.864)

（续上表）

项目	(1) lnY	(2) lnY	(3) lnY	(4) lnY	(5) lnY	(6) lnY
N	99	99	99	99	99	99
模型设定	FE	RE	FE	RE	FE	RE
R^2	0.796		0.977		0.990	
个体效应	显著	显著	显著	显著	显著	显著
Hausman	固定效应模型		固定效应模型		固定效应模型	
系数联合检验 F/Wald	346.21	354.21	1238.90	3701.29	577.89	3627.85

注：括号里面的是 t 值；***表示在1%水平上显著，**表示在5%水平上显著，*表示在10%水平上显著；FE 代表固定效应，RE 代表随机效应；随机效应模型使用 GLS 估计方法；R^2 拟合优度没有常规意义，所以在相应的模型中没有报告 R^2；Hausman 表示根据 Hausman 检验进行模型选择的结果。

观察表4可以发现，模型（1）、模型（3）、模型（5）的系数联合检验 F 统计量分别为 346.21、1238.90、577.89，模型（2）、模型（4）、模型（6）的 Wald 统计量分别为 354.21、3701.29、3627.85，说明所有的模型的系数联合检验都显著，通过了检验；另外，根据计量分析软件计算的结果，所有模型的个体显著性检验都显著；模型（5）与模型（6）是加入了时间效应的固定效应模型和随机效应模型，但并没有通过显著性检验。由 Hausman 检验可以看出，选择固定效应模型更好。因此，最终的模型选择没有添加时间效应，但添加了个体效应的固定效应模型即为模型（3）。根据模型（3）的结果写出的模型为 $lnY = 0.959 + 0.556lnK + 0.319lnL + 0.064lnR + \varepsilon_{i,t}$。

资本投入的对数（lnK）的系数为 0.556，对应的 t 值为 24.295，在 1% 的显著水平上是显著的，说明资本投入对经济增长有正的影响，即当资本投入每增加 1% 时，经济增长 0.556%。劳动力投入的对数（lnL）的系数为 0.319，对应的 t 值为 3.422，说明劳动力投入对经济增长有正的影响，即当劳动力投入每增加 1% 时，经济增长 0.319%。工业企业新产品产值的对数（lnR）的系数为 0.064，t 值为 4.362，说明当以工业企业新产品产值作为科技创新指标时，科技创新对经济增长有正的影响，即当科技创新每提高 1% 时，经济增长 0.064%。

2. 以发明专利授权量作为科技创新指标的实证分析

模型变量描述性统计见表5。

表5　模型变量描述性统计

变量名称	样本容量	平均值	标准差	最小值	最大值
Pro	99	5.00	2.60	1.00	9.00
lnY	99	8.00	0.91	6.23	9.77
lnQ	99	6.08	1.86	1.61	9.73

（续上表）

变量名称	样本容量	平均值	标准差	最小值	最大值
lnK	99	8.59	0.87	6.82	10.44
lnL	99	5.77	0.64	4.57	6.82

由图2可知，直观上发明专利授权量与国内生产总值是正相关关系。

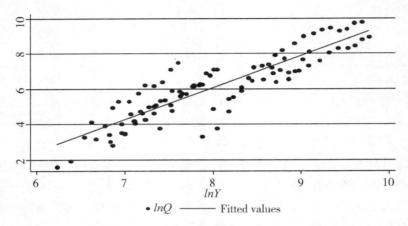

图2 发明专利授权量与国内生产总值的散点图

由表6可知，发明专利授权量与资本存量、就业人员总数、时间是正相关关系，而地区和发明专利授权量是负相关关系。模型解释变量当中，相关系数都小于0.7，故不改变原来的模型设定。

表6 模型变量相关性分析

变量名称	lnY	lnQ	lnK	lnL	Pro
lnY	1.00				
lnQ	0.89	1.00			
lnK	0.97	0.62	1.00		
lnL	0.88	0.65	0.78	1.00	
Pro	−0.72	−0.69	−0.70	−0.50	1.00

下面利用Stata12.0对面板数据进行回归分析，回归结果见表7。

表7 全样本回归结果

项目	(1) lnY	(2) lnY	(3) lnY	(4) lnY	(5) lnY	(6) lnY
lnQ	0.278***	0.282***	0.051***	0.039***	0.035*	0.001
	(0.052)	(26.801)	(26.286)	(3.569)	(2.803)	(1.957)
lnK			0.533***	0.538***	0.486***	0.160***
		(3.724)		(17.198)	(16.119)	(10.052)
lnL			0.309***	0.534***	0.500***	-0.140*
		(-1.702)		(3.115)	(9.624)	(7.0530)
时间效应	否	否	否	否	是	是
常数项	6.306***	6.282***	1.323**	0.053	0.660	6.954***
	(10.252)	(98.261)	(44.068)	(2.334)	(0.158)	(1.419)
N	99	99	99	99	99	99
模型设定	FE	RE	FE	RE	FE	RE
R^2	0.890		0.976		0.990	
个体效应	显著	显著	显著	显著	显著	显著
Hausman	固定效应模型		固定效应模型		固定效应模型	
系数联合检验 F/Wald	718.30	690.95	1163.65	3424.88	571.53	3276.66

注：括号里面的是 t 值；***表示在1%水平上显著，**表示在5%水平上显著，*表示在10%水平上显著；Hausman 表示根据 Hausman 检验进行模型选择的结果；FE 代表固定效应，RE 代表随机效应；随机效应模型使用 GLS 估计方法；R^2 拟合优度没有常规意义，所以在相应模型中没有报告 R^2。

观察表7可以发现，模型（1）、模型（3）、模型（5）的系数联合检验 F 统计量分别为 718.30、1163.65、571.53，模型（2）、模型（4）、模型（6）的 Wald 统计量分别为 690.95、3424.88、3276.66，说明所有的模型的系数联合检验都显著，通过了检验；另外，经过计量软件计算发现所有模型的个体显著性检验都显著；模型（5）与模型（6）是加入了时间效应的固定效应模型和随机效应模型，并且都通过了显著性检验。由 Hausman 检验可以看出，选择固定效应模型更好。因此，最终的模型选择添加了时间效应以及个体效应的固定效应模型即为模型（5）。根据模型（5）的结果写出的模型为 $lnY = 0.66 + 0.486lnK + 0.5lnL + 0.035lnQ + \varepsilon_{i,t}$。

资本投入的对数（LNK）的系数为 0.486，对应的 t 值为 16.119，在1%的显著水平上是显著的，说明资本投入对经济增长有正的影响，即当资本投入每增加1%时，经济增长 0.486%。劳动力投入的对数（lnL）的系数为 0.500，对应的 t 值为 7.053，说明劳动力投入对经济增长有正的影响，即当劳动力投入每增加1%时，经济增长 0.50%。工业企业新产品产值的对数（lnQ）的系数为 0.035，t 值为 1.957，说明当以发明专利授权量作为科技创新指标时，科技创新对经济增长有正的影响，即当科技创新每提高1%时，经济增长 0.035%。

(四) 综合实证结果

由上述两个模型结果可以发现，无论选用哪种科技创新指标，回归结果都表明珠三角地区科技创新对经济增长有显著性的影响。当选用工业企业新产品产值作为衡量科技创新水平的指标时，科技创新对经济产出的贡献率约为6.40%；当选用发明专利授权量作为科技创新的指标时，科技创新对经济产出的贡献率约为3.50%。两者虽然存在差异，但是差距不大。

选用发明专利授权量作为科技创新指标时，科技创新对经济增长的贡献率比选用工业企业新产品产值作为科技创新指标时的贡献率低。这是因为工业企业新产品产值主要代表了集成创新和消化再创新，它不仅包含将发明专利转化为产值的部分，还包含企业对不同创新要素与不同创新内容进行的综合运用、对已经存在的单项技术进行系统集成而创造出的全新产品的产值，而发明专利授权量则仅代表原始创新的部分，虽然科技含量更高，但是代表性范围狭窄，作为科技创新指标时无法像工业企业新产品产值那样更全面地反映科技创新对经济增长的影响。差距不大的原因可能在于珠三角地区的发明专利授权主要发生的工业企业中，企业是科技创新的主体，将发明专利转化为生产力的能力强。试想一下，如果不能将科技成果运用到生产实践中，就算发明创造再多，也不能实际促进珠三角地区的经济增长。总的来讲，无论选用发明专利授权量还是工业企业新产品产值作为科技创新指标，回归结果都表明珠三角地区科技创新对经济增长有显著性的影响，但贡献率还是比较低。

四、结论和政策建议

(一) 结论

(1) 珠三角地区科技创新的经济效应显著。珠三角地区各市的科技投入和创新活动会对经济产生显著的促进作用，科技创新已成为珠三角地区经济增长的一个关键的有利条件，对生产力的提高起到了不可忽视的作用。珠三角地区科技创新对经济发展的促进作用还有很大的进步空间。科技创新对经济的影响系数在3%到7%之间，说明总体上科技创新对经济带来的贡献还处于较低的水平，与创新型国家的要求还存在很大的差距。

(2) 珠三角地区各城市原始创新对经济增长有显著的促进作用。基础研究创新成果显著，科技创新能力得到提高，但原始创新能力仍然有很大的进步空间，对经济增长的贡献仅约为3.50%，需要进一步提高。

(3) 珠三角地区集成创新与消化再创新使经济水平得到了显著的提升。大多数的科技创新活动发生在工业企业中，科技创新主要由工业企业来完成，企业的创新能力得到增强，产品竞争力得到提高。工业企业构建了基础性科学成果向生产力转化的桥梁，珠三角地区将科技成果商品化、产业化促进了经济的进一步发展。但对经济增长的贡献还颇显不足，珠三角地区科技成果转化为生产力的能力、工业企业专利利用率、消化再创新能力都有待增强。

（二）政策建议

不同的科技创新方式对经济增长的影响不尽相同，但不同的科技创新方式对经济的影响又存在紧密的内在联系。为此，结合珠三角地区的经济发展现状，本文给出几点政策建议。

第一，坚持正确的创新战略。珠三角地区应该贯彻落实国家科技创新战略方针，以创新驱动发展为核心战略，努力增强自主创新能力，完善科技创新服务体系，构建良好的科技创新环境，重视高新技术产业的发展，促进高新技术产业集聚，使科技创新成为珠三角地区经济发展的关键推动力，为全国科技创新树立一个好榜样，形成拥有珠三角特色的科技创新示范区，将珠三角地区建设成为一个高度自由化、开放化、科技化的创新创业中心。

第二，强化企业创新主体地位。全方位、大范围创建大型企业研发机构，积极支持和鼓励大型企业发挥创新的中流砥柱作用，支持工业中支柱型企业努力建立符合国家标准的大型实验室、高新技术研发中心、科学技术交流中心等新型创新平台；鼓励大型骨干企业起牵头作用，构建产业共性技术的研发基地来实施国家和省级重大的科技专利项目，突破一批核心关键技术；鼓励大中型支柱企业建立科研机构来开展核心技术的研发和国家重点关注的产品的开发；引导大中型企业提高研发投入，积极参与重大科技专利项目，带头组织和实施重大的科技产业化项目；加强各种规模企业的合作关系；改善科技成果评价和激励机制，支持和引导科研机构以及高校的科技人员参与企业的技术开发和推广工作；加快完善财政中科研投入的方式，积极落实和优化研发费用、创新券、创新产品与服务远期约定政府购买、企业研发的准备金等企业技术创新帮扶政策。

第三，提高专利利用率，完善专利保护机制。要提高珠三角地区将发明专利转化为生产力的能力，进一步推进科技成果转化机制的改革进程；要使高校和科研机构充分享受创新成果的使用权、处置权和收益权；要提高科技人员的科研激情，以科技成果来入股企业从而获得股权；要降低知识产权的保护成本，减少专利发明者的预期风险，提高预期收益，这样不仅可以激发专利发明者的创新热忱，还可以让企业在技术升级和转型的过程中对未来风险有一个相对明确的预期和评估，从而在最大程度上减少由知识产权申请所带来的成本与风险。

综上，本文根据以上理论分析和实证结果提出了符合珠三角地区实际情况的政策意见。珠三角地区经济是否能得到进一步发展取决于该地区的科技创新能力是否能得到不断提升。不同的科技创新方式对经济发展的影响不尽相同，因此珠三角地区应该在注重原始创新的同时，也重视集成创新和消化再创新，发挥好这3种创新的作用，利用好这3种创新的内在联系机制，不断提高珠三角地区的创新能力，统筹发展，使珠三角地区的经济发展实现质的飞跃。

参考文献

[1] 刘纳新. 科技创新对经济增长的影响分析：来自湖南省的实证研究[J]. 湖南社会科学，2013（4）：131-135.

［2］魏振香，邝志鹏. 基于 VAR 模型的山东省科技创新对经济发展的贡献研究［J］. 开发研究，2017（3）：21-26.

［3］张永凯，薛波. 科技创新对甘肃区域经济增长的影响及其空间差异［J］. 开发研究，2017（6）：100-107.

［4］邹娟梅. 重大科技成果产业化创新模式研究：基于经济发展方式转变的视域［D］. 福州：福州大学，2014.

［5］周柯，张斌，谷洲洋. 科技创新对产业升级影响的实证研究：基于省级面板数据的实证分析［J］. 工业技术经济，2016（8）：85-92.

［6］郑强. 科技创新对新型城镇化的影响：基本面板门槛模型的实证分析［J］. 城市问题，2017（6）：25-35.

［7］马卫刚，程长林. 科技人力资源、创新效率与经济增长：基于省际面板数据的实证分析［J］. 工业技术经济，2014（10）：140-147.

［8］喻开志，吕笑月，黄楚蘅. 四川省科技创新对区域经济增长的直接影响及其溢出效应［J］. 财经科学，2016（7）：111-120.

［9］顾伟男，申玉铭，王书华，等. 科技创新能力的空间演变及其与经济发展的关系［J］. 中国科技论坛，2017（9）：23-29.

［10］吴祖昱. 科技创新对经济发展的实证分析［J］. 山东农业大学学报（自然科学版），2018（2）：363-366.

［11］范巧. 永续盘存法细节设定与中国资本存量估算：1952—2009 年［J］. 云南财经大学学报，2012（3）：42-50.

借鉴硅谷科技创新经验　建设国际科技创新枢纽

王可达　马蓉蓉[*]

摘　要：旧金山大湾区的核心经验是通过科技创新促进大湾区的发展，硅谷作为旧金山大湾区的重要组成部分堪称全球科技创新的典型代表。文章在分析国际科技创新枢纽的组织结构和硅谷科技创新的主要经验的基础上，从集聚创新高端人才、培育创新"引擎"企业、激发大学的创新活力、完善知识产权制度和构建创新支撑体系等方面，提出广州加快建设国际科技创新枢纽的具体路径。

关键词：硅谷；科技创新经验；国际科技创新枢纽

2015 年，中共广州市委十届七次全会首次提出建设国际科技创新枢纽的目标。2018 年，中共广州市委十一届五次全会强调加快建设国际科技创新枢纽。2018 年 9 月，笔者参加由广州市社科联组织的广州市社科联大湾区发展经验考察交流团活动，赴日本和美国学习东京大湾区和旧金山大湾区的发展经验。硅谷堪称全球科技创新的典型代表，因此，学习借鉴硅谷科技创新的经验，积极探索广州建设国际科技创新枢纽的路径，对广州发挥国家中心城市的创新功能、建设国际大都市具有重要意义。

一、国际科技创新枢纽的组织结构

明确国际科技创新枢纽的科学内涵和组织结构，是广州建设国际科技创新枢纽的基本前提。

（一）国际科技创新枢纽的内涵

国内外普遍使用科技创新中心或创新型城市的提法，与此相联系的概念也比较多，如世界科学活动中心、世界科技中心、全球科技创新中心和国际研发中心等。这些概念的内涵并没有实质的差异。一般认为硅谷、纽约等地区或城市是成熟的世界科技创新中心。目前，理论界对科技创新中心的标准、构成要素、建设途径等一系列问题进行了探索，至今没有形成统一的认识。2016 年 5 月 20 日，中共中央、国务院通过的《国家创新驱动发展战略纲要》提出：推动北京、上海等优势地区建成具有全球影响力的科技创新中心。国内外对国际科技创新枢纽的研究刚刚起步。一般认为，枢纽是指事物的重要部分、事物相

---

[*] 王可达，男，中共广州市委党校经济学教研部主任、教授。马蓉蓉，女，中共广州市委党校政治学与法学教研部教授。

互联系的中心环节。有学者提出，北京国际科技创新枢纽功能是推进北京世界城市建设的突破口。我们认为：简单地说，国际科技创新枢纽是国际创新网络中的"塔尖城市"，也是国际创新网络中的重要节点城市。具体来说，国际科技创新枢纽是在国际范围内，科技创新活动集中、科技创新资源密集、科技创新实力雄厚、科技创新辐射能力强大，在国际创新网络中占支配地位的城市和地区。广州建设国际科技创新枢纽，就是要嵌入全球创新链条，融入全球创新网络，立足广州高新区、中新知识城、科学城、琶洲互联网创新集聚区、生物岛、大学城等区域，着眼广州东部建设城市科技创新走廊，加快发展知识密集型、资本密集型、技术密集型经济，从全球创新要素配置和新一轮国际产业分工中找动力，构建全球创新网络节点。

（二）国际科技创新枢纽的构成要素

创新研究至少包括三元理论（Sabato，1975）、国家创新系统（Freeman，1987；Lundval，1992）、区域创新系统（Cooke，1992）、产业集群战略（Porter，1996）及三螺旋理论（Etzkowitz 和 Leydesdorff，1995）。三螺旋创新理论由美国学者亨利·埃茨科维兹（Henry Etzkowitz）和荷兰研究人员劳伊特·雷德斯多夫（Loet Leydesdorff）共同创立。1995年，亨利·埃茨科维兹和劳伊特·雷德斯多夫出版了《大学和全球知识经济：大学—产业—政府关系的三重螺旋》论文集。同年，他们发表文章《三重螺旋——大学、产业、政府关系：以知识为基础的经济发展的实验室》，引起了广泛关注。

根据三螺旋理论，国际科技创新枢纽本质上是由多要素组成的区域创新系统，具体可归纳为3个要素层次8种要素。一是核心要素：人才。创新人才是国际科技创新枢纽形成的核心与关键。人才是科技创新活动的执行者，人才要素始终贯穿于创新活动的全过程，直接参与新知识、新技术以及新产品创造过程的每个环节，嵌入到各创新主体要素中，在创新系统中扮演着不同的角色，发挥不同的功能。国际科技创新枢纽的人才呈现人才类型的科技化、人才发展的国际化和人才队伍的年轻化三大特征。科技化即科技创新人才在人才类型中占主体地位，这是国际科技创新枢纽人才的最基本特征。国际化包括人口构成国际化和科技创新人才国际化。年轻化包括总人口结构年轻化和创业人才年轻化。二是主体要素：企业、大学与政府。企业是科技创新的主导者，"引擎"企业对整个城市的科技创新活动发挥带动和组织作用。"引擎"企业不仅集中了行业绝大部分研发投入与产出，带动产业链上下游企业以及相关配套产业的发展，引领区域产业集群，还成为全球创新行业发展的风向标。同时，"引擎"企业的成长又以众多中小企业的存在为前提。大量新创企业的高度集聚构成了城市的创新活力，从新创企业中成长出一批世界级"引擎"企业则标志着国际科技创新枢纽的形成。一流大学具有知识输出、人才培养和创新实践三大功能。现代大学在技术实践和技术商业化方面发挥重要作用，创新创业成为研究型大学的新使命。政府是"游戏规则"的制定者、创新环境的维护者和创新氛围的塑造者，在很大程度上决定城市未来的发展方向。在三螺旋模型中，政府是拥有优先特权的核心主体，对城市外部环境、内部要素以及产业研发活动等产生重大影响，因此，它在国际科技创新枢纽建设中扮演宏观管理者和利益平衡者的角色。三是环境要素：文化、资本、设施及服务。创新环境涉及保证创新顺利运行的创新文化、资本市场、基础设施、专业服务、制度环境等各个方面。包容开放的创新文化与科技创新是"鱼水关系"。健全的风险资本市场是国际科技创新枢纽形成的重要标志之一。风险资本是知识资本和金融资本的结合,新思想、新点子的市场化和初创企业的成长需要风险资本或风险资本家的催化和引导。基础设施包含一切服务于科技创新的基础设施。基础设施不仅能为科技创新提供必要的物质条件,还能通过人才汇聚效应推动国际科技创新枢纽的发展。专业服务对科技创新活动具有重要的推动作用。科技创新活动内生于专业化生产和分工深化过程之中,且受益于专业服务的支撑。专业服务包括生产性服务和中介服务。总之,国际科技创新枢纽的形成与发展是多类型科技创新要素共同作用的复杂过程,它的成长取决于由各种创新环境要素共同形成的创新生态系统。

二、硅谷科技创新的主要做法和经验

1971年1月11日,记者唐·霍夫勒在《电子新闻》周刊上发表的《美国硅谷》的报道中首创了"硅谷"(Silicon Valley)的概念。硅谷的正式名称为圣塔克拉谷(Santa Clara),位于美国加利福尼亚州北部,没有固定的疆界,不是一个独立的行政地域单元。关于其地域范围有两种界定:一是以圣何塞为中心的旧金山湾区南部地区,包括圣塔克拉拉县、圣马特奥县及邻近的阿拉米达县和圣克鲁兹县的部分地区,总面积约为4802平方千米,人口292万人。二是以旧金山—圣何塞为中心的整个旧金山湾区,面积18088平方千米,人口744万人。关于硅谷成功的经验,学者们进行了大量研究,主要包括:一是创新生态系统理论。维克多·W. 黄(Victor W. Hwang)、格雷格·霍洛维茨(Greg Horowitt)深刻地剖析了创新生态系统的实质,高度概括了硅谷成功所遵循的一系列"雨林法则"。二是创新网络理论。区域创新网络是由政府、企业、大学、科研机构和金融机构等多种主体协同创新的组织形式,具有内部协作性、根植性、开放性和稳定性及其与环境的依存性等特征。本文根据三螺旋理论对硅谷科技创新的主要做法和经验进行梳理。

(一) 丰富的人才资源

人才是硅谷科技创新的根本。目前,硅谷有近1/4诺贝尔奖获得者,7000多名博士,占加州博士总数的1/6,而加州是美国受过高等教育国民密度最大的州,有20多万名来自世界各地的优秀工程师。硅谷地区的创业公司有近85%都是从事高技术行业,近年来新增高科技就业岗位数量占全年新增就业岗位总数之比达90%,其中近50%的高科技初创企业集中在计算机系统设计和相关服务行业,超过1/4的企业从事互联网、电信和数据处理行业,并且这两个行业的企业新增高科技就业岗位占全年新增就业岗位的62%。据《2016年硅谷指数》报告,硅谷地区人口中有48%为本科、硕士研究生或专业硕士研究生学历,相比之下加州为32%,美国整体则为30%。2014年,硅谷地区的顶级学术机构中大约有14228名科学和工程领域的毕业生,比前一年增加538人,比10年前增加3000人。虽然硅谷地区的科学和工程类毕业生每年都在增加,但是硅谷地区科学和工程类毕业生占全美总毕业生的比重自2009年以来持续下降,从当年的3.60%下降至2014年的3.10%。同时,1995年到2001年,硅谷地区科学和工程类毕业生中女性比重则从31%增加到38%。2014年,硅谷地区毕业的科学和工程类人才中有37%是女性(美国总体为34%)。此外,硅谷地区讲外国语言的人口的比例也很高,5岁以上人口中有51%会在家中用英语以外的语言交流（旧金山为43%、加州为44%，美国总体为21%）。在家中用英语以外的其他语言交流的人口中，有37%讲西班牙语，比加州的66%和美国的62%要低很多。硅谷地区常用的其他语言还包括中文（占16%），除了法语、德语、斯拉夫语之外的印欧语系（占11%），其他亚太地区岛国语言（占9%）。

（二）强大的"引擎"企业

创新"引擎"企业是创新投入的主体力量，是创新产出的主要贡献者，是区域创新集群的引领者。创新投入是创新过程中全部人力和财力支出的总和。"引擎"企业实力雄厚，是世界著名创新中心创新投入的主要来源。2013年硅谷销售额前150家科技企业全年研发支出总额超过730亿美元，相当于中国同年研发总投入的2/5，其平均研发强度超过10%。对企业来说，创新产出的主要成果是专利，但创新的最终目的是技术的商业化应用和创新产品在市场上获得成功。因此，企业的销售收入可以看作企业创新产出的最终成果。从2013年全球专利申请量来看，美国专利申请排名前100位的企业，PCT专利申请总量为20722件，其中，位于硅谷的企业13家，PCT专利申请量为5040件，占专利申请排名前100位企业的24.3%。从销售收入看，硅谷地区2013年排名前10位的企业，销售收入超过5300亿美元，占排名前150名企业的销售收入的75%。此外，创新"引擎"企业还是区域创新集群的引领者。从20世纪50年代到目前为止，硅谷每一次大的技术变革都孕育新的"引擎"企业，成为创新集群发展的引领者。在20世纪50年代，惠普、瓦里安等公司引领硅谷发展；60年代从肖克利半导体实验室衍生出来的仙童公司等推动硅谷成为全球半导体的创新中心；70—80年代以苹果公司为龙头的个人电脑产业取得爆炸式增长，计算机产业取代半导体产业；90年代初硅谷又成为互联网的产业集聚地，思科、雅虎、谷歌等成为领头羊。21世纪以来硅谷致力于打造"绿色之谷"，特斯拉成为世界绿色能源汽车行业的风向标。

（三）世界一流的大学

硅谷的世界一流大学，既是创新人才的培育摇篮，又是科学研究的重要阵地，还是创新创业公司的重要来源。世界一流大学为硅谷创新发展源源不断地输送人才。1901—2014年，加州大学伯克利分校诺贝尔奖自然科学奖获得者25位、诺贝尔奖经济学奖获得者5位，斯坦福大学诺贝尔奖自然科学奖获得者7位、诺贝尔奖经济学奖获得者3位。这些世界一流大学培养出大量的本科生、研究生，成为全球科技创新中心的人才来源。斯坦福大学和加州大学伯克利分校每年向硅谷输送几千名高级人才，主要从事创新领域的研究开发工作。斯坦福大学工学院的博士、硕士毕业生精通各种工业设计，善于将创新想法转变为实际产品。世界一流大学是科学研究的重要阵地。1990—2013年，斯坦福大学和加州大学伯克利分校在Web of Science数据库收录的SCI、SSCI以及A&HCI期刊上，共发表论文170895篇，占硅谷地区三类期刊论文总数的71%。这两所大学作为硅谷的知识生产中心，持续不断地为该地区输送最新的研究成果，许多技术发明被企业吸收、应用，并最终形成产品。国家实验室是进行科学研究的重要基地，美国政府将国家实验室设在大学，在很大程度上强化了一流大学在科学研究中的重要地位。这些实验室包括：斯坦福大学的直线加速器中心、加州大学伯克利分校的劳伦斯实验室、加州大学的劳伦斯利弗莫尔实验室和洛斯阿拉莫斯实验室等。国家实验室不仅提高了国家的科技实力，而且推动了大学在相关技术领域的创新。世界一流大学还是创新创业公司的重要来源。这些大学积极参与科技成果的转化与应用、技术转让、科技服务、国际科技交流与合作等活动，成为新创公司尤其是高技术领域新创公司的来源。

（四）良好的创新环境

创新环境是由支撑创新活动的各种因素形成的综合体，它通过对创新主体的作用影响创新活动的运行。创新文化、风险投资、基础设施和专业服务是构成创新环境的关键性因素。包容开放的创新文化是硅谷成功的重要原因。硅谷的精英们承袭了美国西部传统的冒险精神，形成了以民主自由、求真务实、鼓励冒险、包容失败为特质的文化氛围。硅谷企业家们普遍推崇的价值观是"允许失败，但不允许不创新""要奖励敢于冒风险的人，而不是惩罚那些因冒风险而失败的人"。成功和失败是平衡的，如果你还没有失败过，那说明你还没有尝试；但如果你只是失败，那说明你还不知道怎么正确地做事。硅谷冒险家清醒地认识到，成功创业并不容易，但如果不能容忍失败、惧怕失败，那就不可能成功。硅谷雇主们认为敢于冒险是求职者最为可贵的精神品质。风险投资是硅谷高科技企业成长的发动机，硅谷许多重要技术创新都是在风险投资支持下实现产业化的。美国风投协会的数据表明，风投对美国经济贡献的投入产出比为1∶11，对技术创新的贡献是常规经济政策的3倍。可以说，没有风险投资就没有高技术创业。风险投资越发达的地区创新能力越强劲，高技术创业活动也越活跃。全球吸收风险投资前15位的城市美国占10位，其中硅谷风险投资约占全球风险投资的20%。硅谷建立了完善的资本投入机制、资本退出机制和创新投资回馈机制等一系列制度，其中，资本退出机制主要包括公司发行上市（IPO）和并购（M&A）。硅谷拥有完善的专业服务体系，在提高科技创新能力、推动技术转移、降低交易成本、整合创新资源、促进创新发展等方面发挥巨大作用。硅谷的人力资源服务机构、技术转移服务机构、金融资本服务机构、财务服务机构和法律服务机构等多种类型的中介服务机构十分发达，形成完善的科技中介服务体系。

三、广州借鉴硅谷经验建设国际科技创新枢纽的路径

广州建设国际科技创新枢纽是一项复杂的系统工程，必须科学规划、重点推进。目前，建设国际科技创新枢纽的重点路径包括以下五点。

（一）集聚创新高端人才

以人才集聚效应推动国际科技创新枢纽的形成与发展。科技创新活动因其具有高智能性、复杂性、不稳定性以及市场需求的多样性而需要大量人才的高度集聚。人才是枢纽城市知识产权的所有者或共同所有者，知识产权和枢纽城市的经济增长、经济发展方式之间存在一定的互动传导机制，通过人才掌握的知识产权的保护及其应用，推动国际科技创新枢纽的形成和发展。实际上，国际科技创新枢纽与创新人才发展之间存在相互依赖、相互促进的互动关系。国际科技创新枢纽提供发展舞台，促进创新人才发展；创新人才提供智力支持，反哺国际科技创新枢纽建设。广州不断集聚创新高端人才的对策建议有以下四

点：一是全球人才配置战略。必须从全球人才网络的视角来谋划发展，从"集聚全球人才"向"配置全球人才"的战略转变，实现从建设国际人才高地向建设全球人才枢纽的战略跃迁。二是建立适应国际化的人才管理制度。建立适应国际化的人才管理制度，包括两大"机制"：建立人才开发的宏观调控机制，建立现代化人才发展治理体系；强化利益导向和激励机制，完善人才考评机制。以广州主导产业和战略性新兴产业的发展为载体，突出重点培育人才的竞争优势。发挥市场机制在人才资源配置中的决定性作用，加快建设"对接国际、衔接区域、贯通全国"的广州人才市场体系。三是大力提升本土人才国际化素质。结合广州教育改革率先推进教育培训的国际化。要加大教育向全球开放的力度。鼓励有条件的高等院校拿出重点学科、专业与国外高校同类强项学科、专业进行国际化合作办学；引进国际知名学校到广州来办学；师资队伍向国际化靠拢；学校管理向国际化接轨。四是实现人才分配逐步向国际水平靠拢。用要素产权收益和创值贡献分配等国际通行的现代薪酬理论实行分配。把股权激励作为人才激励的优先选择。建立科学、客观、公正的人才价值评价体系，对人才的价值贡献进行计量分析。此外，要吸取硅谷跳槽率过高的教训，完善竞业限制制度。硅谷平均人员流动率高达20%。工程技术人员在同一个地方工作的时间一般不超过3年，高科技公司的人员跳槽率同样颇高，每4个员工中就有1个跳槽。跳槽率过高既增加企业的竞争成本，又产生知识产权流失的风险。因此，建议广州完善竞业限制制度特别是离职竞业限制制度，这样既能促进人才的合理流动，又能保护企业的知识产权。

（二）培育创新"引擎"企业

创新"引擎"企业是国际科技创新枢纽形成的发动机。广州的重点对策包括：一是培育企业家精神。企业家精神对国际科技创新枢纽建设发挥重要作用。要不断增强企业家的创新意识，不断提高企业家对潜在的市场机会的认识和驾驭能力，不断提高企业家解决技术创新中各种问题的能力，提高企业家识别、使用创新人才的能力。二是完善企业创新动力机制。企业自主创新动力机制的演化一般经历了技术创新、制度创新、协同创新3个过程以及变异、复制、选择3个阶段。在技术创新过程中，创新动力驱动企业家推动企业进行技术创新。企业外部创新动力是企业自主创新动力机制运行的"启动电源"，保证企业自主创新机制启动并运转；企业内部创新动力是企业自主创新动力机制运行的"马达"，提供稳定的推动力。企业制度创新行为作为一种动力潜能激发企业协同创新动力，驱动产学研合作共同体进行协同创新。企业协同创新动力是企业自主创新动力机制运行的"变速箱"，控制企业自主创新动力机制的运行节奏，保证企业自主创新动力机制稳定、高效运行。在3个阶段的层级递进过程中，伴随着企业外部创新动力要素、企业内部创新动力要素、企业协同创新动力要素与企业自主创新主体之间关系的转换。三是实施国有企业创新工程。要构建衡量企业家对技术创新贡献、企业发展、企业品牌资产价值增值的人力资本贡献的科学评价机制，充分调动企业家的创新积极性。建议把国有企业科技创新投入和产出绩效作为重要内容纳入经营者的考核评价指标体系，并把经营管理者和研发人员对企业、行业、国家的自主创新贡献与其长远利益和荣誉相挂钩，建立奖优罚劣的长效机制。同时，通过制度安排，切实解决一些企业领导人认识上存在的"不创新是等死，可能死也可能不死；创新是找死，创新失败是早死""不愿意自己栽树别人乘凉"等具体问题。四是实施民营企业创新工程,着力培育本土创新"引擎"企业。良好的扶持政策是促进企业技术创新的催化剂。建议广州借鉴德国勃兰登堡州培育"隐形冠军"的成功经验,为中小企业科技创新提供全方位的支持。

(三) 激发大学的创新活力

2012年经济合作组织全球创新报告显示,在中美科技竞争中,中国有两个短板:一是缺乏硅谷那样的区域创新龙头,二是缺乏世界一流大学。拥有较多的大学和研究机构是广州建设国际科技创新枢纽的战略优势。广州的重点对策包括:一是发挥大学优势,对接新兴产业。加快发展新兴产业是广州抢占未来发展制高点的重大战略。《广州市战略性新兴产业第十三个五年发展规划(2016—2020年)》提出重点发展新一代信息技术、生物与健康、新材料与高端装备等战略性新兴产业,加速发展精准医疗、高端智能机器人、可穿戴设备等前沿产业。建议建立广州新兴产业与广州地区的研究型大学的对接机制,促进广州地区的研究型大学围绕广州新兴产业发展需求,面向科技前沿和关键性技术问题,建立世界级的研究中心。二是集聚全球顶尖科学家,形成引领科技发展方向的原创性成果。研究型大学是全球顶尖人才集聚的场所。具有世界一流水平的学术大师,不仅决定着大学的建设水平和人才培养质量,更是城市基础研究和高技术领域原始创新的一支主力军。三是完善科技成果转化机制,催生大批新兴高科技企业。建议广州地区研究型大学设置独立的、商业化运作的技术转移办公室,连接企业需求和大学科研产出,设计科研成果市场化路径,保障科研成果转化的信息畅通。四是培养创新型人才,输送高质量毕业生。高素质的人力资本不仅有助于提高经济系统的产出,而且有助于催生高技术产业。国际科技创新枢纽新兴产业的发展依赖于高素质、高技能的人力资本。要提高广州吸引本地大学生毕业后留在广州的能力。五是提高广州知识产权的运营水平。强化知识产权运营意识,科学掌握知识产权的传统运营模式,灵活应用新兴的知识产权运营模式,推动知识产权运营的科学化、制度化发展。发挥中新知识城开展知识产权运用和保护综合改革试验的作用,盘活知识产权运营市场。发挥汇桔网和广东高航知识产权运营有限公司的作用,提供覆盖知识产权全产业链的专业化运营服务。

(四) 完善知识产权制度

知识产权制度的健全程度决定着广州建设国际科技创新枢纽的成败。广州的重点对策包括:一是实施知识产权强市战略。建议在市委市政府层面出台知识产权强市战略,将知识产权强市战略作为广州加快建设国际科技创新枢纽的重要制度保障。要完善企业知识产权战略。企业知识产权战略是广州知识产权战略体系的基础和重点。广州企业的重点是商标战略、专利战略和商业秘密战略等。二是建立知识产权评议制度。建议广州梳理不同类型活动的知识产权评议需求、内容和方法,形成具有操作性的指引。围绕"十三五"时期广州重大产业规划、高技术领域重大投资项目等开展知识产权评议,防控重大知识产权风险。建议建立科技计划知识产权目标评估制度。开展重大科技活动评议试点,围绕创新成果优化知识产权布局。建议广州尽快制定相关文件,对评议主体、评议对象、评议内容和评议程序等给予规范。三是探索建立自贸区南沙片区知识产权制度。要完善综合行政管理协调机制。借鉴上海经验,成立专利、商标、版权"三合一"的自贸区知识产权综合行政部门，履行专利、商标、版权等知识产权行政管理和保护，以及进口产品知识产权纠纷和滥用行为的调查处理等职责。四是建立多元化的争端解决协调机制。建立"行政、司法、仲裁、调解"四位一体的知识产权纠纷多元化解决机制。发挥广州知识产权仲裁院（自贸区分院）的作用，特别是要在提升仲裁公信力上下功夫。五是建立国际化的服务机制。建立知识产权信息大数据公共服务平台、知识产权投融资服务平台、国际知识产权交易平台，打造知识产权国际交易中心，建成国际知识产权成果转让、许可、交易、转化的集散地。利用政策叠加优势，引进境外优秀律师事务所，加快本地知识产权律师事务所的国际化进程。

（五）构建创新支撑体系

主要包括：①完善协同创新制度。必须坚持以企业为主体，以市场为导向，政产学研用互动。一是要以企业为主体。建议完善广州科技创新决策机制，增强企业家在科技创新决策中的话语权；建议改革科技项目的生成机制和决策机制，以市场需求为导向的科技项目主要由企业提出并牵头；促进企业从事基础性、前沿性的创新研究。二是要以市场为导向。新型研发机构是一种与传统的体制内科研院所不同的研发组织。不断探索新的科研组织形式，积极发展新型研发机构。三是要实现政产学研用互动。"政"包括"政府"和"政策"，其主要任务是：营造必要的环境、提供必要的服务和进行必要的监管。"用"包括"应用"和"用户"。要更加重视"应用"，任何新技术在刚问世时往往都是不完善的，只有经过应用才能不断完善。要更加重视"用户"。用户直接参与产学研合作，不仅能缩短新产品从研究开发到投入市场的周期，而且能够有效降低技术创新的风险和成本。②探索国际科技创新枢纽形成机制。国际科技创新枢纽的形成有自发演进、政府规划、市场和政府相结合3种模式。自发演进模式一般存在于发达工业化国家，市场体制机制完善，产权保护、市场环境等外部创新条件完善，创新主体、创新资源等内部创新力量强大。政府规划模式一般存在于发展中国家，政府通过制定建设国际科技创新枢纽的相关战略、规划、政策、法规等，推动创新资源要素向城市集中，引导全社会参与建设国际科技创新枢纽。市场和政府相结合的模式是同时吸收政府与市场两种力量建设国际科技创新枢纽的模式。广州要坚持市场和政府相结合的原则，根据广州是广东省省会、国家历史文化名城、我国重要的中心城市、国际商贸中心和综合交通枢纽的定位，完善体现地方特点与地方政策框架相糅合的机制。③完善科技金融体系。建议广州以风险投资为突破口，进一步完善财政税收政策，建立灵活多样的投资体制，健全风险投资的退出机制，加大对金融人才的引进力度，推进设立广州市金融发展服务中心，为金融机构和金融人才提供优质服务，提升金融科技创新的能力。④营造宽容失败的创新文化环境。务实、开放、兼容、创新是岭南文化的重要特点，广州要以岭南文化为基础，不断吸收其他先进文化的精髓，培育鼓励创新、宽容失败的文化氛围，并将这种氛围上升为体制机制。

参考文献

[1] LEYDESDORF L, MEYER M. Triple helix indicators of knowledge-based innovation systems: Introduction to the special issue [J]. Research policy, 2006, 35 (10).

［2］拉奥，斯加鲁菲. 硅谷百年史：伟大的科技创新与创业历程：1900—2013［M］. 闫景立，侯爱华，译. 北京：人民邮电出版社，2014.

［3］黄，霍洛维茨. 硅谷生态圈：创新的雨林法则［M］. 诸葛越，许斌，林翔，等译. 北京：机械工业出版社，2015.

［4］文魁，刘小畅. 基于三螺旋理论的科技创新系统效率研究：以北京市为例［J］. 首都经济贸易大学学报，2014（5）：99-108.

［5］钱颖一. 硅谷的故事［J］. 经济社会体制比较，2000（1）：28-35.

［6］文钧. 风险投资在美国硅谷创新体系中的作用［J］. 全球科技经济瞭望，2006（10）：22-28，21.

［7］索斯威克. 新经济规则：硅谷新生代重新洗牌［M］. 孟祥成，苑冰，张愉，译. 北京：中国标准出版社，2000.

第四编 人文湾区

粤港澳大湾区高质量旅游文化城市群影响因素实证研究
——基于粤港澳三地的面板数据

邓利方[*]

摘　要：粤港澳大湾区已初步显露出世界一流超大城市群的雏形，未来如何将粤港澳大湾区打造成一个富有旅游文化内涵的高质量世界级城市群，成为世界级的旅游目的地，值得我们研究思考。论文通过理论猜想，揭示人口、政府投入、经济发展、对外贸易与旅游发展之间的内在联系，并且利用2010—2016年粤港澳三地的面板数据进行实证检验。研究发现，人口数量、政府投入、经济发展、对外贸易与旅游人数呈显著正相关关系，人口数量、政府投入、经济发展、对外贸易的协同发展将大大促进旅游的发展。因此，要深入贯彻落实习近平总书记视察广东的重要讲话精神，加强粤港澳地区的政府投入，增强粤港澳地区的经济实力，建立粤港澳地区深度融合机制，打造高质量旅游文化发展的典范。

关键词：粤港澳；面板数据；协同发展；合作共赢

一、引言和文献综述

粤港澳大湾区的建设强调要达到世界级水平。2016年3月，国务院印发的《国务院关于深化泛珠三角区域合作的指导意见》中提到，珠三角地区应加强与周边区域的战略合作，共同建设世界级城市群。2018年的政府工作报告也提出，要推动内地与港澳深入合作，研究制定粤港澳大湾区城市群发展规划。2018年10月24日，港珠澳大桥正式全线通车，这标志着粤港澳三地的基础设施建设迈上新台阶。《广东省战略性新兴产业发展"十三五"规划》明确提出，应当培育和支持战略性新兴产业的发展，坚持创新驱动的战略。自改革开放以来，广东始终站在改革开放的前沿，勇当改革开放的"排头兵"。广东积极响应党的十九大关于推动形成全面开放新格局的要求，负责任、有担当地建设粤港澳高质量世界级大城市群，取得了卓越的成就。粤港澳三地在新业态、新领域、新产业中不断深入合作，为旅游产业的创新与发展注入了大量活力。这些科技文化的创新如果能与旅游产业的新型发展结合，就可以使区域更协调有序地发展，更有利于打造更大的世界级城市群。

论文的前半部分基于文献梳理和学理分析提出了人口数量、政府投入、经济发展、对

---

[*] 邓利方，中共广东省委党校（广东行政学院）中国特色社会主义研究所研究员。

外贸易与旅游发展关系的猜想命题,并进行了初步的实证检验。实证结果显示,人口数量、政府投入、经济发展、对外贸易均与旅游发展呈正相关关系。进一步的推论显示,人口数量、政府投入、经济发展、对外贸易的协同发展将大大促进地区旅游的发展。

论文的后半部分对初步的实证结果进行了两轮稳健性检验。我们采用增加地理关联虚拟变量和增加发达区位虚拟变量两种稳健性检验的方法来验证主要结论。经研究后发现,理论猜想、实证分析和稳健性检验的结论均一致。因此,应该着力加强粤港澳地区的政府投入,增强粤港澳地区的经济实力,建立粤港澳地区深度融合机制。

对于旅游发展,国内外的学者从不同的角度进行了相关的分析研究。与本文关联性最强的是研究关于对外贸易与旅游发展之间的关系的文献(王洁洁,2012)。现有文献探究了对外贸易与旅游发展的基本关系,认为对外贸易可以促进旅游发展,这可以作为本文的重要参考。本文的研究运用面板 OLS 方法进行回归分析,得到对外贸易与旅游发展呈正相关关系的结论。

关于政府投入与旅游发展之间的关系。王志东(2005)深入探讨了地方政府对旅游业发展的可作为之处,指出政府的投入对地区旅游发展的重要意义。本文采用粤港澳三地的数据,进一步发现了政府投入与旅游发展呈正相关的关系。

关于人口数量与旅游发展之间的关系。张金宝(2014)基于国内 24 个城市的家庭调查数据来探究人口数量与旅游消费之间的联系。本文采用粤港澳三地的数据,发现了人口数量与旅游发展呈显著正相关的关系。

关于经济发展与旅游发展之间的关系。雷平、施祖麟(2008)发现了出境旅游率随着人均 GDP 的增加而不断提高的情况。瞿华、夏杰长(2011)采用格兰杰因果检验,发现存在从经济增长到旅游发展之间的单向格兰杰因果关系。本文基于粤港澳三地的面板数据来探究经济发展与旅游发展之间的关系。

关于全方位协同发展与旅游发展之间的关系。宋家增(1994)提出旅游的发展应该注意城市旅游发展的外部性,充分利用好地区旅游的溢出效应。李伟、周智生(2006)认为地区内部的各要素之间具有整体性,因此应该采用综合开发的手段来开发地区的旅游资源。本文使用粤港澳三地的面板数据,全面地探究了人口数量、政府投入、经济发展、对外贸易等因素对旅游发展所产生的影响。

研究相关文献可以发现,现有文献至少有两点值得借鉴:第一,关于人口数量、政府投入、经济发展、对外贸易与旅游发展之间的关系的理论研究为本文的研究奠定了理论基础;第二,关于旅游发展及其影响因子的实证研究为本文的研究奠定了实证基础。同时,现有文献也启示我们有以下可以深入研究之处:①基于粤港澳三地的面板数据来探究人口数量、政府投入、经济发展、对外贸易等因素对旅游发展的影响。这就可以深入地立足粤港澳的实际情况,探究各要素的深入发展和联合发展对旅游发展所产生的影响,为广东、香港和澳门的进一步合作发展提供可能的建议。②基于带有稳健标准误的双随机面板 OLS 的实证方法证明人口数量、政府投入、经济发展、对外贸易等因素对旅游发展的影响,并通过增加地理关联和发达区位两种类型的虚拟变量的方法来进行稳健性检验。现有的部分研究着重验证单一因素对旅游发展的影响,但并没有深入研究人口数量、政府投入、经济发展、对外贸易等因素对旅游发展的综合影响。人口数量、政府投入、经济发展、对外贸易等因素对旅游发展有什么样的综合影响,同时,立足粤港澳三地的最新实践,是否存在理论和实证均一致的结论,还需要进行深入探讨。

因此,本文旨在探讨人口数量、政府投入、经济发展、对外贸易等因素对旅游发展的作用机制,并通过实证分析进行验证。区别于其他文献,本文的不同之处在于:①首次从实证角度探讨人口数量、政府投入、经济发展、对外贸易等因素对旅游发展的深层作用机制,更全面地了解全方位发展对旅游发展的作用原理。②立足于2018年10月习近平总书记到广东考察的重要讲话精神的最新背景进行分析。当前,习近平总书记强调深入推进改革开放,推动粤港澳三地的协调和高质量发展,建设粤港澳世界级城市群,这些举措对广东经济的长期影响值得探讨。③采用面板数据回归分析方法。采用面板数据回归分析方法,可以增加估计量的抽样精度,获得更多的动态信息,因此具有良好的计量属性。有关面板数据的应用可参见邓利方和李铭杰(2016、2017a、2017b、2018)的相关研究。另外,本文立足于粤港澳三地最新的面板数据进行分析,从而可以得出更有效的结论和政策建议。

下文的内容安排如下:第二部分为变量和数据说明,第三部分对人口数量、政府投入、经济发展、对外贸易等因素与旅游发展之间的关系进行实证分析,第四部分进行稳健性检验,第五部分给出结论和政策建议。

二、变量和数据说明

本文采用广东省21个地级市和香港、澳门2010—2016年的数据进行研究,广东省内的数据来源于《广东统计年鉴》,香港的数据来源于香港特别行政区政府统计处,澳门数据来源于澳门统计暨普查局。考虑到数据的可得性,本文使用表1所示的变量。

表1 变量及其定义

类型	变量	指标选取	相关文献	说明
被解释变量	旅游发展	旅游者人数	隋建利、刘碧莹(2017)	数据区间为2011—2016年。由于数据的可得性,广东省各市采用"各市接待过夜旅游者人数"这个指标,香港采用"访港旅客总数"这个指标,澳门采用"入境旅客总数"这个指标。所有数据均经过单位调整。为了计算β系数,数据均做了标准化处理
协同解释变量	政府投入	政府一般公共预算支出	王志东(2005)	香港和澳门的指标采用"政府预算支出"。所有数据均按年平均汇率进行汇率调整,并统一了单位。为了计算β系数,数据均做了标准化处理
协同解释变量	对外贸易	进出口贸易总额	王洁洁(2012)	所有数据均按年平均汇率进行汇率调整,并统一了单位。为了计算β系数,数据均做了标准化处理
协同解释变量	人口数量	常住人口数	张金宝(2014)	香港和澳门的指标采用"人口数"。所有数据均经过单位调整。为了计算β系数,数据均做了标准化处理
协同解释变量	经济发展	人均GDP	瞿华、夏杰长(2011)	所有数据均按年平均汇率进行汇率调整,并统一了单位。为了计算β系数,数据均做了标准化处理

(续上表)

类型	变量	指标选取	相关文献	说明
控制变量	地理位置	"珠三角+港澳"虚拟变量	秦学(2010)	珠三角城市（广州、深圳、珠海、佛山、东莞、惠州、中山、江门、肇庆）+港澳（香港、澳门）设为1，其他设为0
	发达区位	2016年人均GDP超10万元的城市虚拟变量		2016年人均GDP超10万元的城市（广州、深圳、珠海、佛山、香港、澳门）设为1，其他设为0

一些主要变量的描述性统计见表2。

表2 主要变量的描述性统计

变量	观察值	平均数	标准差	中位数	最大值	最小值
旅游发展	138	0	1	-0.35	3.02	-0.96
政府投入	161	0	1	-0.36	5.20	-0.61
对外贸易	161	0	1	-0.38	4.49	-0.41
人口数量	161	0	1	-0.23	3.09	-1.51
经济发展	161	0	1	-0.40	4.75	-0.64
地理位置	161	0.48	0.50	0	1	0
发达区位	161	0.26	0.44	0	1	0

三、粤港澳旅游发展的实证分析

粤港澳地区人口数量的增加，会进一步释放市场潜力、增加就业资源。政府投入力度的加大，会提升地区的基础设施水平。例如，港珠澳大桥的全线贯通大大便利了粤港澳三地的交流。经济的不断发展和对外贸易的不断发展，会使城市被更多的关注经济利益的企业和个人熟悉。所以，经济增长、人口数量增加、政府投入加大、对外贸易发展，都会使越来越多的旅游团选择该城市作为旅游目的地，从而使得该地的旅游人数不断增加。

基于对文献的认真研读和学理性分析，归结得到命题1：经济增长、人口数量增加、政府投入加大、对外贸易发展都会促进旅游人数的增加。由命题1可以得出推论1：经济、人口、政府投入、对外贸易的协同发展，将使粤港澳地区的旅游人数大大增加，从而使粤港澳地区的旅游产业得到很大的发展，有利于把粤港澳地区建成为"一带一路"的崭新的旅游经济增长极。

为了检验猜想的命题及其推论是否成立，借鉴毛润泽（2012）和王淑新、王学定（2014）的因果分析、理论研究、变量选取和实证分析框架，采用面板OLS回归分析方法来验证。采用以下的基本回归方程：

$$\begin{aligned} travel_{it} = {} & c_0 + c_1 pop_{it} + c_2 gov_{it} + c_3 gdp\_p_{it} \\ & + c_4 trade_{it} + \Psi X_{it} + u_i + v_t + \varepsilon_{it} \end{aligned} \quad (1)$$

其中，$travel_{it}$ 代表旅游发展，pop_{it} 代表人口数量，gov_{it} 表示政府投入，gdp_p_{it} 表示经济发展，$trade_{it}$ 表示对外贸易，X_{it} 为其他一些控制变量，c_0 为常数项，ε_{it} 为残差项，i 为地级市或特别行政区标识，t 为时间标识，c 为回归系数，u_i 和 v_t 分别代表个体效应和时间效应。由于各变量均经标准化处理，理论上常数项没有实际意义，但由于随机效应带有常数项，所以，为了结果的完整性，常数项也被报告于表格中。

为了确保实证结果的可靠和稳健，我们使用了一组协同解释变量。为了减少异方差和自相关引起的面板 OLS 估计偏误，我们对标准误做出了修正。为了减少修正标准误的方法的选取对结果的可能影响，我们更换了修正标准误的方法并进行回归。为了减少解释变量与被解释变量之间可能存在的时滞性对结果的影响，同时减少双向因果关系所引致的内生性对结果的可能影响，在回归的 A1—A8 列中我们对解释变量均取一阶滞后进行回归。具体计算结果见表 3 的 A1—A8 列。由于在以上回归中，我们主要研究的是各协同解释变量对旅游发展的稳定关系，所以四行的回归结果都应关注。

表3 基本回归结果

误差修正	无	White cross-section	White period	White diagonal	Cross-section SUR (PCSE)	Cross-section weights (PCSE)	Period SUR (PCSE)	Period weights (PCSE)
组别	A1	A2	A3	A4	A5	A6	A7	A8
政府投入	0.409 *** (7.121) [0.057]	0.409 *** (4.712) [0.087]	0.409 *** (3.051) [0.134]	0.409 *** (3.330) [0.123]	0.409 *** (5.223) [0.078]	0.409 *** (5.569) [0.073]	0.409 *** (4.911) [0.083]	0.409 *** (5.636) [0.073]
对外贸易	0.345 *** (3.840) [0.090]	0.345 *** (3.221) [0.107]	0.345 ** (2.464) [0.140]	0.345 *** (2.790) [0.124]	0.345 * (2.167) [0.159]	0.345 ** (2.423) [0.143]	0.345 *** (3.486) [0.099]	0.345 *** (3.974) [0.087]
人口数量	0.302 *** (3.055) [0.099]	0.302 *** (5.565) [0.054]	0.302 * (1.809) [0.167]	0.302 *** (2.672) [0.113]	0.302 *** (4.194) [0.072]	0.302 *** (2.689) [0.112]	0.302 *** (3.032) [0.100]	0.302 *** (2.927) [0.103]
经济发展	0.283 *** (4.242) [0.067]	0.283 *** (4.568) [0.062]	0.283 *** (2.620) [0.108]	0.283 *** (3.595) [0.079]	0.283 *** (2.959) [0.096]	0.283 *** (3.741) [0.076]	0.283 *** (3.339) [0.085]	0.283 *** (4.656) [0.061]
常数项	0.031 (0.361) [0.085]	0.031 (0.148) [0.207]	0.031 (0.386) [0.079]	0.031 (0.354) [0.087]	0.031 (0.147) [0.209]	0.031 (0.361) [0.085]	0.031 (0.392) [0.078]	0.031 (0.359) [0.085]
个体效应	随机	随机	随机	随机	随机	随机	随机	随机

（续上表）

误差修正	无	White cross-section	White period	White diagonal	Cross-section SUR (PCSE)	Cross-section weights (PCSE)	Period SUR (PCSE)	Period weights (PCSE)
时间效应	随机	随机	随机	随机	随机	随机	随机	随机
R^2_a	0.683	0.683	0.683	0.683	0.683	0.683	0.683	0.683
观测值数	138	138	138	138	138	138	138	138

注：***、**和*分别表示在1%、5%和10%水平上显著。小括号内为回归系数的t统计量，中括号内为标准误。R^2_a为加权并调整后的拟合优度。Hausman检验没有拒绝原假设，说明个体效应和时间效应都是随机效应，所以表中报告的是含有随机个体效应和随机时间效应的回归结果。

从表3可得到如下的结论：

（1）政府投入与旅游发展呈正相关关系。由A1—A8列政府投入的系数均显著为正可知，政府投入与旅游发展呈正相关关系，并且结果比较稳健。旅游团的选址首先会考虑城市的基础设施是否足以满足游客的需求，包括道路的开发、旅店的建设等是否跟得上；其次会考虑城市的资源是否被充分开发，包括城市的文化与历史是否能在建筑、景点上充分体现。如果一个城市的基础设施建设得非常好，与旅游相关的配套设施的建设非常到位，景区与城市文化结合得也很好，那么这个城市就会很容易吸引到旅游团，该地的旅游产业也会因此而得以发展。不过，无论是与旅游相关的基础设施，还是景区的文化开发，都在很大程度上取决于政府的投入。政府投入越多，越多的城市资源就会被挖掘出来；文化、基建、服务等行业发展越快，城市的基础设施和人文气息越好，就越容易吸引更多的游客到城市参观，进而使得旅游人数不断增加。

（2）对外贸易发展与旅游发展呈正相关关系。由A1—A8列对外贸易的系数均显著为正可知，对外贸易发展与旅游发展呈正相关关系，并且结果比较稳健。伴随着对外贸易的发展，进出口都会不断增加，而进出口是城市对外开放度的一个重要的指标，进出口越多，就代表该地越开放。一般来说，越开放的城市越容易被旅游团选为旅游目的地。

（3）人口数量与旅游发展呈正相关关系。由A1—A8列人口数量的系数均显著为正可知，人口数量与旅游发展呈正相关关系，并且结果比较稳健。这可以用两个效应来解释。第一个是城市特征效应。因为人口数量多的城市一般会有一些可以吸引人口集聚的特征，就是这种无形且综合的特征吸引了旅游团，进而使得该地的旅游人数增加。第二个是传播效应。城市的人口越多，该地的人口向外传播城市的信息就越多，进而使得城市的知名度上升，从而使得该地的旅游人数增加。

（4）经济发展与旅游发展呈正相关关系。由A1—A8列经济发展的系数均显著为正可知，经济发展与旅游发展呈正相关关系，并且结果比较稳健。旅游团的选址，除了看一个地区的人文气息、自然景色，还会重视该地的经济发展情况。因为经济越发达的地区，往往越注重城市特色的挖掘，以便深入地挖掘经济发展的深层因素，进而促进经济的可持续增长。而且经济越发达的地区，越有经济实力来打造新的旅游景点，甚至通过规划、征收、税收等综合手段，改造或发展成片的旅游景区。

（5）人口、政府投入、经济、对外贸易的协同发展将极大地促进旅游的发展。由A1—A8列人口数量、政府投入、经济发展和对外贸易的系数均显著为正可知，人口、政府投入、经济、对外贸易的协同发展将极大地促进旅游的发展，并且结果比较稳健。如果人口、政府投入、经济、对外贸易各提高一倍标准差，那么，旅游人数将平均增加大约一倍的标准差。伴随着地区整体实力的加强，区域会大大地增强对游客的吸引力，旅游人数会有很大的增加，地区的旅游产业也会得到很好的发展。

四、稳健性检验

上述回归结果虽然符合理论预期，但为了保证结果的稳健性，本文设置了多组稳健性检验。

（一）增加地理位置虚拟变量

珠三角和港澳地区的地理关联使这个区域和省内其他区域间存在较大差异，这可能会影响回归结果，我们基本沿用式（1）回归方程，但增加一个地理位置虚拟变量进行回归（地理位置虚拟变量的定义参见表1，描述性统计参见表2），以考察结果是否稳健。

为了确保实证结果的可靠和稳健，我们使用了一组协同解释变量和控制地理关联的虚拟变量。为了减少异方差和自相关引起的面板OLS估计偏误，我们对标准误做出了修正。为了减少修正标准误的方法的选取对结果的可能影响，我们更换了修正标准误的方法并进行回归。为了减少解释变量与被解释变量之间可能存在的时滞性对结果的影响，同时减少双向因果关系所引致的内生性对结果的可能影响，在回归的B1—B8列中我们对解释变量均取一阶滞后进行回归。具体计算结果见表4中的B1—B8列。常数项的系数不显著，但由于各变量均经标准化处理，理论上常数项没有实际意义。地理位置虚拟变量的系数也不显著，这表明地理关联可能不会联合影响旅游人数的增长，可能是因为粤港澳区域间的旅游联动发展机制没有有效形成。但是，这些并不影响主要的结论。可以发现，稳健性检验中主要变量的系数大小发生了明显的变化，但系数的显著性和符号均没有发生太大变化，所以总的结论没有发生太大变化。而且，面板分析和稳健性检验相配合，使得理论猜想中的命题得到了有效且可靠的验证。

（二）增加发达区位虚拟变量

由于相对发达地区和相对欠发达地区之间可能会存在空间异质性，我们基本沿用式（1）回归方程，但增加一个发达区位虚拟变量进行回归（发达区位虚拟变量的定义参见表1，描述性统计参见表2），以考察结果是否稳健。

表4 增加地理位置虚拟变量的稳健性检验结果

误差修正	无	White cross-section	White period	White diagonal	Cross-section SUR (PCSE)	Cross-section weights (PCSE)	Period SUR (PCSE)	Period weights (PCSE)
组别	B1	B2	B3	B4	B5	B6	B7	B8
政府投入	0.409 *** (7.036) [0.058]	0.409 *** (4.252) [0.096]	0.409 *** (2.976) [0.137]	0.409 *** (3.278) [0.125]	0.409 *** (5.331) [0.077]	0.409 *** (5.511) [0.074]	0.409 *** (4.908) [0.083]	0.409 *** (5.573) [0.073]
对外贸易	0.349 *** (3.784) [0.092]	0.349 *** (3.175) [0.110]	0.349 ** (2.447) [0.143]	0.349 *** (2.781) [0.126]	0.349 ** (2.089) [0.167]	0.349 ** (2.404) [0.145]	0.349 *** (3.447) [0.101]	0.349 *** (3.899) [0.090]
人口数量	0.302 *** (2.907) [0.104]	0.302 *** (3.243) [0.093]	0.302 * (1.727) [0.175]	0.302 ** (2.448) [0.123]	0.302 *** (3.774) [0.080]	0.302 ** (2.571) [0.117]	0.302 *** (2.896) [0.104]	0.302 *** (2.775) [0.109]
经济发展	0.282 *** (4.018) [0.070]	0.282 *** (4.211) [0.067]	0.282 ** (2.314) [0.122]	0.282 *** (3.247) [0.087]	0.282 *** (3.569) [0.079]	0.282 *** (3.565) [0.079]	0.282 *** (3.050) [0.092]	0.282 *** (4.313) [0.065]
地理位置	-0.002 (-0.008) [0.197]	-0.002 (-0.005) [0.305]	-0.002 (-0.008) [0.198]	-0.002 (-0.008) [0.200]	-0.002 (-0.006) [0.296]	-0.002 (-0.009) [0.186]	-0.002 (-0.008) [0.198]	-0.002 (-0.008) [0.202]
常数项	0.031 (0.246) [0.128]	0.031 (0.088) [0.355]	0.031 (0.324) [0.097]	0.031 (0.236) [0.133]	0.031 (0.089) [0.352]	0.031 (0.237) [0.133]	0.031 (0.253) [0.124]	0.031 (0.245) [0.128]
个体效应	随机	随机	随机	随机	随机	随机	随机	随机
时间效应	随机	随机	随机	随机	随机	随机	随机	随机
R^2_a	0.679	0.679	0.679	0.679	0.679	0.679	0.679	0.679
观测值数	138	138	138	138	138	138	138	138

注：***、**和*分别表示在1%、5%和10%水平上显著。小括号内为回归系数的t统计量，中括号内为标准误。R^2_a为加权并调整后的拟合优度。Hausman检验没有拒绝原假设，说明个体效应和时间效应都是随机效应，所以表中报告的是含有随机个体效应和随机时间效应的回归结果。

为了确保实证结果的可靠和稳健，我们使用了一组协同解释变量和控制发达区位的虚拟变量。为了减少异方差和自相关引起的面板OLS估计偏误，我们对标准误做出了修正。为了减少修正标准误的方法的选取对结果的可能影响，我们更换了修正标准误的方法进行回归。为了减少解释变量与被解释变量之间可能存在的时滞性对结果的影响，同时减少双向因果关系所引致的内生性对结果的可能影响，在回归的C1—C8列中我们对解释变量均取一阶滞后进行回归。具体计算结果见表5中的C1—C8列。常数项的系数不显著，但由于各变量均经标准化处理，理论上常数项没有实际意义。发达区位虚拟变量的系数也不显著，这表明发达区位可能不会联合影响旅游人数的增长，可能是因为粤港澳发达区域间的旅游联动发展机制没有有效形成。但是，这些并不影响主要的结论。可以发现，稳健性检验中主要变量的系数大小发生了明显变化，但系数的显著性和符号均没有发生太大变化，所以总的结论没有发生太大变化。而且，面板分析和稳健性检验相配合，使得理论猜想中的命题得到了有效且可靠的验证。

表5 增加发达区位虚拟变量的稳健性检验结果

误差修正	无	White cross-section	White period	White diagonal	Cross-section SUR (PCSE)	Cross-section weights (PCSE)	Period SUR (PCSE)	Period weights (PCSE)
组别	C1	C2	C3	C4	C5	C6	C7	C8
政府投入	0.409*** (7.044) [0.058]	0.409*** (4.357) [0.094]	0.409*** (2.962) [0.138]	0.409*** (3.263) [0.125]	0.409*** (5.380) [0.076]	0.409*** (5.554) [0.074]	0.409*** (4.929) [0.083]	0.409*** (5.560) [0.073]
对外贸易	0.352*** (3.711) [0.095]	0.352*** (3.570) [0.099]	0.352** (2.340) [0.150]	0.352*** (2.733) [0.129]	0.352** (2.128) [0.165]	0.352** (2.388) [0.147]	0.352*** (3.333) [0.106]	0.352*** (3.763) [0.094]
人口数量	0.300*** (2.846) [0.106]	0.300*** (3.639) [0.083]	0.300* (1.737) [0.173]	0.300** (2.394) [0.125]	0.300*** (4.331) [0.069]	0.300** (2.608) [0.115]	0.300*** (2.836) [0.106]	0.300*** (2.708) [0.111]
经济发展	0.280*** (3.850) [0.073]	0.280*** (3.692) [0.076]	0.280** (2.096) [0.134]	0.280*** (2.971) [0.094]	0.280*** (3.323) [0.084]	0.280*** (3.456) [0.081]	0.280*** (2.802) [0.100]	0.280*** (4.001) [0.070]
发达区位	0.006 (0.023) [0.249]	0.006 (0.023) [0.249]	0.006 (0.015) [0.377]	0.006 (0.020) [0.288]	0.006 (0.021) [0.270]	0.006 (0.023) [0.250]	0.006 (0.020) [0.279]	0.006 (0.021) [0.265]
常数项	0.029 (0.267) [0.109]	0.029 (0.108) [0.269]	0.029 (0.335) [0.087]	0.029 (0.274) [0.106]	0.029 (0.107) [0.272]	0.029 (0.279) [0.104]	0.029 (0.267) [0.109]	0.029 (0.264) [0.110]
个体效应	随机	随机	随机	随机	随机	随机	随机	随机
时间效应	随机	随机	随机	随机	随机	随机	随机	随机
R^2_a	0.678	0.678	0.678	0.678	0.678	0.678	0.678	0.678
观测值数	138	138	138	138	138	138	138	138

注：***、**和*分别表示在1%、5%和10%水平上显著。小括号内为回归系数的 t 统计量，中括号内为标准误。R^2_a 为加权并调整后的拟合优度。Hausman 检验没有拒绝原假设，说明个体效应和时间效应都是随机效应，所以表中报告的是含有随机个体效应和随机时间效应的回归结果。

五、结论和政策建议

2018年10月，习近平总书记时隔6年再赴广东，发表了重要讲话，释放了发展的重要信号，值得我们仔细回味并深入贯彻落实。习近平总书记提出要积极打造粤港澳大城市群并弘扬好中华优秀的传统文化，同时应继续深入推进改革开放。这就表明，粤港澳合作创新发展和中华优秀传统文化的弘扬可以有机结合、相互促进。渠道之一就是将科技文化创新和旅游产业创新有机结合起来，这既有利于构建粤港澳世界级高质量大城市群，又有利于使粤港澳地区协调、有序、绿色和高质量发展。

本文先从学理上分析了粤港澳地区的人口数量、政府投入、经济发展、对外贸易对旅游发展的影响，后又使用粤港澳三地的面板数据进行了实证检验。理论和实证得到的结论均一致。

本文的结论如下：第一，政府投入与旅游发展呈正相关关系。旅游团的选址首先会考虑城市的基础设施是否足以满足游客的需求，包括道路的开发、旅店的建设等是否跟得上；其次会考虑城市的资源是否被充分开发，包括城市的文化与历史是否能在建筑、景点上得到充分体现。如果一个城市的基础设施建设得非常好，与旅游相关的配套设施建设得非常到位，景区与城市文化结合得也很好，那么，这个城市就会很容易吸引到旅游团，该地的旅游产业也会因此得以发展。不过，无论是与旅游相关的基础设施，还是景区的文化开发，都在很大程度上取决于政府的投入。政府投入越多，越多的城市资源就会被挖掘出来；文化、基建、服务等行业发展越快，城市的基础设施和人文气息越好，就越容易吸引更多的游客到城市参观，进而使得旅游人数不断增加。第二，对外贸易发展与旅游发展呈正相关关系。伴随着对外贸易的发展，进出口都会不断增加，而进出口是城市对外开放度的一个重要指标，进出口越多，代表该地越开放。一般来说，越开放的城市越容易被旅游团选为旅游目的地。第三，人口数量与旅游发展呈正相关关系。这可以用两个效应来解释。第一个是城市特征效应。因为人口数量多的城市一般会有一些可以吸引人口集聚的特征，就是这种无形且综合的特征吸引了旅游团，进而使得该地的旅游人数增加。第二个是传播效应。城市的人口越多，该地的人口向外传播城市的信息就越多，进而使得城市的知名度上升，从而使得该地的旅游人数增加。第四，经济发展与旅游发展呈正相关关系。旅游团的选址，除了看一个地区的人文气息、自然景色，还会重视该地的经济发展情况。因为经济越发达的地区，往往越注重城市特色的挖掘，以便深入地挖掘经济发展的深层因素，进而促进经济的可持续增长。而且经济越发达的地区，越有经济实力来打造新的旅游景点，甚至通过规划、税收等综合手段，改造或发展成片的旅游景区。第五，人口、政府投入、经济、对外贸易的协同发展将大大促进旅游的发展。如果人口、政府投入、经济、对外贸易各提高一倍标准差，那么，旅游人数将平均增加大约一倍的标准差。伴随着地区整体实力的加强，区域会大大地增强对游客的吸引力，旅游人数会有很大的增加，地区的旅游产业也会得到很好的发展。

本文的政策建议如下：第一，加强粤港澳地区的政府投入。加大粤港澳地区的政府投入，充分提高地区的基础设施提供能力，充分挖掘地区的旅游资源，充分推动科技文化创新和旅游产业创新相结合，为扩大游客容量奠定基础。第二，增强粤港澳地区的经济实力。通过明确不同城市的地位,不同城市之间可以实现优势互补,重点是吸引广州、深圳、香港、澳门等地区的高净值游客到粤东西北进行旅游消费,提高区域对游客的吸引力。第三,建立粤港澳地区深度融合机制。深度融合机制不仅要求放宽税收等政策,还要求建立引资和技术创意援助机制来深度开发粤东西北的旅游资源。通过设立旅游投资项目的方式来引资建设,减轻地方政府的资金压力;通过将技术和创意引入相对欠发达地区,使粤东西北的旅游资源得以充分开发,区域发展不平衡的问题得以缓解。

本文的主要贡献在于,基于现代粤港澳地区合作发展的新背景,创新性地提出全方位的合作发展对旅游发展的促进作用。强调人口数量、政府投入、经济发展和对外贸易对粤港澳地区的旅游发展所起的重要作用。在全民共同建设粤港澳大城市群的新时代,合作共赢理念定将使粤港澳地区的开放合作更加有序和科学,可持续程度也会大大提高。同时,本文也基于粤港澳三地的面板数据,对理论猜想进行了实证检验。实证结果支持理论猜想。因而,应该着力加强粤港澳地区的政府投入,增强粤港澳地区的经济实力,建立粤港澳地区深度融合机制。

当然,本文限于论证人口数量、政府投入、经济发展和对外贸易对旅游发展的促进作用,并用粤港澳三地的面板数据进行验证,从而得出一些针对现实的有启示性的政策性建议。在此基础上,对于如何提高粤港澳地区的旅游效率,还有待进一步深入研究。

参考文献

[1] 王洁洁. 入境旅游与进出口贸易关系的实证分析 [J]. 经济问题, 2012 (11): 99 – 103.

[2] 王志东. 中国地方政府促进旅游业发展政策支持实证研究 [J]. 东岳论丛, 2005, 26 (5): 69 – 76.

[3] 张金宝. 经济条件、人口特征和风险偏好与城市家庭的旅游消费:基于国内 24 个城市的家庭调查 [J]. 旅游学刊, 2014, 29 (5): 31 – 39.

[4] 雷平, 施祖麟. 出境旅游、服务贸易与经济发展水平关系的国际比较 [J]. 旅游学刊, 2008, 23 (7): 28 – 33.

[5] 瞿华, 夏杰长. 我国旅游业发展与经济增长关系的实证研究:基于 1985—2009 年数据 [J]. 财贸经济, 2011 (8): 106 – 112.

[6] 王俊, 徐金海, 夏杰长. 中国区域旅游经济空间关联结构及其效应研究:基于社会网络分析 [J]. 旅游学刊, 2017, 32 (7): 15 – 26.

[7] 宋家增. 发挥整体优势 加强区域合作:环渤海地区旅游协作之我见 [J]. 旅游学刊, 1994 (1): 41 – 43.

[8] 李伟, 周智生. 大香格里拉区域旅游合作及其发展机制 [J]. 经济问题探索, 2006 (5): 105 – 109.

[9] 邓利方, 李铭杰. 人口老龄化对不同层次城市医疗消费的影响分析:基于面板分位数回归模型 [J]. 广东行政学院学报, 2016, 28 (5): 82 – 90.

[10] 邓利方, 李铭杰. 通信革新对消费枢纽作用的实证分析 [J]. 岭南学刊, 2017a (1): 90 – 98.

［11］邓利方，李铭杰. 浅论绿色城镇化对经济增长的影响：基于广东省的市际面板数据分析［J］. 中共珠海市委党校珠海市行政学院学报，2017b（5）：70-75.

［12］邓利方，李铭杰. "互联网+医疗"对老年人健康与医疗消费的作用机制分析：基于中国的省际面板数据［J］. 广东行政学院学报，2018（1）：79-87.

［13］隋建利，刘碧莹. 中国旅游发展与宏观经济增长的非线性时变因果关系：基于非线性马尔科夫区制转移因果模型［J］. 经济管理，2017（8）：24-41.

［14］秦学. 特殊区域旅游合作与发展的经验与启示：以粤港澳区域为例［J］. 经济地理，2010，30（4）：697-703.

［15］毛润泽. 中国区域旅游经济发展影响因素的实证分析［J］. 经济问题探索，2012（8）：48-53.

［16］王淑新，王学定. 供需视角下的中国旅游经济发展：一个面板数据的实证分析［J］. 经济问题探索，2014（1）：184-190.

建设"文化湾区",推动粤港澳大湾区发展

张 艺*

摘 要:粤港澳大湾区在区域地理、文化渊源、人文精神、风俗习惯上同气连枝、一脉相承,这种独特的人文优势为文化湾区的建设提供了可能。通过传统文化的价值联结,发掘同根性文化资源,增添商用文化价值的创新元素,并主动建设湾区文化合作发展平台,以文化湾区推动经济湾区和科创湾区的发展。

关键词:文化湾区;岭南文化;粤港澳大湾区

经过改革开放40多年的发展和港澳地区"一国两制"20多年的伟大实践,粤港澳合作发展进入了携手共建粤港澳大湾区的发展阶段。这不仅扩大了新时代粤港澳地区的发展空间,也为国家"一带一路"建设远景提供了重要节点支撑。文化湾区在粤港澳大湾区建设中具有独特的魅力和价值:一方面,文化是互联互通的基础,是大湾区营商环境的价值联结和纽带;另一方面,多元的文化样式也带来新的产业机会,传统与现代、东方与西方、创新与竞争等元素相互交织,为粤港澳大湾区的持续发展带来新的增长动能。

一、岭南文化渊源与价值联结的纽带作用

粤港澳三地同源于岭南文化。近代以来,由于特殊的历史原因,粤港澳三地文化展现出不同的发展特点。港澳地区与现代西方文化交融结合,中学为体、西学为用,形成了以传统中国文化为根基、融入现代西方文化价值和习惯的东西方融合的文化风格。在价值理性层面,既有传统中国的历史文化意识和血脉相承的价值认同,也有西方思想文化意识的价值因素。在工具理性层面,既保存相当多的岭南地方文化习俗和生活习惯,也有较多沿袭西方生活方式的文化习俗和习惯。例如,在工艺作品创作中,有的传承了岭南工艺美术传统,但也有大量的西方艺术创作。而广东地区则加快了与国家文化的整合与统一,新中国成立以后,岭南文化更多的是在国家文化体系中展现地方文化的特质。尽管三地有着不同的文化流变,但三地文化之间始终相互学习、相互借鉴和相互影响,使得共同的岭南文化根基始终不变。这不仅是共同的文化渊源,也是价值联结的纽带。

岭南文化,源远流长。历史上,岭南文化吸取由中原传入的儒、法、道、佛各家思想并进行创新,孕育出不同风格的思想流派,如江门学派等。在近代,岭南得风气之先,中西文化交流,孕育出以康有为、孙中山等为代表的近代中国的一代先进人物。岭南的文学

---

* 张艺,男,中共广东省委党校(广东行政学院)教授。

艺术雅俗并茂，岭南画派、粤剧具有浓郁的地方特色，诗人张九龄、陈献章享誉全国，电影最先从岭南传入中国。岭南教育在近代更开教育革命之先河。佛教、伊斯兰教较早从海路传入岭南，慧能创中国化佛教——禅宗南派，影响遍及全国以至世界。

同样，在汉民族的形成和发展，在维护国家统一、民族团结等多方面，岭南文化都做出了不可磨灭的贡献，在中华民族文化的发展史上居于重要地位，起着重要作用。直到今天，岭南文化仍然保持着强烈的国家统一发展意识。同时，近代岭南文化更是近代中国的一种先进文化，对近代中国产生了巨大的影响。改革开放以来，岭南文化以其独有的多元、务实、开放、兼容、创新等特点，采中原之精粹，纳四海之新风，融汇升华，自成宗系，在中华大文化之林中独树一帜，对岭南地区乃至全国的经济、社会发展起着积极的推动作用，是中华民族灿烂文化中最具特色和活力的地域文化之一。

文化湾区的特点在于：首先，湾区文化源于岭南文化和中华文化，粤港澳三地文化是中华文化的一部分，三地也共同拥有区域性岭南文化传统，因此，要以文化渊源和根基来建设文化湾区。其次，文化湾区是三地紧密合作、共同发展的认知基础。推进大湾区建设，就是要跨越各种文化差异，把三地整合成一个共同的发展区域。最后，文化湾区培育共同的价值观，核心在于培养国家意识，加强对国家的认同感，形成爱国、爱港、爱澳、爱湾区的基本价值共识。

二、发掘同根性、区域性和合作性的文化资源

粤港澳各自具有丰富的文化资源，这些文化资源涵盖学术、文学、绘画、书法、音乐、戏曲、工艺、建筑、园林、民俗、宗教、饮食、语言、侨乡文化等众多内容。就文化湾区的文化合作推进来说，应该重点发掘同根性、区域性和合作性的文化资源。同根性的文化资源，就是粤港澳三地同源同根的文化方式和作品、共同的价值信仰以及共同的文化习俗和生活习惯。例如，粤语粤曲、妈祖文化等。区域性的文化资源，就是分布于粤港澳三地、能够代表各地文化特色的文化方式。例如，独特而重要的文化标志、不同于传统文化方式的文化样式。合作性的文化资源，就是粤港澳三地紧密合作、共同创造出的新文化样式。例如，港珠澳大桥的建筑风格所展现出的文化价值，就是典型的合作性文化资源。在未来的文化发展中，这类文化资源应是发展的一个重点。

同根性、区域性和合作性的文化资源，是建设文化湾区的重要文化资源。它既是地方性文化特色的展现，也是新的创造性文化的魅力所在。一是可以整合共同价值，提升区域发展目标的共同认知，坚定区域发展的自信心。湾区发展肩负重任，以发展创造湾区经济未来，需要粤港澳三地从文化层面增强对发展目标的认同和信心。二是助推相关文化产业，打造产业合作平台，形成较为完整的文化产业业态，加强三地文化经贸紧密合作。在文化产业形态中，可以把文化作品、民间工艺和主题旅游等作为发展重点。推进文化作品的市场化，大力培育发展版权等知识产权相关产业。挖掘、扶持并推动民间工艺行业发展壮大，建立民间工艺大师和工艺作品的相互认证机制。整合三地旅游资源，实现游客共享、线路便捷、文化联通的旅游合作机制。三是共同走向世界。港澳是内地与世界文化交流的重要窗口和传播枢纽。发掘同根性、区域性和合作性的文化资源，就内部来说，就是促进粤港澳三地文化产业和市场的开发与协作，实现粤港澳文化产业互联互通、互补互

促,资源对接对流、成果共创共享,促进行业协同发展,形成合作共赢的文化发展新格局;就外部来说,更重要的是要利用湾区文化特点,向世界传播湾区文化、传播中国文化,推广文化产业、开发文化市场。

具体地说,要充分利用文化资源,发展文化湾区,要让文化建设在经济建设中发挥重要的作用。要建设发展研究海洋文化的基地,维护海权,做好海上资源的开发和保护。通过海上交通和渔业文化将粤港澳大湾区与国际社会联系起来,加强国际间的交流。要利用好侨乡文化的积极成果和历史经验优势,在大湾区发展好侨乡文化,做一个面向世界传播侨乡文化的文化枢纽。要以信仰文化和民俗文化作为大湾区的文化根基和认同基础,加深大湾区三地间的文化融合。要整合大湾区的旅游资源,令大湾区内的旅游景点走出国内,走向国际。发展旅游有利于改造环境,并能促进人与人之间的互动。要统筹大湾区内的教育资源,用开放式的观念办教育,吸引人才。三地教育部门应当联合起来编写教材,注重基础教育,向祖国的下一代传递爱家、爱湾区、爱国的理念。

三、增添商用文化价值的创新元素

推行商用文化价值是岭南文化商业性的价值特点。长期以来,岭南地区的经济活力逐渐演变为独特的文化内容,商业活动中所形成的贸易规则、竞争制度和法治是商用价值的核心内容。粤港澳三地在并不完全同步的经济发展中,形成了较为一致的商业文化价值。岭南商业文化价值的主要特点是包容、开放和具有规则意识,这些商业文化价值直接体现在岭南地区的经济活动中,主要集中在商业贸易方面,以资本价值为核心的商业贸易活动构成了粤港澳地区的主要经济活动方式。随着湾区经济规模的扩张、经济发展动力的转变,科技创新成为湾区未来发展的主要经济活动方式。因此,岭南商业文化价值也需要增添新的元素。在商贸领域里所展现的敢闯敢试、敢为人先的精神价值也需要体现在科技创新领域当中。

创新文化元素包括多方面的内容,如创新人才、创新投入、创新活动和创新成果的保护等。这里包含很多文化价值要求。创新人才的培养需要一种知识创造的内在动力和追求,这就需要社会成员在普遍的社会活动中尊重知识,接受知识的理性规则。创新投入本质上是一种风险投入,这需要更大视野地发挥企业家精神,不着眼于挣快钱,不着眼于博弈的结果,而服从于创造过程等。创新活动本质上既受到科技活动规律的约束,也受到普遍的社会伦理价值的约束,是一种社会化活动,而不是超然的纯技术活动,只能有益于人类社会发展,而不能增加人类社会发展的不确定性。创新成果的保护要求对知识创造予以法律保护,要求把知识产权与财产权、人身权等放在同等重要的法律地位。本质上也要求创造良好的法治环境,在文化价值中有对法治的最基本的尊重。

粤港澳三地正在努力建成国际科技创新中心。必须培育科技创新的文化价值,并使之不断影响人们的生活方式。创新成为文化自觉,与创新活动相关的事物与人的努力都得到普遍尊重。只有这样,创新湾区才能持续地建设和发展。

四、积极推动文化湾区的基础建设

文化是凝聚力、创新力、发展力的基础。打造粤港澳大湾区文化高地、促进城市间文化交流合作、充分发挥文化的黏合作用,营造一个开放、包容、创新、共用、协同的发展环境,是促进粤港澳大湾区协同发展的现实需要。文化湾区应该是一个主动建设的过程,而不仅仅是一个自然形成的文化现象,我们应当积极谋划,大力促进。近年来,大湾区文化事业和产业呈现出蓬勃发展的态势,但与大湾区举足轻重的经济地位相比,文化地位还有待在基础设施建设、文化产品供给、文化品牌活动、文化交流合作等方面进一步提质增量。

一是制定实施粤港澳大湾区文化发展规划。在《粤港澳大湾区发展规划纲要》批准实施后,尽快出台大湾区文化发展规划,为大湾区文化事业发展、文化产业布局、重大文化项目实施、文化交流共融确定目标和方向。

二是加快大湾区文化交流合作。建立机制、搭建平台,提高大湾区城市圈的融合度。深入挖掘大湾区各城市的文化优势和特色亮点,对接各城市文化供需、文化资源、文化政策,因地制宜实施文化交流。在舞台表演、影视拍摄、非遗保护、文化研究等领域,采取项目合作、课题研究、联合拍摄等方式,推动大湾区各城市文化机构、文化团体、民间社团之间的交流合作。

三是制定方便人才在大湾区创业的政策措施。应在置业、税收、租金、人才流动等方面给予优惠政策,吸引更多年轻人到大湾区创新创业。可实施项目带动战略,提供交流实习、专业培训的机会,以及创业扶持、就业指引等;举办青年创新创业大赛,挖掘有潜力的创业项目,促进创新成果转化。

四是打造大湾区文化品牌。建立粤港澳三地联系协调机制,筹划设立大湾区文化发展基地。乘着湾区发展的东风,让经济为文化做支撑,建立湾区文化研究中心、湾区文化交流中心,共同打造大湾区音乐节、舞蹈节、戏剧节、电影节等一批具有国际影响力的品牌文化活动,奖励在湾区文化方面有重大贡献的文艺工作者。

粤港澳大湾区金融支持文化产业联动发展研究
——基于金融市场一体化的视角

陈孝明　吕柳坤　黄震环[*]

摘　要：随着粤港澳大湾区金融市场一体化发展进程不断推进，金融业与文化产业不断融合发展，但其在实现文化产业跨越式发展的过程中，金融资源配置效率不高导致的融资难仍然是产业发展的瓶颈。本文在分析粤港澳大湾区文化产业发展的基础与优势的基础上，从文化产业的自身特点、融资方式、金融配套服务设施等方面剖析制约金融支持文化产业发展的关键因素，并基于金融市场一体化的视角，从金融产品一体化、金融制度一体化、金融机构一体化、金融监管一体化4个方面，探讨粤港澳大湾区金融支持文化产业联动发展的实现路径，为加大金融对粤港澳大湾区文化产业的支持力度提出相应的可行性建议。

关键词：金融支持；粤港澳大湾区；文化产业；金融市场一体化；联动

一、引言

随着知识、文化、科技、经济的发展，文化与经济相互交融，文化产业逐渐成为经济社会发展的重要支撑，受到党和国家的高度重视，文化产业在我国已经明确被列为国民经济支柱产业。金融作为现代经济的核心，金融支持是文化产业快速发展的助推器。在金融市场一体化逐步推进的趋势下，粤港澳大湾区作为国家重点建设的区域，高度重视文化产业与金融行业的融合发展。但目前在推进粤港澳金融市场一体化过程中，由于制度不同、合作交流还不够深入，有关金融机构对粤港澳大湾区文化产业的支持仍存在困难，投融资问题仍然是阻碍湾区文化产业发展的重要因素。在"一带一路"倡议和"自由贸易区""粤港澳大湾区"等国家重大战略不断深入的背景下，如何通过文化、金融的深度融合促进粤港澳大湾区金融支持文化产业的联动发展，成为当前迫切需要解决的问题。党的十九大报告也指出，要支持香港、澳门融入国家发展大局，以粤港澳大湾区建设等为重点，这为聚三地优势、加强三地联动、激发三地潜能、共同发展文化产业进一步明确了方向。本文从金融市场一体化的视角，抓住粤港澳三地发展新阶段的关键特征，突破以往笼统研究金融支持的局限，探索大湾区金融支持文化产业发展的基础与优势、制约因素以及作用路

---

[*] 陈孝明，男，广州大学经济与统计学院讲师。吕柳坤，女，广州大学经济与统计学院讲师。黄震环，男，中国民生银行股份有限公司广州分行企业金融三部总经理。

径，为粤港澳大湾区文化产业与金融融合发展提供可行性建议，促进大湾区文化产业和金融业的快速发展。

二、粤港澳大湾区金融支持文化产业发展的基础与优势

（一）粤港澳大湾区地理区位优势显著

从地理位置上看，粤港澳三地山水相连，毗邻东南亚，由多个相连的海湾、港湾、岛屿共同组成，是沿海重要的经济带。湾区大部分竞争力强、发展潜力大的城市群都分布在沿海地区，优越的地理位置极大地方便了湾区各城市之间甚至湾区各城市与海外国家和地区之间的文化交流，并逐渐形成以港湾为中心向周围辐射的城市文化经济产业群。此外，湾区内以香港金融中心为依托，不仅经济发达、基础设施完善，而且2018年10月开通的港珠澳大桥更是加快了湾区经济协同发展，有利于加深粤港澳三地的金融合作，为湾区间的经济、文化交流创造了良好的条件。粤港澳大湾区发展最显著的特点在于得到国家政策的支持。湾区内实施的是"一国两制"，两种制度下不同的文化在交流中求同存异，碰撞出不一样的火花。在这种特殊的制度与文化交融下所延伸的附加链条，增加了文化产业的竞争优势和比较优势。另外，粤港澳大湾区不仅是"一带一路"的重要组成部分，还是21世纪"海上丝绸之路"发展的重要节点，湾区已经成为国家重点规划发展的地区。在"一带一路"发展背景下，湾区内的侨乡、英语、葡语三大文化纽带也成为面向东南亚和世界的重要窗口，为湾区文化多元化交流提供了平台。

（二）粤港澳大湾区合作机制不断完善

早在2003年，中央就先后与港澳特别行政区政府签订了CEPA，并承诺内地向港澳开放服务业领域数十个，其中多数属于文化创意产业的范畴。CEPA的签订和实施，推动广东与香港、澳门建立全面的合作机制。在这之后，粤港澳文化交流不断增多，如每年共同举办文化艺术节、定期召开文化合作会议、共同开设文化合作项目等。近年来，广东省文化厅对《粤港合作框架协议》《粤澳合作框架协议》的相关要求积极落实，分别与香港、澳门签订有关文化交流合作的一系列协议，使其文化产业合作机制不断完善，进一步推动文化产业区域合作深入发展。区域合作的平台与活动近年来也不断增多，湾区内充分发挥了政府间的合作机制作用，发挥了现有的商会、协会、联盟平台等的作用，创造出新的合作交流平台，如文化研究、交流、创作、生产、展示及交易等平台，为构建跨区域的文化产业园区打下坚实的基础。其中，在湾区的紧密合作下，衍生出深圳前海、珠海横琴、广州南沙3个国家级文化创意产业园区。这3个产业园区的设立，使得粤港澳大湾区文化产业合作更为紧密。

（三）粤港澳大湾区文化产业互补性强

近年来，粤港澳大湾区文化产业不断发展，并出现了一批以数字、互联网等高科技为依托的文化新型业态，各市文化产业呈现多样化发展的态势。从湾区文化产业整体空间分布发展来看，形成了多层次的发展模式。粤港澳大湾区各城市依据自身的文化特色发展文

化产业，其中香港以庞大的媒体和创意产业群为文化产业发展的主体；澳门以其独特的中葡文化、博彩文化打造世界一流休闲娱乐中心；珠三角以出版发行、广播电视、动漫游戏、文化制造业领先全国。尽管湾区内各区域文化产业发展优势不同，但它们之间并非相互排斥、恶性竞争，而更多的是利用资源优势互补实现合作共赢，这也成为湾区文化产业发展的一大亮点。如港澳充分让发达的现代服务业不断融入珠三角，为当地文化制造业提供金融、技术、贸易等强有力的支撑；反过来，珠三角也向港澳输送丰富的文化产品，弥补其文化生产制造方面的缺陷，相互满足文化产业多元化需求。这有利于形成一股强大的文化合力，促使先进的文化制造业、文化创意产业、现代文化服务业互相协调发展并实现三轮齐驱，为粤港澳大湾区的文化产业发展创造强大的动力。

（四）粤港澳大湾区金融领域合作日渐升温

作为全球离岸金融中心和全球三大金融中心之一，香港仍然是不少中国企业对接国际资本市场的重要平台。随着内地金融开放程度不断加深，特别是粤港澳大湾区发展规划的实施，三地的金融市场进一步互联互通，一体化趋势更加显著。截至2019年2月，中国有4000多万家企业。其中，排队上市的企业不在少数，导致内地上市的门槛很高、周期很长，而中小企业在内地上市的机会显得更加渺茫。相比之下，香港不仅是湾区的金融中心，更是国际金融中心，既具有悠久且健全的股市交易体系，又有充沛的流动资金。珠三角企业选择在香港上市，很好地解决了融资困难的问题。截至2017年年底，受惠于CEPA补充协议六，香港银行业顺利完成大湾区布局，珠三角地区的香港银行网点总数达到147家，占珠三角地区外资银行总数的64%，实现了对珠三角9市的全覆盖。赴港上市的粤企有196家，名列各省市之首。港资银行不仅促进了资金在两地的流动，还为两地的金融产品创新带来了活力。

三、金融支持粤港澳大湾区文化产业发展的制约因素

（一）资金需求侧的产业特征制约

文化产业作为新兴产业，其发展起步晚于其他传统产业，在此背景下，粤港澳大湾区内的文化产业发展时间短，一些企业发展规模不大。目前，湾区内以文化创意产业为主，与传统产业相比，重无形资产、轻物质、投资周期长、回报风险高的特点尤为突出，也正因这些特殊性，文化产业融资在不同程度上受到阻碍。具体表现在：一是以创意为主的文化产业，大多以专利、版权、知识产权、品牌等无形资产的形式存在，其固定资产相对较少，很难通过抵押房屋、土地等有形资产的方式获得有关金融机构的资金支持。即使可以以专利、知识产权、品牌等无形资产作为质押贷款，但因湾区对无形资产的评估缺乏统一的标准和准则，无法确定其具体价值，融资变得困难重重。二是从文化企业经营的产品对象来看，湾区内的文化企业主要以创意、艺术成果为经营对象，产品的创作具有极大的不确定性，且前期产品投资周期长、资金回笼慢、收益不稳定、风险高，其随着市场的变化和消费者的喜好而变化，很难保证其文化企业经营的产品获得稳定的回报。三是湾区内的文化产业发展不平衡，在文化产业发展中大多以中小企业为主，其经营规模不大，内部管

理比较混乱，尚未建立一套完整的财务管理体系，文化企业的内部特征导致其吸引有关金融机构投资的动力不足。

（二）资金供给侧的融资渠道制约

文化产业的融资主要来源于直接融资和间接融资，粤港澳大湾区内文化企业融资主要还是以银行信贷的间接融资为主，通过提供固定资产、担保等方式获得银行信贷支持。近年来，银行信贷支持也逐渐面向新兴的文化企业，如创意文化、影视等文化企业，但银行信贷融资门槛偏高，对湾区中小文化企业的信贷能力不强。从直接融资情况来看，湾区部分文化产业通过有关部门设立的文化产业专项资金来进行融资，但其主要设立在广州、深圳、香港和澳门这些经济发达的一线城市，而设立在湾区内的二、三线城市的则少之又少，大部分地区的文化企业无法直接通过基金解决融资问题。湾区内以中小文化企业为主，只有少数文化企业能够上市挂牌或发行债券，例如华侨城、腾讯、奥飞动漫等文化企业。然而，当前较少文化企业能够直接通过IPO（首次公开募股）等方式直接进行股权融资，这在很大程度上是因为目前中国证券市场实行严格的上市制度。总的来说，粤港澳大湾区文化产业融资情况不容乐观，上市融资、股权融资、债权融资等方式还没有完全推广，只局限于少部分的文化企业，融资渠道不通畅，这些成为湾区内文化企业融资的瓶颈。

（三）中介链接层面的配套服务制约

过去金融支持文化产业发展主要局限于一定物质形态的文化产品。随着文化体制的改革，国家对文化产业发展越来越重视，粤港澳大湾区文化产业在艺术品牌、创意等无形产业方面取得比较大的成果，但由于相关金融配套服务不完善，金融机构缺乏对具有明显资产"虚拟性"的文化产业的信任，严重影响金融机构对文化产业的授信额度，在不同程度上阻碍了文化产业的融资发展。其中，金融配套服务体系不足主要体现在以下几方面：第一，缺乏专业的评估机构。文化产品多以无形资产为主，价值波动大，在资产评估的时候存在比较大的争议。而目前粤港澳大湾区以至全国对非物质形态的资产都没有一套令人信服且统一标准的评估方法，也没有形成通用、权威的价值评估体系。第二，专门的担保机构比较少。担保机构是实现文化产业与金融对接的重要环节，可以有效降低文化企业获得担保的门槛。虽然湾区已有担保机构，但其远远未能满足文化企业融资的需求，仍需要建立专门针对文化企业的专业担保机构。第三，信用保险机构尚未有效发挥作用。信用保险是分散企业风险的重要途径之一，它可以在企业贷款出现违约或没有能力支付的时候，按照约定的条款进行赔偿，有效降低金融机构贷款的风险。但是，从湾区内金融支持文化产业发展来看，尚未有效利用信用保险机构作为担保方进行文化企业融资。

四、粤港澳大湾区金融支持文化产业联动发展的作用路径

金融市场是区域金融合作的基本载体，粤港澳三地只有实现金融市场的联通与互动，才能有效地发挥市场机制对三地金融资源的配置作用和对金融机构、文化企业改革的促进作用。粤港澳大湾区金融支持文化产业联动发展是在两种制度、两个金融管理当局的背景

下融合发展的,且粤港澳三地之间的经济、文化方面存在着差距,因而推动湾区金融市场一体化发展成为湾区文化与金融融合的重要因素。在这个过程中也必然伴随着金融产品、金融制度、金融机构等方面的不断创新、求同存异、一体化发展。

(一) 金融产品一体化发展

目前,粤港澳三地文化产业发展的侧重点不同,地区针对文化产业发展的金融产品也风格迥异。随着粤港澳大湾区协同发展进程的推进,文化产业与金融融合的程度不断加深,过去传统的金融产品再也无法满足湾区文化产业多样化的需求,这更加要求针对湾区文化产业融合的特点开发合适的金融产品,实现文化金融产品的创新。金融产品的创新不仅可以为湾区不同层次的文化企业创造性地提供不同收益性、流动性的金融产品组合,满足文化企业和投资者的需求,还能有效地拓宽文化产业融资的渠道,进一步加大金融支持的力度。可以从金融产品一体化方面推进湾区金融与文化产业的融合发展,其中以债券、股票、基金等金融产品为重点突破口,拓宽湾区内三地金融市场的合作领域。鼓励优秀的文化企业到港澳发行债券,同时鼓励港澳的债券等金融产品在广东发行,加强粤港澳三地证券市场的对接与合作。文化企业在港澳地区或海外市场上市融资、发行股票,相互开放,使双方的金融产品在市场自由流通,加快推进湾区三地之间股票市场的衔接,相互吸引双方文化企业上市融资。充分利用湾区内的文化资源和金融资源,共同建立粤港澳三地共同的文化产业投资基金,为湾区文化产业发展提供强有力的金融支持。

(二) 金融制度一体化发展

粤港澳大湾区的特殊性在于湾区的制度不同,它们之间的金融制度、政策、法律法规的差异一定程度上阻碍了湾区金融市场一体化的进程以及文化产业与金融融合的发展。目前,粤港澳三地市场准入制度和上市审批制度的标准差异,以及金融业务法律法规的不同,严重制约了粤港澳大湾区银行业、保险市场、资本市场的一体化发展,阻碍了文化企业融资所需要的资金在三地之间自由流动。立足于湾区金融市场一体化的视角,要使文化产业和金融业充分对接,最重要的是要消除湾区有关制度差异的障碍,通过推进金融制度一体化来缓解湾区文化产业的融资约束。一方面,湾区需要建立一个完整统一的法律体系作为文化和金融合作的支撑点,如三地之间在修订有关法律制度时应该相互借鉴、吸收对方的经验,通过借鉴比较,逐渐改进有关制度不完善的地方,缩小粤港澳的金融法律法规的差异。在此基础上,湾区有关政府还应共同制定一套具有约束力且双方都能遵守的文化产业融资的法律法规。另一方面,湾区需要制定统一标准的金融机构市场准入制度和文化企业上市审批制度。这有利于减少制度的摩擦,促进港澳银行、保险公司等进入广东市场,增加港澳和境外投资者对广东文化产业的投资,同时推动广东省文化企业在香港或境外上市或融资,为加快湾区文化产业融资发展提供了大力支持。

(三) 金融机构一体化发展

金融机构是金融支持文化产业发展的主体,加强粤港澳大湾区文化产业与金融的融合发展依赖于三地金融机构一体化的发展。首先,湾区要增强跨区域金融机构合作的意识,引导不同类型、不同实力的金融机构在粤港澳三地互设、合作,增加湾区文化企业的融资方式。具体表现是首先在政策上支持广东的银行、证券公司、保险公司等金融机构到香港、澳门设立机构或参股金融机构。已在港澳设立的金融机构可以进行不同类型的业务交叉合作，扩大业务范围，实现不同层次的融合，从而增强向海外市场拓展的能力，争取为湾区文化产业融资吸引更多的投资者。其次，鼓励港澳有关金融机构到广东设立分支机构，积极参股广东省中小银行，借鉴其银行机构为文化产业提供融资的经验，争取提高港澳文化企业融资在银行信贷支持上的比例。除此之外，粤港澳大湾区还应借鉴西方有关金融机构一体化发展的成功经验，结合湾区文化产业自身的发展情况，专门设立一个针对文化产业融资且符合湾区文化产业发展特点的金融机构。同时，还需要增强该金融机构与其他机构之间的交流合作，保持金融信息的沟通、共享，进一步强化对湾区文化企业的服务意识，走出一条湾区文化产业融资发展的独特道路。

（四）金融监管一体化发展

在推进粤港澳大湾区金融市场一体化过程中，湾区文化产业融资面临着许多复杂的金融环境，要保证湾区文化产业在复杂的金融环境下获得融资就需要加强粤港澳三地金融监管合作，形成一个统一的金融监管体系，以此稳定文化产业融资的环境。充分发挥金融监管一体化防范金融风险的功能，为文化企业融资提供风险担保。可以通过构建一个稳定有效的监管框架，在这个监管框架标准下，统一对粤港澳三地的金融机构、证券市场、股票市场进行监管；可以通过构建粤港澳三地金融监管合作平台，让湾区金融监管机构对监管的信息能充分交流、讨论，并及时为湾区文化产业与金融融合出现的风险进行防范；可以通过建立专门针对湾区文化产业融资信息的监管网站，金融监管机构及时在网站上更新、发布监测到的金融资讯，便于湾区文化企业及时了解有关金融机构融资的意向，同时也起到公众监督的作用。总的来说，推进湾区金融监管一体化发展，有利于保证湾区文化产业融资资金自由流动、投资者投资经营的安全性，加大金融支持文化产业的力度，我们应该从这些方面着手改进。

五、粤港澳大湾区金融支持文化产业联动发展的对策

在金融市场一体化的背景下，粤港澳三地的金融产品、金融机构和金融制度将逐步趋向一致，香港、澳门的金融优势和珠三角的产业优势存在很大的融合发展空间。在粤港澳大湾区金融支持文化产业联动发展的过程中，需要强调金融市场一体化与文化产业相关主体共同作用，三地联合行动促进资源配置效率的提升。因此，结合大湾区金融支持文化产业联动发展的作用路径，建议大湾区各个城市采取如下对策措施。

（一）提升文化产业竞争力，培养合格市场主体

在粤港澳大湾区金融市场一体化不断推进的背景下，金融市场给予了文化产业更多的机会，但文化产业能否获得有关金融机构的融资支持，能否获得投资者的青睐，在很大程度上取决于文化产业以及文化企业自身的发展，这在一定程度上就需要提升文化产业自身的竞争力，加强文化企业自身建设。对文化企业来说，最重要的是加强自身建设，面向全球的企业竞争，建立现代企业管理制度。政府部门要积极培养合格的市场主体，打造一批

具有雄厚实力和影响力的实干文化企业，有针对性地为文化企业制度管理提供帮助。例如，加强对文化企业管理人员的培训指导，帮助湾区中小文化企业规范内部管理，逐步建立条理有序的财务制度、管理框架、信息披露制度，提高企业信用等级，从而争取通过文化产业竞争力的提升和文化企业自身实力的提高，吸引更多的融资数额，获得更多的融资渠道。

（二）加大湾区金融市场双向开放力度，深化金融合作

在国家宏观金融体制改革不断深入，金融开放程度不断提高的基础上，加快大湾区金融市场双向开放。金融市场一体化发展，也要求粤港澳三地在金融产品和金融制度上不断趋于一致。在粤港澳大湾区范围内率先实现金融要素的深度融通，大湾区内所有金融机构双向开放，实行同等国民待遇。由于香港作为全球三大金融中心之一，已经实现了资本的自由进出、自由流动，双向开放的重点在于珠三角9市的金融市场向港澳开放。在CEPA取得丰硕成果的基础上，争取进一步放宽香港金融机构进入珠三角开展金融服务的前置条件和门槛。香港也可以通过为新经济文化企业以同股不同权的形式来港上市创造条件等方式，加强与珠三角文化产业的联系。大湾区还可借助国家"一带一路"倡议，共同开发金融思路，共同打造"一带一路"投融资平台，为粤港澳金融机构开展合作创造更多机会，促进金融市场互联和金融基建互通，提升区域金融市场一体化的程度。当然，粤港澳三地深化合作的过程，也伴随着金融监管合作的加强，这为湾区文化产业与金融融合出现的风险提前做好防范。

（三）完善文化产业融资体系，拓宽融资渠道

湾区内文化产业的融资主要是以银行为主导的间接融资，这种融资体系在促进文化产业发展上有一定的优势。但是，湾区文化产业融资体系中银行与资本市场之间的不协调，直接融资与间接融资的比例失衡，使文化产业难以依赖金融市场实现一体化发展。这需要发展粤港澳区域金融市场，完善文化产业融资体系，确保融资渠道模式的多样化。银行信贷是文化产业融资的重要途径之一，因此湾区有关银行机构应积极创新融资方式，开发合适的文化产业信贷产品，提高对文化产业的金融服务水平。大湾区的银行等金融机构应加快研究和制定适应文化产业特点的具体信贷政策措施，制定适合的信贷管理制度，为文化企业担保、贷款等方面提供优惠和优质的服务。创新信贷融资方式，提供个性化的金融服务。引导湾区有能力、知名度高的大型文化企业通过主板、创业板或中小板上市，鼓励有条件的中小文化企业通过发行债券、短期融资券、集合债、企业债等多种方式进行融资，借助资本市场进一步拓展文化产业的融资渠道。

（四）完善金融配套服务体系，构建一体化平台

充分发挥金融市场的作用，不仅可以实现粤港澳大湾区金融资源共享，还可以推动湾区文化产业融资发展，尤其是促进文化产业与金融融合。在湾区内推行金融市场一体化，使金融与文化资源在区域内自由流动显得非常必要。湾区金融支持文化产业的发展借助于金融市场一体化发展的程度，这需要湾区有关政府完善金融配套服务体系，构建共享平台，推进湾区金融市场一体化发展。首先，在大湾区内搭建统一标准的无形资产评估机构

并完善资产评估制度。湾区需要形成统一的评估机构，统一培养专业的文化产业评估人员，制定一套统一、完整、科学的评估方法和评估标准，建立可靠的无形资产评估数据库，为有关金融机构投资提供可信的评估信息。其次，扶持担保机构的发展，完善信用担保体系建设。进一步加大文化企业信用担保体系建设的支持力度，减少信用危机的问题，从而为推动广东与港澳金融市场融合打好基础。最后，积极推动文化产权交易平台发展。在支持湾区已有的广东省南方文化产权交易所、深圳文化产权交易所和香港文汇交易所发展的同时，加快完善文化企业和投资机构双方信息沟通，减少文化产业转向资本市场的阻碍。

（五）建立粤港澳大湾区离岸文化金融基地，打造三地联动新模式

借鉴内地首个在自贸试验区内试点设立的离岸创新创业基地——上海自贸试验区海外人才离岸创新创业基地的经验，面向港澳和海外人才，通过市场化手段构建低成本、便利化、全要素、开放式、配套成熟完善的空间载体，旨在探索文化产业行业"区内注册、海内外经营"的离岸模式，打造具有引才引智、创业孵化、专业服务保障等功能的国际化的金融支持文化产业的新模式，深入挖掘香港和澳门在金融、创意以及科技方面的潜能。在金融支持文化产业方面，离岸基地将为有意向在粤港澳大湾区发展文化产业和金融业的海外人才提供政策、知识产权、技术、投资对接等整体前置服务，并且通过"海外预孵化"，使海外人才在海外完善文化产业项目，显著提高海外人才落地创业成功率。粤港澳大湾区离岸文化金融基地还将引进国际先进的金融支持理念，吸纳、整合和利用国外技术、资本和市场等资源，提升离岸文化金融基地的国际化水平。

参考文献

[1] THROSBY D. Economics and culture [M]. Cambridge：Cambridge University Press，2001.

[2] GRODACH C，JUSTIN O，CHRIS G. Manufacturing and cultural production：Towards a progressive policy agenda for the cultural economy [J]. City，culture and society，2017 (10)：17 - 25.

[3] 胡惠林. 新文化变革：中国文化产业发展的新特点、新走向 [J]. 中国文化产业评论，2006 (1)：71 - 80.

[4] 陈少峰，李源. 文化产业领域 IP 孵化与艺术生产商业模式创新 [J]. 艺术百家，2017，33 (4)：94 - 99.

[5] 厉无畏. 文化创意产业的投融资与风险控制 [J]. 毛泽东邓小平理论研究，2011 (2)：1 - 5.

[6] 金元浦. 我国当前文化创意产业发展的新形态、新趋势与新问题 [J]. 中国人民大学学报，2016，30 (4)：2 - 10.

粤港澳大湾区多元文化交流融合发展研究

许桂灵　司徒尚纪*

摘　要：粤港澳大湾区有着深厚的地缘、史缘、族缘关系，历史上粤港澳三地之间长期的文化交流和互动，形成了以中西文化交融和空间上的有机结合、粤港澳3个文化中心并立为特征的区域文化综合体。进一步深化大湾区文化交流融合发展，促进大湾区文化的繁荣发展，持续增进大湾区的文化认同、族群认同和地域认同，夯实大湾区经济稳步发展的社会文化基础，对推进大湾区建设、深化内地和港澳交流合作、充分发挥粤港澳综合优势、建设富有活力和国际竞争力的一流湾区具有重要意义。

关键词：多元文化交流；融合发展；粤港澳大湾区

粤港澳大湾区建设是在"一带一路"背景下，为引领中国发展新高度，连接中国与世界，构建内地与港澳的深度合作机制，进一步促进港澳的繁荣和稳定，发挥它们作为国家对外开放的窗口作用，为中国走向世界，参与全球治理提出的战略决策和区域发展规划。在这个建设过程中，无疑会面临不少的困难和问题，但不容忽视的是，多元文化交流融合发展是解决这些问题的关键之一，也是大湾区永葆生命力和富有凝聚力的重要保证。如果说，这个大湾区的历史存在，源于粤港澳三地长期的文化交流与融合，在当前港珠澳大桥通车、三地的经济和空间联系更加紧密的背景下，大湾区已有的文化交流融合的成果只提供了一个坚实的基础，必须与时俱进，不断培育、发展新的成果，促进大湾区多元文化的进一步交流融合发展，为大湾区建设和其功能的发挥，提供强大的文化软实力支持。

一、粤港澳大湾区文化交流融合发展的历史地理渊源

粤港澳大湾区属国家发展战略，是新时代推动形成全面开放新格局的新举措，也是推动"一国两制"方针的新实践，是国家建设世界级城市群和参与全球竞争的重要空间载体。从行政区划上看，大湾区是由珠江三角洲的广州、深圳、珠海、佛山、中山、惠州、东莞、肇庆、江门9市和香港、澳门2个特别行政区共同组成的城市群，即"九市二区"。从地域文化上看，即就文化渊源、特质、风格的共性而言，大湾区文化由珠江三角洲广府文化核心区、香港文化、澳门文化3个亚文化区共同构成，基本为广府方言覆盖区

---

* 许桂灵，女，广东行政学院研究所研究员，主要研究方向为文化地理、历史地理。司徒尚纪，男，中山大学地理科学与规划学院教授，主要研究方向为文化地理、历史地理、区域发展与规划等。

域。基于深厚的地缘、亲缘和史缘等关系和长期的历史文化交流融合，大湾区文化的共同性远大于差异性。

（一）紧密的地缘关系

早在全新世时期，珠江溺谷湾就分布着众多的海岛。在距今 4000—3000 年的历史时期，这些海岛不断被沉积物填充，一些成为珠三角上的山丘，一些仍为海岛，香港岛即属其列。珠三角由于无高山阻隔，水陆交通十分便捷，所以粤港澳在地理上成为一体，同属于一个地理单元。在一个地域范围内，地形、土壤、水文、气候、生物等自然特性差异较小，在此基础上孕育、产生的文化，其原始特质也相对一致。考古资料表明，港澳在 6000—5000 年前就是以渔猎经济为主的海岛和半岛，这个时段的新石器中期遗址在港澳有多处。如香港大屿山岛、蒲台岛、长洲等地的摩崖石刻与珠海高栏岛宝镜湾石刻画很相似。澳门路环岛黑沙湾海滩出土的石器、玉器、陶器属岭南新石器"大湾文化的一个代表"[1]，在香港南丫岛大湾遗址出土的彩陶盆为大湾文化指示物，广见于珠三角。这个"大湾式彩陶文化圈"将大湾区史前文化连成一个整体。考古学家安志敏指出："大湾文化的含义不仅仅局限于特定历史时期下的香港本土文化，亦是同一时期整个珠江三角洲文化的总称。"中国社会科学院考古研究所任式楠研究员认为："从香港出土的文物来看，毫无疑问，香港文化是大陆文化的延伸。即使是新石器时代的，也都可以证明它的根在大陆。"[2]

香港有 30 多处青铜文化遗址和墓葬，出土了大量精巧的青铜兵器、饮具、刀斧等，以及铸造青铜器的陶范和石范模具，这说明香港地区史前时期已能铸造青铜器物。同样的青铜器物大量见于珠三角各地，文化风格极相似，表明史前时期粤港澳之间发生了文化交流和融合。

各历史时期，粤港澳地缘关系也未改变，反而因为人类的频繁活动而变得日趋紧密，成为一个不可分割的整体，各种政治、经济、文化交流活动即以其为平台展开，奠定了三地一体的地缘基础。

（二）悠久的史缘关系

粤港澳社会经济的发展促进其文化关系的进一步融合，由此形成了悠久的历史渊源关系。其中最重要的一个表现为政区建置，它深刻地作用于社会经济文化的各个层面。列宁在《论"民族文化"自治》中指出："只要各个民族住在一个国家里，它们在经济上、法律上和生活习惯上便有千丝万缕的联系。"[3] 粤港澳文化的史缘关系，也正是如此。

港澳和珠三角 9 市一样，先秦时为禹贡扬州外徼，属荒服地区。秦平岭南，粤地初开，首置郡县，珠三角 9 市及香港、澳门均属南海郡番禺县。西汉初南越国时期及其后，港澳同属番禺，后汉因之。东晋咸和六年（331）东莞郡从南海郡划出，下辖宝安、海

---

[1] 邓聪、郑炜明：《澳门黑沙》，香港中文大学出版社、澳门基金会 1996 年版，第 103 页。
[2] 杨式挺：《岭南文物考古论集》，广东省地图出版社 1998 年版，第 320 页。
[3] 中共中央马克思恩格斯列宁斯大林著作编译局编译：《列宁全集》（第 19 卷），人民出版社 1959 年版，第 504 页。

丰、兴宁等6县,香港开始属宝安县。隋开皇九年(589)撤销东莞郡,宝安县属广州南海郡。唐代撤郡留州,宝安县直隶于广州,两地关系更加密切。唐至德二载(757),宝安县改称东莞县,治所从南头迁至到涌(即今莞城),香港即属东莞县管辖。此后历南汉、宋、元,直到明末,广州辖境包括珠三角大部分地区,与香港的关系进一步加强。万历元年(1573),新安县从东莞县划出,驻南头。清初受"迁界令"影响,新安县一度并入东莞县,康熙八年(1669)复界,重置新安县。直到鸦片战争后被割让给英国前夕,香港绝大部分时间在新安县辖下,社会经济和文化都有一定发展,海防和海运地位也日益上升。

澳门的古代行政建置和香港一样,先后同属番禺县、宝安县、东莞县。直到南宋绍兴二十二年(1152)香山县(今中山市)成立,澳门归入香山县辖区,结束了与香港同属一县的历史。澳门与香山县的行政隶属关系一直维持到近代(1887),尽管明嘉靖三十二年(1553)葡萄牙人赁居澳门,澳门发展为一个世界性的贸易港口,但澳门的主权仍在中国政府手中。只是到光绪十三年(1887),清政府与葡萄牙政府签订《中葡和好通商条约》,换文生效后,清政府被迫让出澳门主权,澳门成为葡萄牙政府管辖地区。

可见,港澳在被英、葡管治之前,在漫长的历史时期里一直处于广东的管辖之下,特别是与珠三角所在州府县保持着不可分割的行政建置关系。这种行政建置的史缘关系,自然使港澳文化还不能独立出现和发展,而是广府文化的一部分,不存在文化特质方面的大差异。但英、葡管治港澳以后,从早期西风东渐的窗口或基地转变为西方文化大举登陆、传播的地区,并与当地文化发生碰撞、交融和创新,形成独具一格的香港文化和澳门文化,与珠三角9市当时所实行的半封建半殖民地政治制度下形成的广府文化存在一定的文化差异。

1949年中华人民共和国成立,内地实行社会主义政治制度,港澳仍然保持原有的政治制度。珠三角9市文化在新历史条件下按照自己的方式发展,而港澳文化仍按固有方式继续前进。1997年和1999年香港、澳门前后回归,香港、澳门特别行政区政府成立,实行"一国两制"。在这个崭新的历史条件下,港澳文化又出现新的发展条件和特点。1978年内地实行改革开放政策后,珠三角9市文化也面临着新的形势和机遇,从而揭开粤港澳文化关系的新进程和格局。

(三) 深刻的族缘关系

粤港澳民族和人口迁移,一则造成文化传播,二则使不同文化发生交流和融合,形成新文化,推动文化向前发展。民族和人口迁移在地域文化的形成上占有很重要的地位,而移民素质、源地、迁移时间、路线和分布,又影响到一个区域的文化特色。粤港澳区域文化的创造及其特质和风格的异同,在很大程度上应归结于历史移民运动。

港澳原为人口稀少之海岛、半岛。1841年5月香港首次进行人口统计,总人口共0.435万人。"二战"后香港城市发展很快,主要来自广东的移民迅速增加。1845年香港有2.40万人,1981年达520万人,超过广州市人口,大约每10年增加100万人。[①] 内地

---

① 参见司徒尚纪《香港历史地理的变迁》,载《热带地理》1997年第9期,第207-209页。

非法进入香港的人口不在少数：1970—1980 年超 30 万人，1981—1995 年达 31.70 万人。①澳门人口，1555 年为 0.04 万人，1997 年为 45.40 万人，② 20 世纪 70 年代以来增长最快。从澳门人口地缘构成来看，明清移民以广东、福建为多，尤以珠三角的移民为著，有谓"粤民侨寓澳门，人数众多，良莠互异。南（海）、番（禺）、香（山）、顺（德）等县，商民往来省澳者，何止数万……至于闲民滥匪，往来如织，尤无纪极"③。除中国人外，港澳也有一些外国人，但所占比例很低。1980 年以后，在澳门的葡萄牙人和其他外国人仅占澳门总人口的 3%。④ 无论在香港还是在澳门，粤语都是强势方言。根据 1991 年的人口统计，在香港，使用粤语者约占总人口的 90%，广府人是当地居民主体，而使用客家话、闽南话、潮州话、吴语的占总人口的 7%，使用英语、普通话的分别占 2.20% 和 1.10%（以上比例总和稍高于 100%，与少数人使用双语有关）。⑤ 这显示，港澳文化是以广府文化为主流，同时带有其他文化成分，呈一元为主、多元共存格局。当然，人口的民族或民系构成所反映的文化渊源和地位，对大众文化有更多的参考价值，对精英文化却不一定能等量齐观。无论如何，港澳居民来源的多样性，且从未间断的历史进程，毕竟是其族缘关系的反映，也是认识大湾区文化交流融合发展的一个重要背景。

二、粤港澳大湾区多元文化的形成

（一）珠三角广府文化核心区的形成

珠三角作为广府文化核心区，也是大湾区区域文化的历史核心区，有自己的形成发展过程和特点。早在秦汉统一、开发岭南时，珠三角就开始了汉族和土著南越族，以及后来和俚族的文化交流和融合。唐宋时期，以粤方言的形成为标志，广府文化作为岭南文化的一个核心已形成。宋元时期大规模围垦开发形成多种土地利用类型，奠定了农业文化的深厚基础。宋代，珠三角成为中国的基本经济区之一。明清时期，珠三角商品农业发达，城镇连绵、人文兴旺，各类科举人才、教育机关和公私著述，其数量之多，学风之盛，甲于全省。广府文化完全定型成熟，故屈大均《广东新语·文语》云"天下之文明至斯而极……至有明乃照于四方焉，故今天下言文者必称广东"。特别是明末以来，珠三角作为西风东渐首受之区，得到西方文化的滋润，广府文化的内涵被充实与丰富，具有很强的文化势能，并以高屋建瓴之势，形成向国内外辐射的格局。这可从洪秀全、康有为、梁启超、孙中山、詹天佑等组成人才群体，站在时代前列，推动中国社会前进的历史事件中得到验证。新中国成立后，内地与港澳基本处于文化交流分隔的状态，珠三角文化在社会主义体制下独立发展，后由于经济建设的挫折和"文革"动乱而处于停滞状态。改革开放

---

① 参见李若建《香港的内地非法移民与非法入境者问题》，载《当代港澳》1996 年第 2 期，第 50－51 页。
② 参见黄启臣《澳门通史》，广东教育出版社 1999 年版，第 9－10 页。
③ 〔清〕张之洞：《张文襄公全集》卷二十《详陈澳界利害立约尚宜缓定折》。
④ 参见黄启臣《澳门通史》，广东教育出版社 1999 年版，第 12 页。
⑤ 参见刘镇发《香港原居民的汉语方言》，载《方言》1997 年第 2 期，第 134 页。

以来，珠三角成为全国经济高峰区，广府文化被染上更浓重的商业色彩。港澳文化、华侨文化、西方文化，以及珠三角数百万外来人口带来的其他省区的地域文化，使珠三角文化更丰富多彩。广府文化由此积累了更强大的文化势能，不断向外倾泻，粤语、广货、影视、音像作品、时装、流行音乐及新潮的生活方式、价值观念在全国扩布，即为新时代背景下珠三角文化脱羽、成熟的标志。珠三角这些文化成果在很大程度上为大湾区文化的交流融合奠定了坚实的基础。自秦汉以来一直是岭南首位城市的广州则是珠三角的文化中心，《番禺县志》称："五岭之南，郡以十数，县以百数，幅员数千里，咸执秩拱稽受治于广州之长。"① 在制度文化上如此，在教育上也一样，广州是广东书院集聚的中心。西方汉学家蒂莱曼·格里姆在研究了广东书院的分布后指出："到十九世纪时，在学术功能和官方地位方面列为高等的书院，往往坐落在高级城市；较低级书院为层级中较高级书院输送学生，以及较好书院为较差书院提供山长和学长的整个结构，在广州达到顶点。"② 而近现代的广州，一直在发挥中西文化交流整合功能：一方面通过各种渠道，吸纳西方文化成分，并加以改造、完善和创新，将其变为岭南文化的一部分；另一方面，又将自己吸收、积累的文化能量辐射出去，传递到内地，乃至海外。广州这种文化角色从未动摇，高踞岭南文化中心地位，带动周边地区文化发展，保障珠三角能够成为岭南区域文化的重心和代表。

（二）香港区域文化的形成

香港历史上早期是南越文化，后来主要为客家文化所覆盖。有关族谱记载，从宋到明迁居新界和港岛的邓、侯、文、廖、彭等姓主要是客家人。清初，沿海"迁界"和以后入居香港地区的也以客家人为主，并与其他民系杂处，可以说，鸦片战争前香港是客家人的社会，这也决定了香港文化的本底是客家文化。

鸦片战争后，大批珠三角居民迁居香港，广府文化覆盖了香港大部分地区，只在新界山区保留了传统的客家文化。但香港当时毕竟是在英国管治下，英语，英国政治制度、法律，西方建筑、艺术、宗教、风俗，乃至行为方式、价值观念等得以畅通无阻地在香港传播、生根、发展。由于港英当局未在香港采取同化的文化政策，中西文化得以相互并存、碰撞和交融，故香港文化既有与珠三角文化"同声、同气、同根"的一面，又因是西方文化最直接的传入地而具有浓重的洋味③，共同铸造了香港文化的多重个性和商业化、世俗化、享乐化的风格。当然，香港文化经历了近半个世纪的发展，直到 20 世纪初，广府文化仍是香港文化的主流。但 20 世纪 50 年代后，在香港与内地互相分隔的背景下，香港经济起飞，进入现代化轨道，文化进入独立发展阶段，形成香港本土文化。故不少人认为，香港文化形成于 20 世纪中后期④，而关于香港文化的地位、性质，更是众说纷纭。香港文化具有全面的开放性和国际性、浓厚的传统性与高度的现代性并存的特点，这种多元文化是一种很独特的混合型文化。但不管怎样，香港的本根文化在广东，香港文化始终

---

① 光绪《番禺县志》卷十。
② ［美］施坚雅主编：《中华帝国晚期的城市》，叶光庭等译，中华书局 2000 年版，第 589 页。
③ See Ghosheh, Baher, "Hong Kong is Where East Meets West," *Focus*, 1997, 44 (3).
④ 参见许锡挥、陈丽君、朱德新《香港跨世纪的沧桑》，广东人民出版社 1995 年版，第 3-2 页。

是岭南文化的一个组成部分。

(三) 澳门区域文化的形成

澳门虽比香港受外国管治的时间更长,但葡萄牙国势弱小,实行自由港政策,也未强制华人葡化,加上葡语属小语种,仅在官方使用,未在学校教育中推行,因此除葡式建筑、葡式饮食,以及占总人口2%左右的中葡混血土生葡人外,葡萄牙文化在澳门主要还是存在于上流社会中。澳门是个半岛,既便于与珠三角居民往来,与香港的交往也极便捷,香港文化大规模渗入,大有反客为主之势,故有人将港澳文化看作同一个文化类型。有区别的是,澳门文化有"浓厚的拉丁色彩,与香港的盎格鲁-萨克逊传统不同,澳门在种族、语言、法律、行政、建筑、民族、饮食等方面受拉丁文化的影响较深。中西文化交融的和谐性突出"①。澳门有稳定、宽松的社会环境和悠久的历史,华人占当地居民绝大多数,在这种背景下形成的澳门文化与香港文化一样,甚至比香港更多地保留了传统的广府文化,同时糅合了西方文化,也是一种多元混合型文化。

从澳门被葡人租赁到20世纪70年代以前,澳门文化处于独立发展阶段,以中葡文化融合、调适为特征。20世纪70年代以后,香港利用国际产业、资本向东转移机遇,经济起飞,成为亚洲"四小龙"之一,现代文化崛起,并迅速占领澳门市场,香港电视、音像制品、服饰等成为消费潮流。自20世纪50年代以来,澳门与内地相互隔离,澳门文化既独自发展,同时也受香港文化左右,两股力量支配了澳门文化的发展方向和模式。20世纪70年代后期内地改革开放,澳门文化才踏上与珠三角文化相互交流、相互影响的道路。

在上述既共同又相对独立的时空背景下,粤港澳文化各自作为一种类型先后形成。它们在文化势能差等作用力的驱动下,除短暂时期外,基本上不间断地进行着交流、碰撞,使文化景观、结构等产生变化。但港澳回归前,文化交流还有很多人为的障碍,粤港澳三地文化以各自的发展为主;港澳回归后,粤港澳三地文化交流产生重大改变,最终结果是促进了区域文化的进一步融合发展。

三、明清时大湾区多元文化交流融合发展

文化交流是大湾区多元文化融合的基础,这种交流在粤港澳三地商品经济和城市化发展所伴随的西方文化与本地文化之间往返运动。历史上珠江三角洲几次大量人口迁居港澳,广府文化顽强地生存、扩展,占用港澳空间,涉及各个文化要素和层面,港澳遂成为广府文化的天下,这是历史早期广府文化传入港澳的一个方面。同时,港澳作为西方文化登陆的桥头堡,拥有时代先进文化的优势,不但进入这里的广府文化被涵化、改造,而且借助于各种途经,将新生的港澳文化传入珠三角,促使那里的广府文化发生变异,形成新的文化景观和区域分异。这种文化交流主要表现在以下6个方面。

---

① 许锡挥、李萍主编:《粤港澳文化关系》,中山大学出版社2001年版,第30页。

(一) 城市建筑文化交流融合发展

以城市建筑而论，地中海式建筑骑楼，符合岭南的气候特点，首先在澳门，继而在香港立足，成为主要街景。20 世纪初广州拆除旧城墙，拓建马路，也采用骑楼建筑，构成广州独特的城市风貌。这时期，穗、港、澳 3 个城市都拓展城市范围，划分功能区，骑楼便于面对顾客，做活生意，为三地所青睐和采用，三地形成相同的城市建筑风格。骑楼由港澳传入广州，又在港、澳、穗三地流行，反映了这种文化的交流关系。

(二) 风俗文化交流融合发展

以风俗文化而言，珠三角传统风俗到了港澳，或多或少受西方文化影响而发生变异，具有中西多元混合的特点。港澳特别重视西方圣诞节、复活节，也同样重视春节。[①] 近年一些西方节日传入珠三角，为青年所钟爱，其喜庆气氛不亚于港澳。

(三) 语言文化交流融合发展

以语言文化而论，粤港澳都以粤语为本土方言，但因不同环境而产生变异和互动空间关系。早期粤语作为强势语言进入港澳，占领所有商业空间，成为共同语言。当地原有的客家话步步收紧地盘，只保留在新界传统农村，潮州话也差不多完全消失。上海解放前夕，具有经济优势、避乱来港澳的上海人带来吴语，"大闸蟹""交关"这类吴语在港澳不胫而走，后来又倒流传入珠三角，被普遍使用，至今仍有许多人不知其来源。20 世纪 50—70 年代，港澳与珠三角处于隔离状态，大规模移民停止，粤语在港澳和珠三角各自独立发展。这时期，香港社会经济迅速实现现代化，香港粤语更多地进入澳门，使港澳粤语日趋同一。[②] 而内地也由于政治需要，粤语中一些源于英语的词汇被普通话用词取代，如"士多"（store）改称"商店"、"士担"（stamp）改称"邮票"等，珠三角粤语与港澳粤语差异扩大。进入 20 世纪 80 年代，粤港澳趋于经济和空间一体化，粤语空间占用和互动关系不但一改旧观，而且达到历史高潮。但主动的一方是港澳粤语，而珠三角粤语则处于接受的地位，与历史早期的传播方向恰好相反。这些传入的粤语多为经济和生活用语，如"阿 sir"（警察）、"杯葛"（boycott，抵制）等，其中不少词汇由英语译过来。这些粤语近年又由珠三角扩散到广东省乃至全国大中城市。香港常用的"××广场""××花园"等地名一时风靡内地各个角落，成为不少商业、住宅区的名称。这显示，粤港澳粤语区域差异正日益缩小，正朝着语言融合的方向发展。不过，具有经济优势的香港在领导这个变化和传播潮流，仍是不争的事实。

(四) 文学艺术交流融合发展

以文学艺术而言，港澳开埠后，尤其在 20 世纪 20—30 年代，广州、佛山等地的粤剧

[①] See Kin Wai Michael Siu, "Lanterns of the Mid-Autumn Festival: A Reflection of Hong Kong Cultural Change," *Journal of Popular Culture*, 1999, 33 (2).

[②] 参见许锡挥、李萍主编《粤港澳文化关系》，中山大学出版社 2001 年版，第 64、19、209、176 页。

即在港澳上演，"省港戏班"穿梭两地，活跃于茶楼歌坛。著名粤剧大师马师曾、薛觉先在港澳剧台上演，成为新闻猛料。早期香港流行歌曲和音乐来自广东传统音乐。珠三角民歌在港澳拥有广大听众，一曲《月儿弯弯照九州》风靡港澳。南海人招子庸《粤讴·吊秋喜》所写的爱情故事动人心魄。1904年，港督金文泰把它译为英文，题为《广州情歌》，葡萄牙人庇山也把它译成葡文，推介到欧美各国，堪为粤港澳文坛的一件盛事。20世纪30—40年代，内地大批文化人避乱南下香港，如茅盾、夏衍、郭沫若、蔡楚生等，香港一度成为华南进步文化中心。到沦陷前夕，香港创办文化艺术团体之多，各种文化活动之盛，新闻、出版、教育事业之繁荣，实属空前。仅《大公报》1938—1941年发表来自延安的抗日作品就有150多篇。① 香港沦陷后，香港文化也随避乱人士传布内地。20世纪80年代后，粤港澳中断近30年的文化交流得以继续，并达到高潮。香港武侠通俗小说、粤语歌曲、粤语电视剧等流行文化大举进入珠三角，包括澳门，继而深入内地，影响极深广。

（五）思想文化交流融合发展

以思想文化而言，粤港澳都是我国先进思想、时代思潮的策源地，但一般都是港澳首得风气之先，继而传入广州等地，引起社会异动和变革。早期康有为、梁启超发动的维新变法，其基地就在粤港澳。如康有为考察香港，看到资本主义先进事物，深感清王朝腐败，遂萌发改造国家、变法维新之思想，抱定"经营天下"之大志。他的大批新学图书就是在香港采购的。以港澳为基地或由港澳培养的维新人物，还有著名思想家王韬、郑观应、何启、胡礼垣等，他们或办报，或著述，或办学，奔走于粤港澳之间，在推动维新变法之时，也极大地促进了三地的文化联系。孙中山的革命思想更深受港澳文化影响，他说："我之此等思想发源地即为香港。"② 1897年，孙中山自述："予在澳门，始知有一种政治运动，其宗旨在改造中国，故可名之为少年中国党……予当时不禁深表同情，而投身为彼党党员，盖自信固为国利民福计也。"③ 可见港澳不仅是孙中山投身革命之地，也是孙中山组织、指挥革命的大本营。1895年，孙中山在香港成立兴中会。1905年中国同盟会成立，不久在香港和澳门成立分会。从甲午战争到辛亥革命前，革命党人在南方发动多次武装起义，绝大多数在香港、澳门策划和获得补给支援。粤港澳成为颠覆清廷的一个革命活动中心。

（六）价值文化交流融合发展

以价值文化而言，粤港澳各有自己的价值观念和体系。香港人的一切讲究实际利益的文化功利性、香港人群体中多种价值观并存的文化多元性、处在中西文化价值观之间的香港文化边缘性等，成为香港价值文化的特质。澳门则因经济地位较低、葡语文化势力弱小等而形成传统与现代相融合的文化适应性、恪守中庸之道的文化协调性、随时代变迁较小的文化稳固性等。珠三角人所具有的对外来文化宽容的文化开放性、处世或判断的理性和

---

① 参见邓开颂、陆晓敏主编《粤港澳近代关系史》，广东人民出版社1996年版，第287页。
② 孙中山：《孙中山全集》（第7卷），中华书局1985年版，第115页。
③ 孙中山：《孙中山全集》（第1卷），中华书局1981年版，第50页。

兼容性等，是珠三角价值文化的特质。这三地价值文化既有差异，制约文化传播的政治、经济地位也不同，故三地价值文化相互影响和空间交流也势所必然。20世纪80年代初，香港文化价值观首为珠三角人崇尚，时装、流行歌曲、影视作品、口头用语、社交礼仪、明星崇拜等大举进入广州，继而风靡内地。但进入20世纪90年代以后，珠三角经济崛起，粤港经济差距缩小，这种风潮很快减弱。文化互动关系表现为两地优势互补和双向流动。例如：大批香港人休息日到深圳、广州等城市采购各种商品；许多内地人到港澳观光旅游、探亲访友、进行学术和民间交流。这种交往的结果，一方面是珠三角人价值观发生改变，金钱、功利、娱乐、消费等观念和行为越来越向港澳看齐，由此而形成的文化景观在广州、深圳等城市非常触目。另一方面，普通话越来越在港澳流行。特别是港澳回归后，广东对港澳意识形态的影响在加强，大量游港旅客所带进的内地观念文化氛围也是一种鲜明的文化景观，而港澳价值文化也更容易传入珠三角。有论者认为粤港澳之间的文化关系，不是"求同存异"，而是"认同存异"。① 这一转变意味着它们价值文化的共性在增多，交流在加强。

四、小结

综上，珠三角文化区、香港文化区和澳门文化区，以及穗港澳3个文化中心的形成过程交织着文化交流、融合等一系列变化，从而产生新的文化空间、结构和格局，是区域文化空间形式的一种升华。大湾区区域文化的形成和发展是基于它们之间深厚的地缘、族缘和史缘关系，是历史上三地文化长期交流、融合的结果，随着大湾区建设的推进，将进一步推进文化区界的淡化和各文化要素空间的紧密结合。从这个意义上说，它是一个创新的文化空间，是促进文化融合和空间结合的良好的文化地域形式。当然，大湾区的文化景观和区域结构的关系，不同文化区结合的动力，对区域文化发展作用的评价，特别是在表层文化共同性之下，它们深层文化结构的差异对大湾区发展的制约，以及大湾区文化进一步融合发展等问题尚待从理论和实证上再探讨。

---

① 参见许锡挥、李萍主编《粤港澳文化关系》，中山大学出版社2001年版，第64、19、209、176页。

顶层设计下的战略联盟：
粤港澳大湾区大学集群化发展的路径[*]

焦 磊[**]

摘 要： 粤港澳大湾区引起了社会各界的广泛关注，与此同时，粤港澳大湾区背景下湾区高等教育应如何发展成为学界关注的热点。国际湾区的发展经验表明，高水平大学集群与湾区发展具有耦合关系，这对粤港澳大湾区大学群落提出了挑战并孕育了机遇。当前，粤港澳大湾区大学仍是松散的群落，远未能发挥集群效应。缺乏具有统领力的顶层设计是阻碍粤港澳大湾区大学集群化发展的瓶颈。因此，在找准契合大湾区大学利益共生点的战略目标的基础上组建战略联盟是粤港澳大湾区大学由松散群落迈向集群的理性路径。

关键词： 粤港澳大湾区；大学战略联盟；大学集群化发展

作为新时代国家重大战略，粤港澳大湾区的提出引起了社会各界的广泛关注，这一议题亦成为学者们的研究热点。粤港澳大湾区建设旨在建成对标纽约、旧金山、东京三大国际湾区的世界级湾区，打造国际科技创新中心。知识经济时代，大学在经济社会发展、科技创新中的作用日益彰显。那么，湾区大学与湾区发展是一种怎样的关系呢？我们有必要首先对世界三大湾区大学群落与湾区之间的关系予以探析。

一、湾区大学群落与湾区发展的耦合

世界三大湾区各自具有独特的发展标签：东京湾区是产业型湾区，纽约湾区属金融湾区，旧金山湾区则是科技湾区。三大湾区整体高等教育水平较高，纽约湾区聚集了耶鲁大学、普林斯顿大学、康奈尔大学、哥伦比亚大学、纽约大学等著名学府，为湾区的持续发展提供了高素质人力资源。东京湾区周边聚集了东京大学、早稻田大学、横滨国立大学、庆应义塾大学等著名学府，通过大学与企业紧密的产学研合作，为佳能、索尼等高科技公司提供强有力的支撑。旧金山湾区是以硅谷为典型的科技创新驱动型湾区，拥有一批全球知名的科技公司，如英特尔、苹果、惠普、谷歌、脸书、雅虎、易贝等。旧金山湾区坐落

---

[*] 本文是广州市哲学社会科学发展"十三五"规划 2018 年度课题"战略联盟视阈下粤港澳大湾区高校联盟发展策略研究"（课题编号：2018GZYB25）的研究成果。

[**] 焦磊，华南理工大学高等教育研究所副研究员，博士，硕士生导师，主要从事高等教育基本理论、粤港澳高等教育和高等教育战略规划等研究。

于加利福尼亚州,该州可谓美国院校系统最发达的一个州。旧金山湾区聚集了斯坦福大学、加州大学伯克利分校、加州大学戴维斯分校、加州大学旧金山分校、加州大学圣克鲁兹分校等世界知名学府,这些研究型大学雄厚的科研实力为旧金山湾区的科技创新提供了源泉。纽约湾区、旧金山湾区、东京湾区三大国际湾区的发展经验表明研究型大学群落与湾区之间实现了良性互动,且大学群落逐步演进成为紧密协作的大学集群,在湾区持续发挥创新集群知识溢出效应。作为科技创新典范的旧金山湾区,大学集群甚至是其成功的决定性因素,研究型大学集群凭借其科研实力和深植湾区的区位优势,为湾区源源不断地输送创新型人才和科技成果。

就粤港澳大湾区而言,粤港澳大湾区城市群已表现出创新驱动发展的势头,具有巨大的创新发展潜力。深圳、广州具有极强的创新能力与潜力,深圳是位居世界前列的创新中心,是典型的创新发展型城市,广州的创新能力正在不断攀升。香港同样聚集着大量创新资源,且具有持续汇聚创新资源的能力。澳门经济博彩业一枝独大,未来面临经济转型发展的现实需求,而创新发展将是其转型的最优选择,高度国际化有助于其吸纳创新资源。湾区其他城市经济实力较好,制造业发达,但亟待完成产业结构的转型升级。粤港澳大湾区经济的发展应以广州、深圳、香港、澳门聚集的创新资源辐射湾区其他城市,发挥湾区城市群的区域创新体系合力。由上述国际湾区的经验可知,科研及创新人才集聚是湾区经济发展的动力和引擎,集聚一批高水平的大学成为湾区发展的不竭动力。粤港澳大湾区要实现"弯道超车",科技创新是其突破口所在,这契合了其国际科技创新中心的定位。而国际科技创新中心需要人才资源和技术资源优势的支撑,大学集群无疑是提供创新人才及技术资源的重要保障。因此,定位为国际科技创新中心的粤港澳大湾区对湾区内大学群落的创新支撑能力提出了挑战并孕育了新的发展机遇。

二、粤港澳大湾区高等教育的发展境况及其制约因素

在新的际遇与挑战下,充分认识和了解粤港澳大湾区高等教育的发展状况及当前的制约因素是提出粤港澳大湾区高等教育发展方略的基石。

(一)粤港澳大湾区城市群高等教育发展的境况

从粤港澳大湾区 11 个城市高等教育资源的具体情况来看(见表1),内地 9 个城市中,广州拥有的优质高等教育资源最为丰富。广东省高水平的一流大学及拥有一流学科的高校几乎均坐落在广州,国家"双一流"建设大学则全部聚集在广州,广州同时还设有中外合作办学机构。深圳的高等教育正处于加速发展中,深圳大学纳入广东省一流学科建设高校,南方科技大学是广东省高水平理工科建设高校之一。此外,深圳与国外及港澳台地区合作办机构方面也获得发展。佛山的佛山科学技术学院、东莞的东莞理工学院和江门的五邑大学进入广东省高水平理工高校建设之列,且东莞理工学院与国外高校设有中外合作办学机构。珠海则吸引了 2 个中外合作办学机构入驻。而惠州、中山、江门、肇庆虽建有高等院校,但高等院校数量少,办学水平层次较低。香港拥有较为丰富的优质高等教育资源,以教育资助委员会资助的香港大学、香港中文大学、香港浸会大学、岭南大学、香港理工大学、香港城市大学、香港科技大学、香港教育大学 8 所大学为典型代表,其中,

香港大学、香港中文大学、香港科技大学、香港城市大学、香港理工大学5所大学在世界大学排名中有着不俗的成绩（在2017年QS和泰晤士世界大学排名中均进入前200强）。澳门在三地之中面积最小，其高等教育规模较小，高等教育资源亦相应有限，整体实力不强。但澳门大学、澳门科技大学、澳门理工学院近年来获得较快发展，尤其是澳门大学横琴校区的设立为其发展提供了新的契机。

表1 粤港澳大湾区9城市优质高等教育资源统计情况　　　　单位/所

城市	广东省高水平大学		国家"双一流"建设高校		广东省高水平理工建设高校	中外合作办学机构（含内地与港澳台地区合作办学机构）
	一流大学建设高校	一流学科建设高校	一流大学建设高校	一流学科建设高校		
广州	7	6	2	5	2	2
深圳	0	1	0	0	1	2
佛山	0	0	0	0	1	0
东莞	0	0	0	0	1	1
惠州	0	0	0	0	0	0
中山	0	0	0	0	0	0
珠海	0	0	0	0	0	2
江门	0	0	0	0	1	0
肇庆	0	0	0	0	0	0

（二）粤港澳大湾区大学集群化发展的瓶颈

粤港澳三地的合作历史久远，在粤港澳深度合作、粤港澳经济协同发展等发展进程中，早有学者对"粤港澳高等教育共同体""粤港澳高等教育一体化"进行了探讨与提议，但缘何至今未能实现一体化呢？究其根本原因，在于粤港澳高等教育发展未能形成将三地高等教育聚拢在一起的利益共生点，致使大学孤立发展，即使合作也是大学之间自发、松散的组织行为。当前，粤港澳大湾区城市群大学的发展仍是"各自为政"，粤港澳大湾区大学之间虽然素有合作的历史与优势，但多以自发交流合作为主，合作的领域分散，合作的深度、广度仍十分有限。此外，香港和澳门的大学与广东的大学合作的其中一个重要动因在于吸纳内地生源，而非以服务区域经济社会的发展为目的。因此，粤港澳大湾区高等教育还远未实现有机整合，集群效应未显现，难以形成支撑粤港澳大湾区发展的合力。加之，粤港澳大湾区城市群之间面临着体制的阻隔，这是影响粤港澳大湾区大学深层次协作的掣肘因素。相较而言，国际三大湾区内部城市群的行政壁垒相对较低、协同度高，技术、人才、资本等生产要素能够在湾区内部自由流动。整体而言，缺乏具有统领力的顶层设计是阻碍粤港澳大湾区大学集群化发展的瓶颈。因此，粤港澳大湾区大学实现集群化发展的突破口在于逾越体制机制障碍的顶层设计，利用粤港澳大湾区打造世界级创新中心的契机，形成能体现湾区大学共同利益，且能引致湾区大学共同为之奋进的战略目标，从而携领湾区高等教育深度融合及协同提升。

三、战略联盟：粤港澳大湾区大学由松散群落迈向大学集群的路径

鉴于粤港澳大湾区大学仍是松散的群落的现状，以战略联盟聚拢大湾区大学群落，促使其发挥集群效应是理性的选择。同时，找准契合大湾区大学利益共生点的战略目标是组建大学战略联盟的保障。

（一）组建战略联盟是聚拢粤港澳大湾区大学群落的理性选择

"战略联盟"（Strategic Alliance）的概念源于企业管理领域，最早由美国数字设备公司总裁简·霍普兰德和管理学家罗杰·奈格尔共同提出，指两家或两家以上的企业为实现相互匹配的战略目标而形成的一种紧密的合作关系。战略联盟的各方通常具有各自的优势或资源，能够协助其他参与者，从而达致长期的双赢或多赢。在高等教育竞争日趋激烈的境况下，大学之间缔结战略联盟已成为一种国际趋势。依据不同的划分标准，大学联盟可以划分为多种类型。有研究者认为国内外的大学联盟在实践中有联邦合并模型、资源共享模型、学分互换模型、联合课程模型和联盟共建模式5种。这5种模式的概括主要是借助对国内外一些典型大学联盟的分析，可以看成是基于大学联盟构建的首要目的的分类。此外，地缘关系也是大学联盟划分的重要基准之一。依据覆盖地理范围的不同，大学战略联盟可分为省域内联盟、跨省域联盟、全国性联盟和跨国联盟4种。以地缘邻近为基本特征的区域性大学联盟是世界高等教育联盟的重要形式。相较于其他联盟类型，区域性大学联盟因其地缘邻近，为联盟成员间更加紧密地开展实质性的合作活动提供了便利和保障。粤港澳三地区位相邻，大湾区具备构建区域性大学联盟的先天优势。但如前所述，粤港澳大湾区大学仍是一个松散的群落，并未形成紧密协同的大学集群。华南城市研究会副会长认为，粤港澳大湾区的短板即表现在高等教育方面，美国加州高等教育基本上可以与东海岸等量齐观，而粤港澳的高等教育还不如京津冀和长三角。然而，粤港澳大湾区的整体高等教育实力并不弱，根本症结在于粤港澳大湾区的大学并未生成合力。因此，要构建如同旧金山湾区、纽约湾区的大学集群，粤港澳大湾区应以构筑紧密协同的战略联盟为引领，超越先前的松散性合作，而大湾区大学战略联盟的首要基础是找准能够统整湾区大学的战略目标，即契合大湾区大学的利益共生点。

（二）世界级区域高等教育中心的战略定位契合大湾区大学集群的共同利益

粤港澳大湾区大学战略联盟应以构建世界级高等教育中心为战略目标，其核心理念是大湾区大学集群以服务于粤港澳大湾区创新发展为旨归，但同时又不局限于仅为粤港澳大湾区提供支撑。大湾区三地中，香港高等教育实力雄厚，国际化程度较高，2004年即提出建设成为亚太地区的高等教育枢纽，其发展指向远超出粤港澳大湾区。因此，成为我国南方的高等教育中心不符合香港高等教育的发展诉求，也不是其兴趣所在。因此，我们提出将粤港澳大湾区高等教育集群构建成为世界级区域高等教育中心的战略目标，"世界

级"是对粤港澳大湾区高等教育集群质量水准的要求,以世界级的大学集群打造"一带一路"沿线国家的区域性高等教育中心。如此,一方面能够以向"一带一路"国际市场拓展为利益共生点,将粤港澳大湾区大学群落聚拢在一起,组建战略联盟;另一方面,粤港澳大湾区作为世界级区域高等教育中心,其世界级的人才培养及科技创新能力自然会辐射到粤港澳大湾区,服务并引领粤港澳大湾区建成为国际科技创新中心。大学之于社会的重要性,绝非仅是适应经济社会的发展,而是通过对卓越的追求(国际水准)引领经济社会的发展。旧金山湾区的发展经验足以印证其研究型大学群落对湾区科技创新引领促动作用的重要性。

四、粤港澳大湾区大学集群战略联盟构建策略

第一,以顶层设计为保障,形成战略共识。逾越体制机制障碍的顶层设计是粤港澳大湾区大学集群化发展及实现世界级区域高等教育中心战略目标的保障。因此,应由国务院港澳办、教育部、香港特别行政区政府、澳门特别行政区政府、广东省政府及粤港澳三地教育主管部门、大学校长等共同参与制定粤港澳大湾区大学集群发展的战略规划,形成构建服务和引领湾区发展的世界级区域高等教育中心的共识,对该战略目标所涉及的各方面、各层次、各要素进行统筹规划,消除体制机制壁垒,建立通畅的政策咨询、协调机制。

第二,以强强联合为基点,构建战略联盟。战略联盟通常是强强的联合,强强联合使联盟更具吸引力,同时使其更具竞争力。粤港澳大湾区大学联盟应首先是具有较高国际影响力的研究型大学的联合体,香港大学、香港中文大学、香港城市大学、香港理工大学、香港科技大学、中山大学、华南理工大学、澳门大学8校应是战略联盟的核心成员,后期可分批、分期吸纳其他实力显著提升的大学加入,以服务和引领湾区发展为战略目标,为湾区提供强有力的人力和科技支撑。战略联盟的各方凭借各自的学科、师资、资源优势,互补提升,从而实现长期的共赢。大学战略联盟是成员大学基于共同的愿景和战略目标而组建的合作组织。一般而言,大学战略联盟都有协商一致的合作发展战略和实施计划、资源共享的运行机制以及不同层级的协调组织管理机构。因此,粤港澳大湾区大学战略联盟应建立实体化的统筹管理委员会,负责协调、打通各种政策、体制障碍,并设立执行委员会负责具体事务。通过定期的会议制度,如月度、季度、年度会议研究制定与粤港澳大湾区产学研协作的各种项目和计划。

第三,夯实根基,制订湾区大学战略联盟高等教育质量水平整体提升计划。前已述及,粤港澳大湾区城市群高等教育发展水平参差不齐,粤港澳大湾区大学战略联盟要切实发挥引领湾区经济的作用有赖于雄厚、优质的高等教育资源。因此,制订并实施湾区大学战略联盟高等教育质量水平整体提升计划应是联盟统筹管理委员会制定的项目和计划之一,并分阶段、分步骤制订和实施高等教育质量水平整体提升计划,搭建湾区"三层次"大学战略联盟。第一阶段,以香港教育资助委员会资助的香港大学、香港中文大学、香港城市大学、香港科技大学、香港理工大学以及入选国家一流大学建设之列的中山大学、华南理工大学和澳门大学为"核心层"发起大学战略联盟。第二阶段,以香港教育资助委员会资助的其他3所大学(香港浸会大学、岭南大学、香港教育大学),坐落于广州、深

圳、佛山的其他入选广东省高水平大学、高水平理工科大学建设的大学,以及广州、深圳、东莞、珠海的中外合作办学机构为"中间层",将其吸纳进入大学战略联盟。第三阶段,以澳门科技大学、澳门城市大学、圣若瑟大学以及入选广东省高水平学科建设的大学为"基础层",将其吸纳进入大学战略联盟。发挥"核心层"的引领作用,持续提升其国际竞争力,着力提升"中间层"和"基础层"的高等教育水平,逐步实现与"核心层"高校学术能级对等。

第四,优质资源共享,实现联盟大学间的协同及向"一带一路"沿线国家的拓展。资源共享与共建是区域高等教育联盟的使命与优势所在。构建粤港澳大湾区大学战略联盟的要义之一即实现湾区大学优质资源共享,如香港的高校、中山大学、华南理工大学拥有优秀的教师、优质的实验室资源,可借助慕课等平台将香港的高校、中山大学、华南理工大学的优质课程资源与其他联盟大学分享,并共享其先进的仪器科研设备,共同攻关重大科研项目。此外,湾区大学还可共享网络图书馆资源,解决资源重复购置等高投入、低成效的问题,从而真正实现联盟大学间的协同,借此提升各联盟大学整体的教育质量和科研水平。作为"一带一路"支撑点的粤港澳大湾区,内部协同合作的湾区大学战略联盟能够成为"一带一路"沿线国家高等教育交流合作的平台与高地,通过组建战略联盟,以粤港澳大湾区世界级大学集群吸引"一带一路"沿线国家学生到此留学,扩大与沿线国家合作办学的范围、规模,提高合作办学的质量,打造"一带一路"高等教育中心。

参考文献

[1] 申明浩,杨永聪. 国际湾区实践对粤港澳大湾区建设的启示 [J]. 发展改革理论与实践,2017 (7):9-13.

[2] 张日新,谷卓桐. 粤港澳大湾区的来龙去脉与下一步 [J]. 改革,2017 (5):64-73.

[3] CHEN L,GU N H,ZHU H. Fairness theory applied to strategic alliance negotiations [D/OL]. (2012-05-20) [2017-11-14]. https://www.duo.uio.no/bitstream/handle/10852/12892/Chen_ Gu_ Zhu.pdf?sequence =3.

[4] 董泽芳,聂永成. 大学战略联盟:理论支撑与实践模式 [J]. 北京社会科学,2014 (8):46.

[5] 杜弘禹,戴春晨. 粤港澳合作新方位:对标国际一流湾区和世界级城市群 [N]. 21世纪经济报道,2017-03-09 (5).

[6] 聂永成. 大学战略联盟:理论基础与实践模式 [J]. 教育发展研究,2014 (11):75-80.

[7] 陈立,刘剑虹. 美国区域高等教育联盟的现状与特征 [J]. 宁波大学学报(教育科学版),2014 (5):20-27.

[8] 丘杉. 粤港澳大湾区城市群发展路向选择的维度分析 [J]. 广东社会科学,2017 (4):15-20.

第五编　湾区建设

粤港澳大湾区世界级城市群建设中的城市定位*

王枫云　任亚萍**

摘　要：粤港澳大湾区是当下关注的热点。从2015年国家发改委、外交部、商务部联合发布的《推动共建丝绸之路经济带和21世纪海上丝绸之路的愿景与行动》中"粤港澳大湾区"概念第一次被明确提出到2017年全国"两会"中"粤港澳大湾区城市群发展规划"理念的提出，表明粤港澳大湾区建设已经上升到了国家战略层面。但粤港澳大湾区要建成世界级城市群目前还存在许多亟待解决的问题，尤其是城市群内各单体城市的精准定位尚未完成，城市间重复建设、同质化竞争等问题严重。文章对粤港澳大湾区城市群内11座城市的功能定位进行探讨，以期对实现湾区城市的精准定位和错位、异质化发展，实现世界级城市群建设目标有所助益。

关键词：粤港澳大湾区；世界级城市群；城市定位

一、粤港澳大湾区城市群的总体概况

国际上，湾区的概念产生于20世纪末期，指的是由一个或者若干个相连接的海港、港湾以及邻近岛屿组成的，连接众多分布于港口或者入海口城镇群的区域发展系统。在国内，湾区的概念早在2005年发布的官方文件《珠江三角洲城镇群协调发展规划（2004—2020）》中第一次出现，2015年国家发改委、外交部、商务部联合发布的《推动共建丝绸之路经济带和21世纪海上丝绸之路的愿景与行动》中提出要深化粤港澳台合作，"粤港澳大湾区"概念第一次被正式提出。2016年3月，粤港澳大湾区的建设又上升至国家"十三五"规划层面，在"十三五"纲要中提出要"支持港澳在泛珠三角区域合作中发挥重要作用，推动粤港澳大湾区和跨省区重大合作平台建设"。2017年3月，李克强总理在政府工作报告中正式提出"粤港澳大湾区城市群发展规划"。这一规划的提出表明粤港澳大湾区的建设被纳入顶层设计，正式上升到国家战略层面。所谓城市群就是在特定地域范

---

* 本文是2018年度国家社会科学基金项目（编号18BGL253）、广东省哲学社会科学"十二五"规划2014年度项目（编号GD14CZZ01）、广州市哲学社会科学发展"十三五"规划2017年度马哲专项课题（编号2017GZMZYB43）的研究成果。

** 王枫云，广州大学公共管理学院副院长，大都市治理研究中心主任。任亚萍，广州大学公共管理学院硕士研究生。

围内，有相当数量的性质、类型、等级规模不同的城镇，依托自然环境条件，以其中一两个大城市作为发展核心，借助发达的交通基础设施和信息网络，进行城市与城市间、区域与区域间的密切联系，共同形成一个相对完整的城市集合体。城市群在发展过程中可以促进城市间要素的流动，实现资源的高效配置、基础设施对接、产业优劣互补等，从而实现城市群规模化、协同化的发展，当下也逐渐成为衡量一个国家或地区的经济发展水平的标准。粤港澳大湾区的城市群指的是包括广东9市（广州、佛山、肇庆、深圳、东莞、珠海、中山、江门）和香港、澳门2个特别行政区组成的"9+2"城市群，占地约5.60万平方千米，人口超6000万人。在2017年国家发改委与粤港澳三地签署的《深化粤港澳合作 推进大湾区建设框架协议》中明确指出，城市群的合作目标是要将大湾区建设成为更具活力的经济区、宜居宜业宜游的优质生活圈和内地与港澳深度合作的示范区，携手打造国际一流湾区和世界级城市群。从当下国家发展阶段看，国家经济面临转型升级，中国需要全新的、可以引领带动国家经济健康且快速发展的，并能在全球化的发展中代表中国在国际上起到重大引领作用的、新型的核心区域经济发动机，粤港澳大湾区城市群的提出正符合国家转型这一特殊时期的需求，是能够带动经济发展、符合国家进步需要的正确规划。

粤港澳大湾区世界级城市群的构建，从国家层面看，首先是为进入经济新常态背景下的中国经济提供发展新动能，其次是落实与服务"一带一路"建设的重要节点，最后是有利于中国把握和抢占国际经济产业链的制高点。从粤港澳区域层面来说，第一，可以推动区域发展，有利于进一步发挥区域的独特优势，促进粤港澳产业的深度融合、协同发展。第二，有利于提升粤港澳地区在促进国家经济发展以及对外开放中的作用。第三，有利于进一步深化港澳地区和内地的社会联系，保持港澳的长期稳定发展。综合两个层面，大湾区城市群建设既是粤港澳区域政治经济文化内在发展的需要，更是国家区域发展战略的重要构成部分和强大支撑点。打造粤港澳大湾区，共建世界级的城市群，有着重要的国家战略意义。

二、粤港澳大湾区城市群的城市定位

粤港澳大湾区城市群规划的研究制定，表明粤港澳三地间的合作将进入新阶段，由原来的跨境产业合作以及以区域政府间合作为主的模式向有国家规划目标引导的跨境协同发展模式转变。城市群空间结构也从单中心变化至多中心的发展模式。多中心城市群下的发展需要对城市进行细分，形成合理的定位以及互补互动的产业链条。从2017年签署的《深化粤港澳合作 推进大湾区建设框架协议》来看，协议合作内容及不同地区未来发展的目标表明了粤港澳三地未来发展的差异化定位，但这只是粤港澳三地的总体定位，大湾区多中心城市下的各个城市的精准定位尚未明确。从广深港三地GDP的数额、服务行业的比重等数据变化可知，湾区城市群空间结构由原来的以香港为单中心发展为以广深港为多中心的局面，但在多中心的空间结构模式下，由于缺乏明确的城市定位、错位发展，城市间同质化竞争等问题比较严重。如广深港作为湾区城市群的中心城市，在提供专业化服务方面，特别是建设金融中心方面竞争最为显著。建设好粤港澳大湾区的前提是明确湾区各城市之间政治、经济、文化的异同，以及产业间的合作联系、发展方向、目标、具体发展战略、功能定位,以明确的城市定位消除当下发展中存在的诸如产业结构类似、差异性不足等同质化竞争弊端。如学者刘成昆(2017)指出,大湾区城市群内部相互配合度较低,缺乏明确的分工合作,存在明显的排他性竞争、市场分割分散、资源配置无效等问题,严重阻碍了湾区城市群整体效益的获得和协同发展。据统计,湾区城市在工业产业的相似系数方面,珠海与深圳、东莞与深圳超过了90%,东莞与珠海高达95.83%,其他城市的工业产值大多集中在食品、纺织、电子器械、通信等行业。这表明,区域分工不明确,城市没有精确的定位,没有实现各城市间的异质化细分导致产业结构雷同,出现同质化竞争问题,进而难以形成动态比较优势和城市群的核心竞争力。城市细分定位是明确城市群整体发展方向和明确各城市间合理分工的根本,要真正发挥大湾区的协同发展效能,避免城市群的孤岛效应和内耗效应,提高城市群内部各个城市的可持续发展能力和实现城市群的互补效应,实现整个城市群系统合力的不断增长,就必须强化城市的细分定位、错位发展,通过精准定位处理好沿海城市与腹地城市间、中心城市与边缘城市间的关系,让各城市了解应当在哪个领域扮演主角。以各城市精准定位为大湾区世界级城市群的打造奠定基础。

(一)香港——城市群的"超级联络人"

香港是粤港澳大湾区的核心城市。作为微型经济体,同时也是以中介功能为生存空间的经济体,自回归以来,香港就凭借其独特的地理位置、政策等优势,不断深化与内地的合作。香港是国际金融、贸易中心和离岸人民币业务的枢纽,更是辅助内地对外联系的重要窗口。在"一国两制"的基本国策下,香港是我国国际化程度最高的城市,是内地与其他国家和地区之间联系的重要桥梁,在大湾区城市群的建设中应是当之无愧的"超级联络人",能帮助湾区"走出去"与世界对接。如港澳研究会理事陈少波就提出,香港由过去的将西方资本、技术人才等输入内地,为内地提供融资平台的"引进来"模式转化为为内地打开国际市场,从人才流、资本流、信息流等角度提供系统服务,推动内地市场发展的"走出去"模式,实现了从"西化"窗口到"东化"平台的角色转变,所以认为香港的定位当下更多地向"东化"中介转变。我们从这一模式转变中可以发现的是,香港作为内外"联络人"的角色并没有发生变化。在大湾区的建设中,香港应充分利用湾区一体化城市群发展的机遇,加强与珠三角及内陆地区的互联互通,加大参与广深科技创新走廊建设的力度,发挥其作为"双通道"和"超级联络人"的作用。粤港澳大湾区城市群的建设在许多内地特别是香港的学者看来于香港的发展是重大契机。作为湾区的龙头之一,香港要发挥优势,承担起为内地提供跨境交易、人才交流、投资融资和商贸服务平台的联通国际资本、国际市场的"超级联络人"作用,形成香港带动湾区沿海城市,沿海城市带动内陆城市的逐级辐射模式,辐射带动湾区经济发展,作为"湾区窗口",助推粤港澳大湾区建设。

(二)澳门——城市群的"精准联系人"

澳门作为一个特别行政区,地处我国东南沿海,是历史上海上丝绸之路的重要港口,是中西方文化的交汇地。在制度上实行"一国两制"的"澳人治澳"政策,在内具有背靠内地、有强大祖国政治经济的支撑优势,面朝海洋,水陆空运都十分方便;对外具有与欧盟、拉美国家长期开展国际间深入合作交流的优势。现致力于深化"一平台、一中心"的定位方向。但作为大湾区世界级城市群的一员，澳门地位特别，虽与香港同样作为特别行政区，但不同于香港国际金融中心、航运中心的地位，经济上也不以贸易或者高精尖的科学技术见长。所以，对澳门的定位应着重于发挥其固有优势，不求"超级"而求"精准"，在大湾区城市群中应当将其定位为"精准联系人"。澳门作为中国与葡语系国家商贸合作服务平台的主办方和常设秘书处，是联系欧洲、拉丁美洲的枢纽地，这也是当下其最为固有的优势所在，是作为国际交流枢纽、大湾区城市群"超级联系人"的香港无法比拟的优势所在。澳门可以发挥自身作为"国际休闲娱乐中心"以及"中国与葡语国家商贸合作服务平台"的角色，在大湾区城市群的打造中提供休闲娱乐和商贸服务的精准平台。澳门中华总商会策略研究委员会主任马志毅指出，在大湾区的建设中，澳门除了为区域融合继续提供休闲式的服务，更要发挥"精准联系人"的作用，对准利基市场做好内地与葡语国家的供求对接。澳门作为"中葡平台"，在粤港澳大湾区城市群的发展过程中，可以充分发挥自身独特的优势，结合城市群企业，通过多种方式"走出去""引进来"，在国家战略中发挥助力作用。在粤港澳大湾区国家级城市群的建设中，澳门要坚定自身"精准联系人"的角色定位，作为沟通桥梁实现湾区的内外对接，为湾区经济发展、湾区打造世界级的城市群发挥作用。

（三）深圳——城市群的"发动机"

深圳是中国的南大门，是我国改革开放的窗口。它在地理位置上毗邻香港，背靠珠三角，地处亚太主航道，具有独特的先天地理优势。作为国家改革开放的经济特区、全国改革和发展的排头兵，在整个粤港澳大湾区的城市中，深圳的发展近年来让人瞩目，多年来占据中国城市竞争力的榜首位置，不但在GDP、资金竞争力、人口竞争力和科技竞争力上远超香港、广州，并且已实现产业结构的全面升级，市场化程度高，市场体系完备。作为国家经济中心城市，深圳是仅次于北京、上海的全国第三大金融中心。深圳前海更是以"东方曼哈顿"为身份定位，成为大湾区发展的核心地带。作为大湾区的核心城市，深圳最先提出湾区经济的概念，最早看到发展湾区经济的先机，是大湾区城市群中最具活力的城市，不断发挥着制度变迁的"示范效应"、区域经济的"引擎作用"、聚集资源的"虹吸效应"、辐射周边的"扩散效应"以及创新驱动的"引领作用"。在这个创新是经济发展之源，创新驱动是经济发展主引擎的时代，深圳作为创新之都，无疑应当成为以创新驱动引领带动大湾区城市群建设的"发动机"。学者邓志新（2017）通过对深圳的SWOT分析，提出深圳作为创新创业之都、金融创新中心、高端产业中心以及港口物流中心，在大湾区城市群规划中应当发挥固有优势，成为驱动湾区经济发展的重要引擎。港口物流是发展湾区经济必不可少的条件，学者陈端海（2017）从港口的角度出发，认为深圳作为核心城市发挥了全面、系统的经济聚集效益，凭借深圳港金融、物流、信息等在世界中的影响力，理应在大湾区经济圈中发挥龙头和枢纽作用。作为粤港澳大湾区理念与实践先行者的深圳有优越的地理位置、雄厚的经济实力、强大的创新驱动力、较强的汇聚经济动能以及对周边城市的辐射带动力等强大优势，可在未来湾区融合发展中不断发挥和创造其作为核心城市的"引领价值"，成为湾区城市群的主导。粤港澳大湾区城市群建设需要深圳的强大辐射带动力，深圳可以成为发展引擎，充当城市群的"发动机"。

（四）广州——城市群的"核心枢纽"

作为粤港澳大湾区龙头之一的广州，不同于港深的金融、创新中心地位，它是大湾区的政治、地理中心。在地理位置上，位于广东省的中心地带，扼守珠江咽喉，拥有海港，长期以来都是华南地区的交通枢纽及物流中心，有着先天优良的区位优势。在政治地位上，是华南地区的政治中心和广东省省会城市。在资源聚集上，有强大的医疗、卫生优势和深厚的历史文化积淀，更重要的是作为高校聚集地，是华南的教育文化中心，有强大的人才吸附功能，是人才储备地。独特的地理、政治地位和资源优势让广州成为广东省乃至华南地区的多功能中心城市，长期以来作为广东省的"领头羊""老大哥"，在政治、经济、信息等方面发挥强大的辐射带动作用。广州作为重要的对外贸易中心，是国家经济的重要带动者之一，更是当下国家实施"一带一路"倡议的重要节点城市，是"一带一路"倡议的核心网络型枢纽城市，更被规划为"国家重要中心城市"，这表明广州具备作为核心城市的引领、集散、辐射的功能和作用。专家指出，要强化广州作为全国经济中心城市的地位，强化广州作为经济、文化、教育、区位交通的枢纽地位，带动大湾区周边城市和内陆地区的全方位发展。在粤港澳大湾区城市群的建设中，广州作为同深圳、香港一样的"领头羊"核心城市，应当进行与它们不同的错位定位。香港突出国际金融中心功能，深圳为创新创业制度彰显技术创新特色，广州作为国家中心城市、广东省省会城市、贸易中心，可大力发挥核心枢纽之作用。粤港澳大湾区打造世界级的城市群需要广州作为核心枢纽进行区域城市间资金流、信息流、人才流和物质流等各种"城市流"的调控和配置；需要广州作为核心枢纽城市优化城市群内部的空间发展结构，形成多核互动；需要广州作为核心枢纽城市，提供有利于城市群发展的口岸通道、交通设施等硬环境，进而发挥对湾区其他城市的辐射、带动作用。

（五）佛山——城市群的"智造脊梁"

地处珠三角腹地和大湾区的核心地带，位于珠三角中部和西部两大地区的衔接处，东西两向均可发展的佛山市，是珠三角西岸的重要节点，也是广佛都市圈的重要组成部分，在珠三角中部和西部两个区域都有重要的战略地位。粤港澳大湾区环抱珠江，呈东西分布，在区位上，佛山是西岸的龙头城市，是连接东西两岸的枢纽，有承东启西的区位优势。在产业上，佛山的制造业尤其是民企制造业乃立市之本、经济之根，也是活力之源。政府公布的数据显示，佛山2016年规模以上工业总产值突破2万亿元大关，达21263.98亿元，同比增长7.70%；2017年规模以上工业总产值达22350.65万亿元，规模以上工业总产值预计增速为8.70%。工业产值呈不断上升的态势。土耳其经济学教授塞达特·艾巴认为佛山是中国制造业的"领头雁"，要形成智能制造，与湾区的核心城市形成产业互补。与香港形成的"香港+佛山"的合作模式可以结合两地产业优势深入发展，实现优势互补，也可以更便捷地与广州、深圳、香港互动，加快建成粤港澳大湾区世界级城市群。当下佛山正在大力发展制造业，力求由传统的"制造"不断发展为"创造"并最终实现"智造"，将佛山打造成为大湾区的制造业重镇。若要细分佛山市的功能定位，则必须抓住"佛山制造"来下功夫。作为湾区制造业的中心城市，佛山有能力挑起制造业发展的大梁，成为大湾区城市群的"智造脊梁"。世界级大湾区的背后，都有以先进制造业作为支撑的脊梁，如东京湾区的横滨以及旧金山湾区的奥克兰等都作为工业腹地为其参与全球经济竞争提供了产业支持。因此，我们完全有理由认为佛山可以成为粤港澳大湾区的"横滨""奥克兰"，是发展湾区经济、力撑大湾区建设的核心竞争力所在的关键力量。佛山制造业的规模在粤港澳三地城市中排第一，未来还应着重抓实业、制造业，更好地支持湾区的实体经济。在建设大湾区、打造世界级城市群的过程中，要大力发挥佛山制造业的龙头优势，打造大湾区的制造重镇；突出广佛同城优势，打造湾区的核心区；发挥承东启西的区位优势，打造大湾区辐射带动粤西北振兴发展的桥头堡。大湾区的建设需要佛山发挥"智造脊梁"的中坚力量，佛山未来要通过自身发展、他方合作，不断汲取全世界的创新资源、成果，最终挺起大湾区城市群建设中的"智造脊梁"。

（六）珠海——城市群的"创新高地"

位于珠江口西南部的珠海，东与香港隔海相望，南则毗邻澳门。拥有珠三角最长的海岸线和面积最大的海域，有着优良的湾区资源和经济基础，在大湾区的建设中战略地位突出，有着区位、政策、产业等各方面的优势。作为最早设立的经济特区之一，创新一直是珠海的特色和优势，尤其是2018年以来大力实施的创新驱动和开放引领战略也表明创新是珠海作为大湾区重点城市发展的必然选择，政府也明确提出了将珠海建造成为粤港澳大湾区的创新高地的战略定位。

建设大湾区城市群的创新高地，珠海在诸多方面有无可替代的优势。除了上述的区位以及由区位带来的资源优势，珠海还有其他优势。首先，交通上占得先机。珠海拥有海陆空立体化的交通枢纽优势，已开通的港珠澳大桥也让珠海成为内地唯一一个与港澳陆路相连的城市。可以说，港珠澳大桥的开通让珠海的发展在某种程度上与港澳捆绑，也让珠海站在了大湾区的中心连接点的历史性高位上。这将有利于珠海利用这一独特的跨境通道优势加强湾区内交通的对接，增强与湾区内其他城市和区域间的衔接、协调；有利于吸纳港澳的创新资源，吸引港澳高端人才，借助港澳国际化的营商环境服务于珠海相关产业的发展和科技的创新，进行创新高地的打造。学者谭炳才、张良亮（2017）从珠海固有的区位好、基础实、活力足和产业优等优势出发，提出珠海要以港珠澳大桥的建成为契机，发挥跨境通道优势，建成以创新为主要引领和支撑的发展模式。其次，具有政策优势。珠海拥有自贸区和自创区，珠海南有横琴自贸区，东有珠三角国家资助创新示范区高新片区。横琴自贸区更是大湾区建设的重点发展区域。学者袁持平表示，珠海应当以横琴自贸区为重要载体以实施创新驱动发展的核心战略。最后，具有人才优势。珠海的高校规模在广东省排第二，在校大学生的数量占到了全市常住人口的10%，这也是珠海在大湾区中的独特优势。珠海可以整合高校资源，培养创新人才。

打造粤港澳大湾区，建成世界级的城市群，要发挥珠海作为粤港澳三地中心连接点这一区位优势，发挥长期以来珠海不断进行的创新驱动战略优势。根据一系列的战略部署和当下优势来看，珠海势必会成为大湾区城市群的创新高地，将以独特的区位优势，人才、资本、科技、产业等各方面的创新，辐射带动大湾区其他城市的发展，建设大湾区城市创新共同体，逐渐成为大湾区城市群乃至全球重要产业的创新中心。

（七）东莞——城市群的"制造中心"

东莞位于珠江口东岸，是粤港澳大湾区的节点城市，且处于穗深港经济走廊这一大湾区建设核心轴的中点位置，南部邻近深圳的龙岗和宝安两区，西部和北部则与广州的南沙、番禺、萝岗和增城相连，有着良好的地缘优势。因拥有发达的制造业而有"世界工厂"之称的东莞在制造业，特别是电子信息产业上有丰富的经验，2015年的《东莞市城市总体规划（2016—2030年）》和2017年《广东省沿海经济带综合发展规划（2017—2030年）》都提出将东莞建设成为"国际制造名城"，这表明发展制造业是东莞的不二之选。东莞近年来不断实施"东莞制造2050""机器人智造"等强化制造产业的方针政策，在制造业方面构建起了完善的产业体系。由于地缘优势，东莞一方面得到了广深两市产业、资源外溢的辐射带动，另一方面与港澳有扎实的合作基础，促进了制造业的发展。与佛山发达的制造业不同，东莞主要是以加工制造业为基础，以国际市场为导向，产品远销海外的外向型经济发展模式。当下东莞正以滨海湾新区作为其融入大湾区发展的龙头，让滨海湾新区与深圳前海、广州南沙新区等大湾区建设的重点区实现对接，做强先进制造和新兴制造产业集群，并且提出要将东莞建设为大湾区的"国际制造中心"。东莞在地缘区位、产业及与港澳合作等方面都具备打造国际制造中心的坚实基础和先天优势。在粤港澳大湾区城市群的规划发展中，东莞要发挥上述的地缘优势、现有的完善的制造业产业体系优势以及与港澳的合作基础等优势，成为大湾区城市群的"制造中心"，深化与大湾区其他地区城市的互补合作，实现与大湾区同频共振，一同开创新局面。

（八）中山——城市群的交通"几何中心"

中山处于珠江口西岸地理中心，更位于大湾区城市群的几何中心。中山与湾区中广州、佛山、珠海、江门4市陆路接壤，与深圳则隔海相望。根据中山市政府按照直线距离的计算来看，中山距广深各70千米，距珠海、江门各30千米，距澳门40千米，距佛山60千米，距香港80千米，同时也是大湾区内三大国家级新区（自贸区）的衔接转换重要节点。观察世界三大著名湾区的发展经验可知，交通的互联互通对带动区域间一体化发展起着至关重要的作用。粤港澳大湾区的建设同样需要基础设施的进一步互联互通，形成与区域经济社会发展相适应的基础设施体系是必不可少的。作为大湾区几何中心的中山明确了推进交通基础设施建设，实现"外联内畅，多方式一体化"的发展思路，著名的深中通道的贯通，使其成为城市群中贯南通北、承东启西的角色，更加确定了其作为珠江门户城市和湾区城市群交通桥头堡的角色地位。"千亿大交通"项目更是涉及公路、铁路、航运及港口等许多方面的交通基础设施建设，交通设施的完善也将实现由中山向东岸对接、向粤西延伸、升级港口，以交通连接大湾区城市群的重大功能，激活其作为大湾区几何中心的枢纽功能。综合中山所具备的地理位置、交通区位、发展成果来看，大湾区的建设、世界级城市群的打造需要中山发挥其"几何中心""大交通建设"的优势，大力促进城市群的交流合作与发展，成为连接城市群的交通中心。

（九）惠州——城市群的深度合作承载地

惠州位于广东省中南部的东江之滨，珠三角北端，南临南海大亚湾，毗邻深港，北连河源，东接汕尾，西邻东莞和广州，占地面积大。资源上既有空港又有海港，是广东省的海洋大市之一，海岸线长，海域管辖面积宽。区位优势明显，资源丰富。作为大湾区城市群深入交流合作的承载区，惠州市政府提出惠州要深度对接广深港，吸纳更多的产业、创新、人才等资源。更有专家指出，惠州应该发挥地理位置、生态资源、自然资源等优势，抓住机遇，找准定位，主动出击，主动谋划，积极作为，深度融合。这首先是基于惠州具备的先天资源即空间大的优势。惠州的土地面积占大湾区的20%，但开发强度仅有10%，经济和人口密度较低，有足够大的空间承载其他市外溢的产业、人口或资源。其次，惠州具备轻重结合的产业优势，既有石油化工"2+2+N"的现代产业体系，又有国家级电子信息产业以及清洁能源等临海工业基础，具备承载产业溢出的现实条件和实力。再次，惠州的生态环境优势在大湾区城市群中是独一无二的，为其作为承载深度合作地提供了优良的外在条件。最后，在长期以来的深惠莞的"3+2"发展模式中，惠州一直以深圳为标杆，主动对接深圳和东莞，接受两地的产业辐射，推进了产业转型和升级，这也表明惠州具备良好和扎实的深度合作承载地的资格条件和基础。学者林江指出，在深圳的产业项目转移至粤东地区的过程中，惠州可以充当好"二传手"的角色，吸纳深圳创新资源进行融合发展，然后再传递、辐射到周边的汕尾、河源等粤东城市。这表明作为合作承载地的惠州，既要依靠这一角色发展自身，更要起到辐射带动周边地区的作用。作为城市群的深度合作承载地，惠州要发挥自身文化、区位、产业、生态、空间等优势，携手粤港澳大湾区其他城市进行城市群间的深度交流融合与互补。

（十）江门——城市群的西翼枢纽门户

江门东联广佛和深港澳两大龙头都市圈，西扼湾区战略西拓的区位优势，是湾区进取粤西的必经之路。空间上与广佛都市圈、深港都市圈构成了大湾区的"黄金三角地带"，并且已经初步建起沿江港口群，有着明显的区位优势。在大湾区城市群中，江门可以以湾区重要的西翼枢纽门户作为城市角色定位。第一，交通是连接城市间合作交流发展的最基本要素，基于江门是广东省第四轨道交通枢纽的地位以及所处的区位优势，可以让其成为湾区的交通枢纽。当下，江门在"一枢纽、两中心、三通道"的基础上大力构架交通网络，实现北广州、东深圳、西江门的"三足鼎力"局面。通过"交通大会"强化了作为珠西综合交通枢纽的战略地位。第二，作为大湾区腹地，江门具备建设高水平产业平台的实力。一方面，江门占珠三角面积的1/4，但开发强度不足12%，具有土地开发程度低、腹地纵深广、土地承载强等特点，具备了建设产业平台的基本资源条件；另一方面，江门重点打造的"4+1"重大产业发展平台，加深了与香港、澳门、深圳等的密切合作，有利于其发展高水平产业。第三，有"中国第一侨乡"之称的江门具有丰富的华侨资源，江门可以充分利用港澳同胞和华侨资源这一优势，带动粤西实现与湾区的交通、科技、创新、产业、人才、文化等各方面的对接，成为连接和团结湾区其他城市与粤西地区的交汇地。综合江门当下具备的区位交通优势、建设产业平台的实力、丰富的人才资源等，江门大可作为湾区城市群的西翼枢纽门户，成为湾区建设的"开放之门"、粤西地区融入湾区的"方便之门"和湾区通向粤西发展的"辐射之门"，带动粤西地区深度融入大湾区的建设中，与湾区其他城市实现高度互补、融合发展。

(十一) 肇庆——城市群连接大西南的枢纽门户

肇庆地处珠三角腹地，面向穗港澳，背靠大西南，东部与佛山接壤，西部紧邻广西。作为大湾区城市群内唯一一个与大西南地区接壤的城市，既是大湾区连接大西南的重要节点，又是大湾区通往大西南，迈向东盟的"西部通道"，拥有"东引西连"的区位优势，可谓肩负着大湾区辐射大西南和东盟的重要责任。枢纽门户城市往往地处大城市群边缘，有得天独厚的地理位置，扼守城市群和外界的交通要道，已经成为区域内外交往与联系的重要节点，在区域发展中具有极强的对外开放和对内辐射能力。根据肇庆的地理位置以及其未来在大湾区中将发挥的作用，它完全可以成为湾区的西南枢纽门户城市。枢纽城市的第一特征就是交通通达。当前珠三角连接大西南的综合交通网络逐步形成，肇庆作为枢纽城市，交通运输更为便捷，兼具水、陆、空的立体交通网络格局，当下的货运量、港口吞吐量、旅客运输量逐年增加，未来将依靠交通融入广佛肇半小时、大湾区一小时的交通圈中深入发展，交通来往十分便利。第二特征是发展空间大。肇庆除了有最独特的区位条件，还有最丰富的土地资源和最明显的成本优势。肇庆的土地面积占大湾区总面积将近三成，但开发力度仅有6.50%，人口密度较低，森林覆盖率达到70.60%，这都表明肇庆在湾区城市群的合作中可供开发的土地和空间极其广阔，在土地发展空间供给上较其他城市成本低，是大湾区的"经济洼地"，有条件和资源与湾区城市实现深入合作发展。最后，肇庆将产业建设作为当下的首要目标，具有国家级高新区的创新载体，是长期接受珠三角辐射的前沿阵地，有承接大湾区产业向西扩张、转移，以及资源外溢的环境和基础。学者古学彬、方茂扬（2017）指出，肇庆近年来经济发展水平、城市建设水平和产业发展水平提升明显，产城融合和金融驱动协同效应明显，有实力成为城市群连接大西南的枢纽门户。作为大湾区的西南门户枢纽，肇庆应不断加强融入城市群合作的能力，为大湾区向西南甚至东盟发展提供条件，同时也要辐射带动西南地区周边城市的进步，切实肩负起大湾区内部和大西南外部的共同发展的重任。

三、简短的结论

对粤港澳大湾区城市群内的各个城市进行准确的定位，有助于各个城市发现自己的核心价值，制定正确的发展战略，进行合理的城市规划和产业布局，打造城市的核心竞争力，实现城市的可持续发展。但应明确的是，城市定位首先要有立体化的思维，要将城市放在城市群的背景下，结合周边城市和城市群来定位，要精准把握市场、环境的变化，及时做出反应，避免城市的严重"滞后"或过于"超前"等问题。此外，城市定位不是一成不变的，随着时间的推移，城市阶段性发展目标的实现以及城市群内其他城市定位变化等一系列内外部因素的变化，都会造成城市定位支持基因的变化，这就需要对城市定位做出适当的调整，重新定位，推动城市发展与时俱进。总之，找准单个城市在城市群中的定位，才能进行错位发展，避免孤岛效应和同质化的恶性竞争，进而产生叠加效应和互补效应，实现大湾区世界级城市群的建设目标。

参考文献

[1] 张日新, 谷卓桐. 粤港澳大湾区的来龙去脉与下一步 [J]. 改革, 2017 (5): 64-73.

[2] 吴启焰. 城市密集区空间结构特征及演变机制: 从城市群到大都市带 [J]. 人文地理, 1999 (1): 11-16.

[3] 常征. 澳门在珠江三角洲城市群协同创新中的战略定位和发展路径研究 [J]. 科学与管理, 2015 (6): 16-22.

[4] 蔡赤萌. 粤港澳大湾区城市群建设的战略意义和现实挑战 [J]. 广东社会科学, 2017 (4): 5-14.

[5] 汪行东, 鲁志国. 粤港澳大湾区城市群空间结构研究: 从单中心到多中心 [J]. 岭南学刊, 2017 (5): 78-85.

[6] 刘成昆. 融入城市群, 打造湾区经济: 粤港澳大湾区城市群发展分析 [J]. 港澳研究, 2017 (4): 55-60.

[7] 程玉鸿, 朱颖. 创新合作: "一带一路" 下香港的功能定位与转型学术研讨会会议综述 [J]. 港澳研究, 2017 (3): 86-92.

[8] 王平. 澳门如何对接大湾区建设 [N]. 人民日报 (海外版), 2017-05-10 (4).

[9] 陈文鸿, 钟民杰. 澳门经济结构优化及在珠江三角洲都会区的定位 [J]. 当代港澳研究, 2009 (1): 125-141.

[10] 苏宁. 澳门积极融入大湾区建设 [N]. 人民日报 (海外版), 2017-03-23 (4).

[11] 宋丁. 中国新经济发动机: 粤港澳大湾区未来九大发展趋势探析 [N]. 深圳特区报, 2017-04-18 (B09).

[12] 陶一桃. 深圳要当好粤港澳大湾区建设的引擎 [N]. 深圳特区报, 2017-08-09 (A02).

[13] 邓志新. 深圳在粤港澳大湾区中的定位和对策 [J]. 特区经济, 2017 (11): 10-13.

[14] 陈端海. "深中通道" 对珠三角港口经济发展的作用 [J]. 特区实践与理论, 2017 (1): 114-117.

[15] 哈尔滨工业大学 (深圳) 经济管理学院课题组. 粤港澳大湾区发展规划研究 [J]. 开放导报, 2017 (4): 13-19.

[16] 张锐. 打开湾区经济的 "中国之门" [N]. 中国财经报, 2017-05-09 (7).

[17] 叶小青. 佛山制造挺起粤港澳大湾区脊梁 [N]. 佛山日报, 2017-03-10 (F02).

[18] 朱紫强. 布局智能制造 与湾区核心城市互补 [N]. 南方日报, 2017-11-24 (ND03).

[19] 黄晓晴. 打造大湾区辐射带动粤东西北振兴发展的枢纽 [N]. 佛山日报, 2017-09-08 (T07).

［20］谭炳才，张良亮. 论珠海在粤港澳大湾区中的战略定位［N］. 珠海特区报，2017-07-15（8）.

［21］麦婉华. 珠海：珠江西岸产业转型发展新引擎［J］. 小康，2017（17）：34-35.

［22］周桂清. 东莞建设国际制造名城 珠三角创新创业基地［N］. 东莞日报，2017-12-20（A02）.

［23］陈远鹏. 东莞：大湾区中的国际制造中心［J］. 小康，2017（17）：38-39.

［24］蔡雯. 大湾区"朋友圈"，惠州如何打成一片？［N］. 南方都市报，2017-04-25（HB02）.

［25］惠州市建设绿色化现代山水城市专题研讨班第二组. 粤港澳大湾区建设背景下惠州区位战略思考［J］. 广东经济，2017（7）.

［26］王红茹，董显萍. 广东江门：打造珠三角新的增长极［J］. 中国经济周刊，2015（42）：64-65.

［27］王海飞. 枢纽型门户城市竞争力综合评价及发展对策研究：以广东省肇庆市为例［J］. 西北师范大学学报（自然科学版），2016（2）：121-128.

［28］古学彬，方茂扬. 产城融合与金融驱动的协同效应：兼论肇庆市枢纽门户建设的金融支持［J］. 惠州学院学报（社会科学版），2017（2）：55-60.

［29］张登国. 城市定位中的问题及规避机制［J］. 城市问题，2007（5）：14-18.

绿色发展、金融创新与粤港澳大湾区建设

周天芸　刘枝叶[*]

摘　要：粤港澳大湾区是海上丝绸之路的关键节点城市群，打造绿色低碳大湾区是建设绿色"一带一路"倡议中的关键。服务绿色经济发展的大湾区金融合作可行性高，湾区的金融合作在开放、绿色、生态的背景下，具有无限的创新空间。本文立足于绿色金融创新和深度融入"一带一路"倡议的绿色发展，利用粤港澳大湾区作为海上丝绸之路关键节点的特殊地位，探讨通过绿色金融发展的绿色信贷、绿色债券和碳金融，支持金融机构为"一带一路"倡议的绿色投资提供综合性金融服务，实现绿色金融支持粤港澳大湾区绿色发展的目标。

关键词：绿色发展；绿色金融；粤港澳大湾区；金融创新

绿色发展作为党的十九大报告的重要内容，为未来中国推进生态文明建设和绿色发展指明了路线图。习近平总书记指出："绿色发展是生态文明建设的必然要求，代表了当今科技和产业变革方向，是最有前途的发展领域……不仅要研究生态恢复治理防护的措施，而且要加深对生物多样性等科学规律的认识；不仅要从政策上加强管理和保护，而且要从全球变化、碳循环机理等方面加深认识，依靠科技创新破解绿色发展难题，形成人与自然和谐发展新格局。"[①]

粤港澳三地金融合作具有良好的基础，大湾区发挥香港国际金融中心优势，以广州、深圳、澳门、珠海为依托，打造引领泛珠、辐射东南亚、服务"一带一路"倡议的粤港澳大湾区金融核心圈。粤港澳大湾区拥有广州、深圳和香港三大金融重镇，港交所和深交所两大证券交易所，汇聚众多银行、保险、证券、风投基金等跨国金融巨头，由此形成金融核心圈的优势明显，所具有的辐射能力超强。绿色发展最容易形成共识，最容易突破制度、体制和经济的差异，因此，服务绿色经济发展的大湾区金融合作也最具有可行性，湾区的金融合作在开放、绿色、生态的背景下，具有无限的创新空间。

一、绿色发展与绿色金融

湾区经济的实质是一体化的经济，是湾区所孕育的各个港口城市发展到一定程度，依托完善的交通体系以及发达的信息网络，基于自然、经济、社会、文化等方面的紧密联

---

[*] 周天芸，女，中山大学国际金融学院教授。刘枝叶，女，中山大学国际金融学院硕士研究生。
[①] 习近平：《习近平谈治国理政》（第 2 卷），外文出版社 2017 年版，第 272 页。

系，所构成的一个多核心的都市圈。湾区经济作为一种独特的空间组织，具有高度的竞争力，其主要的原因是一体经济所形成的、以港口城市和核心城市为重要牵引力，以海带陆、区域合作的经济模式，湾区经济的持续发展理念应该是"环境优先、创新、开放合作、未来及梦想"。湾区经济具有高度开放的经济结构、高效的资源配置体系和强大的集聚外溢功能，从而发挥引领创新、聚集辐射的核心功能。世界三大湾区不仅在其国内的经济发展和对外开放中处于领导地位，也在各自的经济区域和世界经济快速发展中起着至关重要的作用，成为推动全球经济快速增长和区域经济开放的重要推力。

湾区是一个基于经济、科技、社会和开放的陆海一体区域及系统创新体系，它对区域经济、社会发展及新兴产业的形成有着广泛的影响，是实现海陆统筹、推进区域经济一体化的重要途径。从世界湾区的发展路径分析，支撑湾区经济发展的大多是环境友好型产业，如科技、文化、金融等高端服务业，意欲"后来居上"的粤港澳大湾区，应瞄准世界城市发展的未来趋势，用更少的资源、更好的环境、更多的绿色、更友好更智慧的管理，营造生态宜居的现代城市圈，着眼于大湾区的绿色发展。

1992年，联合国环境与发展大会通过了《里约环境与发展宣言》和《21世纪议程》两项文件。这两该项文件通过以后，世界各国均纷纷开始高度关注环境保护问题，将节能减排作为世界绿色金融发展的首要任务。1997年，《京都议定书》签订以后，绿色金融的理念和实践日益普及，国际组织、政府部门和学界也开始研究绿色金融的相关理论和政策，奠定了绿色金融的发展基础。

绿色金融或称环境金融，是金融界以及环境保护界基于绿色金融的实际内涵所提出来的一种方法或语言。Labatt与White（2003）认为，市场是绿色金融发展的基础，通过绿色金融不仅能够在金融发展过程中有效规避环境风险，同时也能够有效提高环境质量。绿色投资项目的特征是投资额大、周期长，并且对企业的经济、管理水平和抗风险能力都有较高要求。随着绿色金融产品的开发不断深化，不少学者从绿色金融产品的经济效益和社会效益这两个角度来剖析绿色金融的有效性。Climent与Soriano（2011）研究发现，从1987年到2009年的基金市场来看，相比于其他基金，环境共同基金的回报率相对较低，但投资者在选择基金时，仍然更倾向于选择环境共同基金，不少具有长远目光的投资者都表示，企业推行绿色金融，无论是对企业的社会生活还是对企业未来的发展，都具有较高的投资价值。Climent与Soriano（2011）分析了2001年到2009年的基金数据，结果表明绿色基金和其他基金的投资回报率并无显著差异；Jeucken（2006）针对金融机构进行深入分析，探讨金融机构的可持续发展和绿色金融之间的相关性；Scholtens（2006）在分析了采纳"赤道原则"的金融机构以后，重点分析了未采纳"赤道原则"的金融机构在风险管控、社会责任感以及社会声望等各个方面与前者存在的差距，并通过实证研究发现，实施"赤道原则"的金融机构能够在社会中建立良好的品牌形象，获得社会公众的理解和支持。

国内学者立足于经济学的视角，运用数理模型，以绿色发展和生态观为核心理念，对绿色金融的定义、产品、作用等方面展开研究：董昕和刘强（2015）阐述了我国发展绿色金融的现状，认为必须从国家的主导、地方政府的贯彻落实以及金融机构的积极完善等方面推进绿色金融的发展；李丽君（2015）提出在融资过程中运用绿色金融的概念，在发展绿色金融的同时促进我国经济进一步繁荣；阎庆民（2010）提到以低碳经济为标准的碳金融发展是我国发展绿色金融服务体系的标志，碳金融发展能够很好地被运用到我国其他绿色金融产品之中，并引导更多的绿色金融产品规范化、经济化；张承惠（2015）提出政府在未来应当有意识地逐渐转向更多利用市场机制，引导金融机构投资者和个人投资者开展绿色投资和绿色金融活动，为绿色金融的发展提供良好的市场环境；王和（2014）阐述了绿色金融的发展现状，并对未来绿色金融的发展前景提出规范性建议；王彤宇（2014）表示发展绿色金融不仅是国际化趋势，同时也关乎我国未来金融发展的健康，我国的产业化转型及结构重组已迫在眉睫；杨帆、邵超峰和鞠美庭（2015）分析了国际绿色金融的实践活动，通过对比我国目前所发展的绿色金融的基本条件及重要制约等因素，论述中国发展绿色金融的建设道路及发展策略等。

二、粤港澳大湾区的绿色发展

2017年的政府工作报告提出规划、建设和发展粤港澳大湾区，由此，粤港澳大湾区建设首次上升为国家战略。粤港澳大湾区的建设和发展是贯彻落实国家"一带一路"倡议，实现国家"十三五"规划纲要和政府工作报告的内在要求，也是在新常态下推动中国更深层次对外开放的重要手段。

（一）粤港澳大湾区绿色经济的基础

粤港澳大湾区是带动中国经济发展的重要增长极，截至2017年年末，大湾区11个城市GDP之和超过10万亿元人民币。① 预计到2025年，大湾区的GDP总量可能超过东京湾区，从而成为世界上最大的湾区。目前，大湾区金融业总体规模已达到世界级水平。2017年年底粤港澳三地银行总资产合计约7万亿美元，银行存款总额高达4.70万亿美元，超过纽约湾区和旧金山湾区；2017年保险保费收入约1280亿美元，相当于全国总保费收入的近1/4；港深主板市场总市值超过5.50万亿美元，居全球第四位。

在谷歌地球的夜晚卫星图上，粤港澳大湾区的各座城市群星璀璨，连缀成片，构成了世界上灯光最为密集、面积最大的区域之一，这些城市各具优势而闻名于世界。香港是享誉世界的自由港和国际金融中心，澳门是融汇了多种民族文化的世界娱乐中心，深圳是新兴的创新城市，广州以每年客流量超过1亿人次延续千年商都的传奇，东莞因代工而成就世界工厂的盛名，佛山则承载制造业的脊梁，催生了一批诸如美的、格兰仕等著名的品牌……

2017年粤港澳大湾区各城市公布的统计数据显示，粤港澳大湾区的GDP已经超过10万亿人民币，超过旧金山湾区，紧随纽约湾区，在经济体量上成为全球第三大湾区。但在产业方面，粤港澳大湾区的第三产业占比仅为62%，其余三大湾区均在80%以上，第一、第二产业比重过高导致在生态环境方面，粤港澳大湾区和其他湾区相比仍然有一定的距离，面临巨大的挑战（见表1）。

---

① 数据来源：《全面深化金融合作，支持粤港澳大湾区建设》，中国日报网，2018年4月13日；国家统计局。

表1 2017年四大湾区经济总量及产业构成

	粤港澳大湾区	东京湾区	纽约湾区	旧金山湾区
常住人口/万人	6765	4347	2340	715
土地面积/平方千米	5.65万	3.67万	2.14万	1.8万
GDP总量/美元	1.38万亿	1.82万亿	1.45万亿	0.82万亿
第三产业占比	62%	80%	89.5%	82%
主要产业	科技创新、金融服务业、制造业	先进制造业、批发零售业	金融服务业、房地产业、医疗保健业	科技创新、专业服务

资料来源：根据统计年鉴、报告和互联网资料整理。

粤港澳大湾区建设，基于最具活力的经济区、宜居宜业宜游的优质生活圈和内地与港澳深度合作的示范区三大定位，其科技和产业布局需要绿色发展理念的统领、绿色经济发展的助推。粤港澳大湾区的建设目标确立为形成绿色低碳的生产生活方式和城市建设运营模式，打造绿色增长极，培育绿色产业体系。

大湾区如果要在保持快速发展的同时减少对环境的压力，不让环境问题成为制约湾区可持续发展的因素，那么湾区建设就必须减少各种污染物排放。碳排放的减少对遏止气候变化至关重要，粤港澳大湾区可以在发展过程中大力推进高科技节能产品（如LED、新能源的广泛使用），成为全球节能减排的示范区域，同时也能够加强绿色产业的发展；污水的处理和减少排放则是治理粤港澳区域黑臭水体、改善生态环境和提高居民生活质量的重要环节；垃圾分类管理也是治理水污染、土壤污染和海洋污染的重要部分。因此，在大湾区的建设发展中需要控制污染物排放，通过未来数十年的努力，控制污水和碳排放，并做好垃圾分类回收，以实现到2050年污水、垃圾和碳排放全部为零的目标，这将有助于丰富和充实"绿色大湾区"愿景的内涵。

相对京津冀城市群和长三角城市群，粤港澳大湾区城市群具有更为多样的生态资源和更为优越的生态条件。基于粤港澳大湾区内山、林、江、田、海等生态要素，粤港澳城市群的发展必须依托生态环境，建立覆盖面更广、连接三地的自然保护区，构建具有绿色经济特征的"绿色湾区"，使之成为中国向世界昭示其新时代生态发展理念的典范，联手打造世界级绿色大湾区。

（二）粤港澳大湾区绿色金融的发展

绿色经济的发展需要绿色金融的支持，而绿色金融则与粤港澳大湾区相辅相成、融合发展。2016年被誉为我国绿色金融元年，2016年8月31日，中国人民银行、财政部等七部委联合印发的《关于构建绿色金融体系的指导意见》（以下简称《指导意见》），将绿色金融定义为"对环保、节能、清洁能源、绿色交通、绿色建筑等领域的项目投融资、项目运营、风险管理等所提供的金融服务"。《指导意见》提出了我国第一个较为系统的绿色金融发展政策框架，旨在通过发展金融产品和服务、实施相关政策工具支持我国经济的绿色转型。

在《指导意见》的推动下,我国绿色金融产品与政策工具等领域取得诸多进展,体现在绿色信贷、绿色债券、绿色股票、绿色保险、绿色基金与碳金融等方面,我国成为少数构建起较为完善的绿色金融政策体系的国家。

根据 2018 年 2 月中国银保监会披露的绿色信贷数据,以 21 家主要银行业金融机构为主力军的绿色信贷呈现出快速增长的态势。2013—2017 年,绿色信贷规模保持稳步增长,绿色信贷余额从 5.20 万亿元增至 8.30 万亿元人民币,其中节能环保项目和服务贷款余额从 3.69 万亿元增至 6.53 万亿元。节能环保、新能源、新能源汽车等战略性新兴产业制造端贷款余额从 1.51 万亿元增至 1.69 万亿元。节能环保项目和服务贷款中,绿色交通项目、可再生能源及清洁能源项目、工业节能节水环保项目的贷款余额及增幅规模均位居前列。各省区积极探索实行绿色信贷政策,严格落实信贷环保要求,支持开展绿色信贷活动,开展绿色信贷试点,发挥金融资源的引导作用,实施有利于环境保护的绿色信贷、环境经济政策。

自 2016 年中国绿色债券市场启动以来,截至 2017 年年末,中国境内和境外累计发行绿色债券 184 只,发行总量达 4799.107 亿元,约占同期全球绿色债券发行规模的 30%。其中境内发行 167 只,发行总量达到 4097.107 亿元。绿色债券市场主要是为中长期的绿色项目提供融资的渠道。银行往往由于期限错配的问题无法提供更多的中长期贷款,而债券市场则可以匹配各种期限的项目融资的需求。目前,我国发行的绿色债券仍只占国内全部债券发行量的 2%,未来仍有巨大的增长空间。

自 2014 年开始,北京、上海、广州、深圳、重庆、湖北、天津 7 个省市碳排放权交易试点已陆续启动,试点省市先后推出多款碳金融产品,为企业履约、投融资等提供市场和渠道。由于参与主体的限制,目前尚未形成具有真正示范意义的碳金融创新产品。全国统一碳排放权交易市场于 2017 年年底正式启动,中国作为全球最大的碳排放国,面临的"节能、减排"形势日益严峻,许多地方的环境污染和资源承载力已经达到或接近极限,需要从机制、市场和渠道方面进行创新设计。目前,广州、深圳的碳排放权市场碳交易活动日趋活跃,引导市场对碳金融产品的需求,以此为依托,大湾区的金融机构积极探索碳金融产品及其衍生品、涉碳投融资等工具。

因此,粤港澳大湾区应该在建设规划中充分考虑环境保护和绿色发展,实现经济与自然和谐发展,以实现大湾区的绿色和可持续发展。

(三) 绿色金融促进粤港澳大湾区的绿色发展

随着《生态文明体制改革总体方案》《中华人民共和国国民经济和社会发展第十三个五年规划纲要》《关于构建绿色金融体系的指导意见》《坚持开放包容 推动联动增长》等相关党政文件的出台,中国将成为全球建立完整绿色金融政策体系的国家之一。

2015 年 3 月 28 日,国家发展改革委、外交部、商务部联合发布了《推动共建丝绸之路经济带和 21 世纪海上丝绸之路的愿景与行动》,该愿景指出,建设绿色"一带一路"已经成为重要共识。由此,在"一带一路"建设所涉及的大量投融资活动中,应将"一带一路"建设投融资机制"绿色化",从资金链的上游保证"一带一路"建设投融资的绿色性和环境友好性。

粤港澳大湾区作为海上丝绸之路的关键节点城市群,打造绿色低碳大湾区是建设绿色

"一带一路"中关键的一步，粤港澳大湾区应通过经济激励与社会声誉激励的方式，运用减免税收、提高社会声誉、降低投资成本、增加投资收益、给予特殊待遇等措施，鼓励互联网金融机构、养老基金、保险资金、基金公司等非银行金融投资机构与个人投资者积极参与绿色投资，引导投资主体从事绿色金融活动，提升绿色金融的市场参与度。鼓励行业组织搭建绿色投资者网络与信息平台，加强绿色投资机构同业信息共享与沟通。

但是，粤港澳三地尚缺乏统一的政策标准体系，比如绿色建筑、低碳交通、节能低碳产品等方面都没有统一的建造、运行标准，鼓励绿色低碳发展的金融、财政方面缺乏普适性政策，推进城市间绿色低碳协同发展方面有待强化，绿色低碳发展有待进一步规划、布局。

粤港澳大湾区应逐步建立绿色金融体系，进而推动粤港澳大湾区率先建成国家绿色城市群，引导形成全社会绿色消费和低碳生活的良好氛围。粤港澳大湾区依托港深两大交易所、港深两大金融中心，须不断推进绿色金融制度创新，把组织机制作为推动绿色金融发展的重要保障，把绿色机构作为绿色金融改革创新的重要基础，把绿色信贷作为推动企业转型升级的重要途径，把绿色保险作为提高社会治理水平的重要手段，把绿色证券作为驱动绿色产业发展的重要引擎，把绿色基金作为完善企业治理机制的重要载体，不断完善绿色金融体系，提高绿色发展水平，打造绿色低碳大湾区。

三、政策建议

第一，明确大湾区发展模式，创新大湾区绿色金融合作制度。绿色金融创新与绿色发展进入相互促进阶段。大力推动绿色金融创新，服务实体经济，发展绿色产业，将促进粤港澳大湾区经济的可持续发展。粤港澳大湾区应发挥经济特区和自贸区的经济优势，推进制度创新和改革，以开放促进改革，担当深化改革的历史使命，将制度创新深化为可以推广的制度经验，推动更高层级的湾区经济发展，促进市场经济体制的创新和完善。在粤港澳大湾区的创新建设过程中，发挥香港的创新引领作用，同时结合广州、深圳等创新型城市的建设，未来大湾区科技产业创新发展将以创新科技和创新金融的深度融合为支撑加快崛起，包括创业资本、风险投资以及中小板和创业板等在内的创新金融，将成为大湾区金融合作的一大重点。

第二，建成"一带一路"节点上重要的粤港澳金融核心圈。"21 世纪海上丝绸之路"的战略构想蕴藏了无限的机遇。《推动共建丝绸之路经济带和 21 世纪海上丝绸之路的愿景与行动》明确提出，要充分发挥深圳前海、广州南沙、珠海横琴等开放合作区的作用，深化与港澳台合作，打造粤港澳大湾区。这为粤港澳大湾区建设提出了非常具体的目标。粤港澳大湾区可以凭借其特殊的历史文化、区位优势，以及科技创新、金融服务、航贸物流及创业孵化中心等功能，发挥好"一带一路"特别是"21 世纪海上丝绸之路"的"新支点"功能，成为国家探索开放型经济新体制的试验田、国家参与全球竞争的重要空间载体，提升我国在全球价值链中的地位。随着经济全球化和区域经济一体化的进一步发展，以海洋为载体和纽带的市场、技术、信息等合作日益紧密，发展蓝色经济逐渐成为国际共识，加强海上合作是促进世界各国经济联系更趋紧密、互惠合作更加深入、发展空间更为广阔的必然选择。香港和澳门在自由港、"一国两制"、地理位置等方面存在共同优势，具有高效便捷的交通及通信设施、世界领先的海上和航空货运系统与物流枢纽、发达的金融市场体系和自由的市场环境。粤港澳大湾区可以利用港澳地区的国际化优势和珠三角地区的产业配套优势，加强与"一带一路"沿线国家的产业合作，设立湾区合作银行和发展基金，集聚跨国优质产业资本、创新金融机构和优秀人才，加大对"一带一路"沿线国家的对外直接投资，建成"一带一路"节点上的重要金融核心圈。

第三，加强区域合作，共建粤港澳绿色金融核心圈。目前，粤港澳大湾区战略将随着规划细则的出台进入快速推进发展阶段，香港特区政府已经推动绿色金融实现了两大关键性进展，即由特区政府和公营机构管控的发行人发行基准绿色债券以及为绿色金融项目和证券设立认证计划。与此同时，广州绿色金融改革创新试验区也在这一领域积极突破，试验区支持符合条件的港资金融机构设立合资证券公司、基金公司、期货公司和保险公司，支持港资金融机构参与境内绿色私募股权投资基金、绿色创业投资基金、绿色债券发行等业务。两相结合，绿色金融新型工具的境内外发展通道正在逐步拓宽，形成双引擎，促进绿色金融与实体产业经济协同发展，这必将促进湾区经济更加协调与可持续发展。利用粤港澳大湾区作为海上丝绸之路关键节点城市群的特殊地位，深度融入"一带一路"倡议的绿色发展，支持金融机构为"一带一路"倡议的绿色投资提供综合性金融服务，鼓励企业按照责任投资原则向"一带一路"沿线国家进行绿色投资，开展绿色金融交流合作。

参考文献

[1] SALAZAR J. Environmental finance: Linking two worlds [R]. Presented at a workshop on Financial Innovations for Biodiversity Bratislava, 1998 (1).

[2] COWAN E. Topical issues in environmental finance [Z]. Research paper was commissioned by the Asia Branch of the Canadian International Development Agency (CIDA), 1999 (1): 1 – 20.

[3] LABATT S, WHITE R R. Environmental finance: A guide to environmental risk assessment and financial products [M]. New York: John Wiley & Sons, 2003.

[4] BRENNAN M J, SCHWARTZ E S. Evaluating natural resource investments [J]. Journal of business, 1985, 58 (2): 135 – 137.

[5] CORTAZAR G, SCHWARTZ E S. A compound option model of production and intermediate inventories [J]. Journal of business, 1993, 66 (4): 517 – 540.

[6] SCHWARTZ E S, CORTAZAR G, et al. Evaluating environmental investments: A real options approach [J]. Management science, 1998, 44 (8): 1059 – 1070.

[7] GRAHAM A, MAHER J J. Environmental liability information and bond ratings [J]. Journal of accounting, auditing & finance, 2000 (3): 93 – 115.

[8] CLIMENT F, SORIANO P. Green and good? The investment performance of US environmental mutual funds [J]. Journal of business ethics, 2011 (2): 275 – 287.

[9] HOTI S, MCALEER M. An empirical assessment of country risk ratings and associated models [J]. Journal of economic surveys, 2004 (18): 539 – 588.

[10] THOMAS S, REPETTO R, et al. Integrated environmental and financial perform-

ance metrics for investment analysis and portfolio management [J]. The authors journal compilation, 2007, 15 (3): 421-426.

[11] CHAMI R, COSIMANO T F, FULLCNKAMP C. Managing ethical risk: Hcw investing in ethics adds value [J]. Journal of banking and finance, 2002 (26): 1697-1781.

[12] JEUCKEN M. Sustainable finance and banking [M]. London: The Earthscan Publication, 2006.

[13] SCHOLTENS B. Finance as a driver of corporate social responsibility [J]. Journal of business ethics, 2006 (1).

[14] GALEMA R, AUKE P, BERT S. The stocks at stake: Return and risk in socially responsible investment [J]. Journal of banking & finance, 2008 (32): 2646-2654.

[15] 阎庆民. 构建以"碳金融"为标志的绿色金融服务体系 [J]. 中国金融, 2010 (4): 41-44.

[16] 张红. 论绿色金融政策及其立法路径: 兼论作为法理基础的"两型社会"先行先试权 [J]. 财经理论与实践, 2010, 31 (2): 125-128.

[17] 董昕, 刘强. "三位一体"推进我国绿色金融发展 [J]. 宏观经济管理, 2015 (5): 53-56.

[18] 李丽君. 赤道原则对我国绿色金融建设的启示 [J]. 管理现代化, 2015, 35 (6): 118-120.

[19] 张承惠. 绿色金融发展中的政府角色 [J]. 中国金融, 2015 (10): 12-13.

[20] 王和. 绿色金融与资金配置 [J]. 中国金融, 2014 (4): 25-26.

[21] 王彤宇. 推动绿色金融机制创新的思考 [J]. 宏观经济管理, 2014 (1): 46-48.

[22] 王卉彤, 陈保启. 环境金融: 金融创新和循环经济的双赢路径 [J]. 上海金融, 2006 (6): 29-31.

[23] 杨帆, 邵超峰, 鞠美庭. 我国绿色金融发展面临的机遇、挑战与对策分析 [J]. 生态经济, 2015 (11): 85-87, 113.

粤港澳大湾区新能源汽车推广与应用碳排放效应研究[*]
——以广东及澳门的公共交通领域为例

陈 青[**]

摘 要：建设生态安全、环境优美的美丽湾区，是粤港澳大湾区人民群众对美好生活向往的必然要求。而公共交通领域的碳排放对粤港澳大湾区能源消耗、大气污染物排放以及温室气体排放有重大影响，是生态文明建设和绿色发展的重点领域。在能源和环保的双重压力下，作为"低碳经济"重要载体的新能源汽车在公共交通领域的推广与应用，将成为粤港澳大湾区绿色交通的首要发展方向。本研究以粤港澳大湾区广东、澳门公共交通领域推行的新能源汽车为研究对象，对比纯电动新能源车与传统燃油车的能耗，依据CDM方法学，计算公交车领域推行新能源汽车带来的碳排放量的变化。此外，设置不同情景，分析碳减排的影响因素，发现电网能源结构与车用燃料类型对碳减排具有重要影响。提出粤港澳大湾区应加大力度在公交车领域推广新能源汽车，并优化能源结构，加快开发与推广清洁能源等政策建议。

关键词：生态文明；粤港澳大湾区；新能源汽车；公共交通领域；碳排放

一、引言

（一）问题的提出

建设生态安全、环境优美的美丽湾区，是粤港澳大湾区人民群众对美好生活向往的必然要求。粤港澳大湾区是由香港、澳门2个特别行政区和广东省的广州、深圳、珠海、佛山、中山、东莞、惠州、江门、肇庆9市组成的城市群，是拥有"两种制度、两个特区、三种关税、两个自贸区"的全球最独特、最复杂的湾区。建设粤港澳大湾区是2017年提出的国家战略，目标是建成国际一流湾区和世界级城市群。根据粤港澳大湾区人多、车

---

[*] 本文是广东省科技厅科技专项资金项目"'随源而动——汽车·能源·环保'新能源汽车科普宣传与推广"（编号 2017A070712025）、广东省教育厅教育科研项目"基于绩效评估的汽车网络服务双创育人模式的研究与实践"（编号 2017GGXJK0052），以及广东省一流高职院校汽车营销与服务高水平专业建设项目的阶段成果。

[**] 陈青，女，副教授，硕士，主要研究方向为新能源汽车推广与应用、低碳经济与绿色发展。

多、城市空间密的城市特点,应以交通大融合为先导引领粤港澳大湾区的建设,要把生态文明理念和原则全面融入建设的全过程,必须走绿色低碳发展的道路,大力发展绿色交通,联合治污,打造低碳宜居城市。

生态文明的本质就是绿色文明,主要强调低碳资源的利用,实现低污染、低能耗以及低排放的资源使用模式。提高能源利用率,进一步开发新型清洁能源,有利于实现城市环境和经济的可持续发展。城市交通的电动化极大地减少了尾气的排放,是治理城市空气污染的必经之路。然而,从全生命周期来分析,与传统的燃油汽车相比,新能源汽车对环境的碳排放是增加还是减少,一直存在争议。

广东省是全国第一批新能源汽车推广的省份之一,粤港澳大湾区内的珠三角地区成为全国纯电动公交车推广应用的示范区域。粤港澳大湾区及广东省新能源汽车在公交领域推广的经验可供全国其他地区借鉴,因此,研究新能源公交车的规模化推广所带来的碳减排效应,具有重大的现实意义。

(二) 粤港澳大湾区的实践与国外经验借鉴

汽车尾气排放是全球温室气体(GHG)排放的重要来源,汽车相关 GHG 的排放是中国最主要排放 GHG 的源头之一。从 1997 年《京都议定书》的签订到 2015 年巴黎气候大会的召开,GHG 减排已经成为国际社会的重要议题。一些发达国家和发展中国家已做出减排承诺,中国在 GHG 减排方面的承诺为:到 2020 年中国单位国内生产总值 CO_2 排放比 2005 年下降 40%~45%,并作为约束性指标纳入国民经济和社会发展中长期规划。在能源和环保的双重危机下,新能源汽车已经成为全球各国汽车产品的发展方向。

目前,新能源汽车在总体上还处于发展的起步阶段,因市场环境不完善而出现了市场低效的问题,新能源汽车发展急需政府激励性政策的扶持。在实践中,新能源汽车作为战略性新兴产业在世界各国都已达成共识,世界各国政产学研界都将新能源汽车的研发和推广作为未来战略性新兴产业培育的重点之一。如美国、日本和欧洲的一些国家均制定了新能源汽车产业发展政策,从发展规划、示范运行和推广应用方面予以支持,具体做法如下:①制定清晰的新能源汽车产业发展规划,明确目标和技术路线,提出不同阶段汽车节能和减排的计划;②实施大规模的"政府—企业合作伙伴"项目,推动新能源汽车的研发和示范;③制定并实施多层次优惠政策,鼓励新能源汽车的推广和应用;④挪威、丹麦、德国等国家纷纷给出了 2025—2040 年将停售停产传统内燃机汽车的时间表。

我国政府高度重视培育发展新能源汽车产业,早在"十二五"期间就提出扶持发展战略性新兴产业的一揽子政策措施,提出新能源汽车推广的战略方向是在公共交通领域进行示范应用。深圳市优先在公共交通领域推广纯电动车,形成了新能源汽车推广的"深圳模式"。香港特别行政区政府将电动商用车作为推广电动车的重点工作领域,并已推出多项政策和措施推广电动商用车,从源头上治理路边空气污染。澳门地区交通拥挤、汽车尾气污染严重,出租车、公交车、私人汽车中电动车普及率极低,目前,澳门特别行政区政府在推广新能源汽车方面的政策与举措严重滞后于粤港澳大湾区绿色发展的要求。

总之,发展新能源汽车已成为全球大趋势。粤港澳大湾区在新能源汽车产业发展及推广应用方面任重道远,相关的政策机制亟待建立健全。

（三）文献回顾

国内关于生态文明视阈下城市绿色发展的研究起步较晚，代表性的观点有：石敏俊、刘艳艳（2013）提出我国城市必须走绿色转型发展之路，从环境健康、资源节约、低碳发展和生活宜居4个方面构建绿色城市指数的指标体系，其中，低碳发展包含"城市的减排规划实施情况"的二级指标；并强调，我国城市的绿色转型发展需要更加重视节能减排，更加严厉地控制污染物排放，推进能源技术进步和能源结构转换。郝华勇（2014）构建了生态文明融入城镇化全过程的模式，通过基础设施绿色化、生活方式低碳化等实现过程调控，建立符合生态文明要求的绩效评判机制。黄娟（2016）认为，在"创新、协调、绿色、开放、共享"五大发展理念下，生态文明建设应该坚持绿色创新、绿色协调、绿色发展、绿色开放、绿色共享。卢风（2017）认为，绿色发展就是可持续发展，并提出绿色发展和生态文明建设的关键是绿色技术创新和生态文明制度建设，根本则是思想观念的转变，关键中的关键是开发足够多的可利用的清洁能源。伊文婧等（2018）认为，粤港澳大湾区城市绿色发展水平总体不高，交通基础设施需要进一步加强互联互通，并提出提高公共出行的比重，做好低碳绿色宣传推广工作；鼓励消费者购买绿色节能汽车，引导形成节能、低碳、绿色的消费方式。蔡春林、陈雨（2018）通过借鉴纽约湾区、旧金山湾区和东京湾区等国际湾区的先进经验，对粤港澳大湾区的绿色产业建设提出了倡导绿色行为规范、培育绿色产业体系、布局技能环保项目，以推广普及清洁能源、开展湾区清洁美丽计划等为重点的保护生态环境的产业措施。总之，国内关于生态文明视阈下城市绿色发展的研究还没有形成成熟的体系，大多数是定性分析，定量研究较少。

关于新能源汽车碳排放的影响因素研究，2013年以来关注度有所上升，典型的研究主要有：施晓清等（2015）应用燃料生命周期的理论，分析影响电动汽车的减排因素，采用改进的燃料碳排放模型，结合北京市电动汽车推广计划，分析了发电能源结构、车用燃料类型、汽车类型、城市交通状况、煤电发电技术、电池类型六类情景因素对电动汽车减排潜力的影响，提出改善能源结构、推广节能技术、加快动力蓄电池研发、推广纯电动汽车等降低交通能耗和碳排放的优化措施。赵立祥、汤静（2018）通过分析发现，客运交通碳排放的影响因素主要有能源结构、能源效率和经济发展，还构建了北京市客运交通碳减排核算模型，分析了车辆和燃料改善的技术政策对北京市客运交通碳减排的影响。研究表明，更新新能源和清洁能源车辆、执行更加严格的燃油消耗限值标准均能在一定程度上降低CO_2的排放量。执行更加严格的燃油消耗限值标准在短期具有很好的减排效果，但长期来看更新新能源和清洁能源车辆的减排作用更加明显。庄颖、夏斌（2017）分析了广东省交通碳排放的结构及其碳排放量占比，对影响广东交通碳排放增长的主要因素进行了分析，提出可通过使用替代清洁能源等措施减少交通碳排放。总体来说，现有研究表明，新能源和清洁能源车辆的推广是有助于降低碳排放的。

关于新能源汽车在公交领域碳排放的研究相对较少，现有文献主要是以北京市、天津市为例进行实证研究：唐葆君、马也（2016）对北京市推广电动公交车的节能效应和减排效应进行量化分析，结果表明，推广电动车具有较好的节能减排效果，发电结构、车用燃料类型等影响因素对电动车的减排效果影响较大。李志鹏（2012）利用系统动力学方法，以2000—2010年的基础数据，对公交车的数量及能源消耗、碳排放进行定量分析，并对"十二五"期间的城市交通能源消耗、碳排放进行预测，通过情景分析认为应当鼓励居民利用公共交通出行，同时提高公交系统的运营能力和运营效率，控制私家车的迅猛增长并逐步淘汰高耗能汽车，鼓励新能源汽车和混合动力汽车的研发。傅蓍等（2017）基于 LEAP 模型，量化分析了新能源汽车对能源及城市环境的影响，研究表明，城市公共交通运输系统对城市空气环境影响显著；受公交车能源消费结构调整的影响，电力、天然气将在一定程度上替代柴油成为公交车的动力能源；电力能源需求将以近 20% 的增速增长，天然气能源需求也将保持 10% 以上的增长率。

但是，目前还鲜有文献针对新能源汽车在广东省公交系统规模化推广的碳排放效应进行量化研究。本文通过统计"十三五"期间广东省新能源公交车推广与应用的规划量，研究新能源汽车在广东省公交系统的规模化推广所带来的碳排放及其变化，为未来粤港澳大湾区电动汽车的推广应用机制的制定及广东省电网的规划改造等提供借鉴。

二、CDM 方法学及其在汽车碳排放领域的应用

CDM 方法学是为了评估 CDM 项目的碳减排量应运而生的一系列方法学的总称。《京都议定书》基于市场机制确定了排放交易（emissions trading）、清洁发展机制（clear development mechanism，简称 CDM）和共同履行（joint implementation）三项机制。自中国签署《京都议定书》以来，为确保迅速增长的 CDM 项目能带来长期、可测、有效的碳减排量，需要建立一套有效、公开和可操作的方法学，简称为 CDM 方法学，具体包括：基准线的确定和额外性实证、项目排放和泄漏估算、减排量和减排成本效益计算以及监测等。对于交通运输的减排计算，CDM 方法学中也有相应的方法体系，包括再生能源的方法学 AMS-Ⅰ.M.、AMS-Ⅲ.T. 等以及能源效率的方法学 AM0031、AM0090、AMS-Ⅲ.C. 等。杨卫华等（2014）以气电混合动力汽车为研究对象，以华北地区某公共交通建设项目为例，运用 CDM 方法学对气电混合动力汽车的碳减排进行了计算，并探索了气电混合动力汽车碳减排的影响因素，提出优化发电能源结构、推广新能源汽车等低碳交通的建议。

三、公交系统新能源汽车碳减排测算研究

以广东省为例，依据 CDM 方法学《通过混合动力车实现减排小型方法学 AMS-Ⅲ.C.》对新能源汽车的碳减排进行测算。广东省从 2010 年开始用液化石油气（LPG）动力汽车作为公交车，因此，本文选取等数量液化石油气动力汽车为基准线。按照公交车每天行程 200 千米，每年运行 300 天来测算。

（一）数据来源

根据 2016 年广东省统计年鉴，广东省公交气电车数量为 61379 辆。其中，新能源公交车保有量 21806 辆，占公交车总量的 35.50%；纯电动公交车共有 13746 辆，占新能源公交车总量的 63%，占公交车总量的 22.40%。

参照规划，从 2016 年开始，更新或新增的公交车中，纯电动公交车比例以 90% 计

算,其余10%全部使用新能源汽车。到2020年,广东省新能源公交车保有量将约为5.20万辆,全省新能源公交车保有量占全部公交车的比例超过75%,纯电动公交车占比超过65%。根据2015年和2016年的数据计算得到每年公交车的保有量增长比例以及更新比例分别是3.20%、5%;以2020年年末的纯电动公交车的规划数量4.60万辆作为基础,推算各年份的纯电动公交车数量,分别得到2016—2020年公交气电车、新能源公交车以及纯电动公交车的数量(见表1)。按照这种方案进行预测,得到2020年广东省新能源公交车保有量占全部公交车比例为76.30%,新能源公交车保有量为52911辆,公交车中纯电动公交车的占比为66.30%,新能源公交车中纯电动公交车占比为86.90%。估算的结果完全符合"十三五"规划的目标,证明估算有效。

表1给出了2016—2020年广东省各类公交车的数量及占比预测,特别值得注意的是,在新能源公交车中纯电动公交车占比为63%~86.90%。除了纯电动车,公交车中的新能源汽车还有部分是气电混合动力车,其在全部公交车中的占比为13.10%~16.10%,其主要是天然气与电力混合动力车。

表1 2016—2020年广东省各类公交车的数量及占比预测

年份	公交车保有量/辆	新能源公交车/辆	气电混合动力公交车/辆	纯电动公交车/辆	公交车中新能源公交车占比/%	新能源公交车中纯电动公交车占比/%	公交车中气电混合动力公交车占比/%	公交车中纯电动车占比/%
2016	61379	21806	8060	13746	35.50	63.00	13.10	22.40
2017	63391	29300	8825	20475	46.20	69.90	13.90	32.30
2018	65419	37034	9558	27476	56.60	74.20	14.60	42.00
2019	67513	45015	10381	34634	66.70	75.90	15.40	51.30
2020	69333	52911	11163	46000	76.30	86.90	16.10	66.30

注:数据来源于2016年广东省统计年鉴,以及作者根据广东省政府新能源汽车推广规划的文件进行的估算。

(二)新能源汽车基准线碳排放量

根据方法学AMS-Ⅲ.C.,基准线排放量的计算公式见式(1)、式(2):

$$BE_y = \sum_i EF_{BL,km,i} \times DD_{i,y} \times 10^{-6} \tag{1}$$

式(1)中:BE_y 为 y 年总的基准线排放量,tCO_2;$EF_{BL,km,i}$ 为基准车辆类别 i 的燃料排放因子,gCO_2/km;$DD_{i,y}$ 为 y 年基准车辆类别 i 的年平均行驶距离,km。

$$EF_{BL,km,i} = SFC_i \times NCV_{BL,i} \times EF_{BL,t} \times IR^t \tag{2}$$

式(2)中:SFC_i 为基准车辆类别 i 的单位燃料消耗率,g/km;$NCV_{BL,i}$ 为基准车辆类别 i 消耗的化石燃料的低位发热值,J/g;$EF_{BL,t}$ 为基准车辆类别 i 消耗的化石燃料的排放因子,g/J;IR^t 为 t 年基准线车辆技术改进因子(技术改进率应用于每一日历年);t 为技术改进的年数(取决于每种车辆类型的寿命数据)。

表2是根据式(1)和式(2)计算的公交车基线碳排放量,其中假设全部公交车使

用液化石油气作为燃料，可以看出，全部燃液化石油气公交车，其碳排放平均按照 3.20% 的年增长速率增长。新能源公交车占总公交车保有量从 2016 年占比 35.50% 增长到 2020 年占比 76.30%，以 10.20% 的年平均增长率增加。表2中也给出了新能源汽车基线碳排放量，即按照全部新能源汽车使用液化石油气来计算其碳排放量。

表2 公交车基线碳排放量

年份	公交车保有量/辆	新能源公交车保有量/辆	液化石油气排放系数/（kg·km^{-1}）	公交车基线总碳排放量/（t·yr^{-1}）	新能源公交车基线碳排放量/（t·yr^{-1}）
2016	61379	21806	1.163	4286236	1521623
2017	63391	29300	1.163	4423396	2044544
2018	65419	37034	1.163	4564945	2584198
2019	67513	45015	1.163	4711023	3141121
2020	69333	52911	1.163	438057	3692147

（三）新能源公交车实际碳排放量

混合气电动力车碳排放量的公式见式（3）：

$$PE_y = \sum_i EF_{PJ,km,i,y} \times DD_{i,y} \times N_{i,y} \tag{3}$$

式（3）中：PE_y 为 y 年的排放量，t；$EF_{PJ,km,i,y}$ 为运行车辆类别 i 行驶每千米的排放因子，tCO_2/km；$N_{i,y}$ 为 y 年车辆类别 i 中运行车辆数量；$DD_{i,y}$ 为 y 年基准车辆类别 i 的年平均行驶距离，km。

车辆排放因子按式（4）的方法确定：

$$EF_{PJ,km,i,y} = \sum_i \frac{SEC_{PJ,km,i,y} \times EF_{elect,y}}{(1-TDL_y) \times 10^{-3}} + \sum_i SFC_{PJ,km,i,y} \times NCV_{PJ,i} \times EF_{PJ,i} \times 10^{-6} \tag{4}$$

式（4）中：$SEC_{PJ,km,i,y}$ 为 y 年车辆类别 i 的每千米用电量，（kW·h）/km；$EF_{elect,y}$ 为 y 年车辆类别 i 消耗电力的 CO_2 排放因子，$kgCO_2$/（kW·h）；$SFC_{PJ,km,i,y}$ 为 y 年车辆类别 i 的每千米天然气消耗量，gCO_2/km；$EF_{PJ,i}$ 为 y 年车辆类别 i 消耗的天然气燃料的 CO_2 排放因子，g/J；$NCV_{PJ,i}$ 为 y 年车辆类别 i 消耗的化石燃料净热值，J/g；TDL_y 为 y 年供电的平均技术输电和配电损失，取 6.40%。

表3是根据式（3）和式（4）计算的新能源公交车实际碳排放量，特别值得注意的是，新能源公交车碳排放量占公交车总的碳排放量为 11.50%~33.70%。以 2020 年的数据为例，新能源公交车占公交车总量的 76.30%，其他能源燃料的公交车占总公交车的 23.70%，而其碳排放量却占了总排放量的 66.30%，可见，公交车推广使用新能源汽车对碳减排具有显著的推动作用。目前，公交车中的新能源汽车由纯电动车和气电混合动力车构成，其中，气电混合动力新能源汽车占公交车总量的 13.10%~16.10%，占新能源公交车总量的 21.90%~36.90%，但其碳排放却占了新能源公交车碳排放的 72.40%~85.20%，纯电动车的碳排放只占 14.80%~27.60%。由此可见，在新能源汽车中大力推

广纯电动汽车对碳减排具有重要的作用。

表3 新能源公交车实际碳排放量

年份	公交车中新能源车占比/%	公交车中纯电动车占比/%	公交车中气电混合动力车占比/%	新能源公交车天然气排放系数/(kg·km⁻¹)	耗电量/(kW·h⁻¹·km⁻¹)	电网排放因子/(kg·kW⁻¹·h⁻¹)	新能源公交车碳排放量/(t·yr⁻¹)	纯电动公交车碳排放占新能源公交车碳排放比/%	新能源公交车碳排放占公交车总的碳排放比/%
2016	35.50	22.40	13.10	0.57	0.075	0.804	357729	14.80	11.50
2017	46.20	32.30	13.90	0.57	0.075	0.804	412032	19.10	14.80
2018	56.60	42.00	14.60	0.57	0.075	0.804	468074	22.60	19.10
2019	66.70	51.30	15.40	0.57	0.075	0.804	525908	25.40	25.10
2020	76.30	66.30	16.10	0.57	0.075	0.804	583130	27.60	33.70

（四）碳减排量分析

碳减排量可以用式（5）计算：

$$ER_y = BE_y - PE_y - LE_y \tag{5}$$

式（5）中：ER_y 为第 y 年的碳减排量，t/yr；BE_y 为第 y 年基准线碳排放量，t/yr；PE_y 为第 y 年纯电动公交车的碳排放量，t/yr；LE_y 为第 y 年气电混合动力公交车碳排放量，t/yr。

图1给出了使用新能源汽车后2016—2020年公交车碳减排量的趋势图，可以看出碳减排量是逐年增加的，2020年实际碳减排量是2016年的2.7倍，2020年公交车总的碳排放量比2016年下降44.60%，其中对减排贡献最大的是纯电动汽车。从前面的分析可知，纯电动公交车的碳排放量是最低的，如果把新能源公交车全部用纯电动公交车替换，那么其碳减排量是最大的。从图1中也可以明显看出，最大碳减排量也是逐年增加的，如果新增的新能源公交车全部使用纯电动公交车，还可以进一步减少12%～20%的碳排放量。

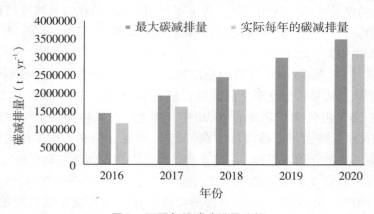

图1 不同年份碳减排量趋势

四、碳减排影响因素分析

从上述的碳排放定量分析中可以看出,发展新能源汽车有利于我国节能减排目标的实现。尤其是纯电动汽车,其能源利用效率比传统的燃油汽车高出46%以上,并且具有13%~68%的碳减排潜力,但其减排效果也受到多种因素影响。表4给出了电网排放因子和燃料排放因子,其中,电网排放因子受到发电能源结构的影响,而燃料排放因子则受到车用燃料类型的影响。下面分别就发电能源结构和车用燃料类型对其温室气体减排效果进行分析与讨论。

表4 不同类型燃料公交车相关参数及碳排放量

能源类型		CO_2 排放系数 / (kg·km^{-1})	耗电量 / (kW·h·km^{-1})	电网排放因子 / (kg·kW^{-1}·h^{-1})	碳排放量 / (t·yr^{-1})
燃油公交车		1.65	—	—	1363240
LPG 公交车		1.16	—	—	956722
气电混合动力公交车	天然气	0.57	—	—	502712
	电	—	0.075	—	
纯电动公交车		—	0.9	0.527	403060

(一) 发电能源结构的影响

发电能源结构决定了单位电量的 CO_2 排放系数,目前来看,绝大部分中国电力是由火力发电厂生产的,但不同区域的发电能源结构和比例取决于其地理位置和经济发展状况。广东省的发电能源结构由煤炭、天然气、新能源和可再生能源、水电、核电等多种能源组成,同时还有部分外购电力,其排放系数可由公式(6)计算。

$$EF = \sum f_i \times EF_i \tag{6}$$

式(6)中:i 为煤炭、天然气、新能源和可再生能源、水电、核电等能源种类;f_i 为对应能源在发电能源结构中所占的比例,%;EF_i 为对应能源的 CO_2 排放系数,kg/(kW·h)。根据国家电网"十二五"发展规划和国家电网"十三五"发展规划,以及南方电网发展规划和能源结构,计算2016年和2020年南方区域 CO_2 平均排放因子分别为 0.527 kg/(kW·h)、0.395 kg/(kW·h)。可以看出,因为使用清洁能源,电网平均碳排放因子下降了25%。

以广东省2016年和2020年纯电动公交车为例,分别使用不同的电网排放因子,计算其碳排放量并与全国平均值进行比较。相对于全国平均排放值,2016年和2020年利用广东省电网充电的碳减排空间分别为35%和50%,表明广东省能源结构较全国电网更合理、更清洁。同时,2020年纯电动公交车保有量是2016年的3.3倍,而2020年纯电动公交车碳减排量为2016年的2.2倍,这说明电网能源结构是影响电动汽车碳排放及其减排空间的关键因素。

（二）车用燃料类型的影响

以 2016 年为例，广东省纯电动公交车为 13746 辆，估算在年均行驶里程相同的情况下，纯电动公交车相对于燃油公交车和 LPG 公交车在耗电行驶生命周期阶段的碳排放量及减排潜力。表 4 给出了不同类型燃料公交车的相关参数及碳排放量。相对于燃料公交车，LPG 公交车、气电混合动力公交车、纯电动公交车分别减排 29.80%、63.10%、70.40%，车用燃料类型直接影响了单位燃料 CO_2 的排放系数，燃油公交车的碳排放量最大，这是由于柴油生命周期的 CO_2 排放远大于其他燃料。相对于 LPG 公交车，气电混合动力公交车、纯电动公交车分别减排 47.50% 和 57.90%，由此可以看出，大力推广新能源汽车对碳减排具有重要的作用。

五、结论与启示

（一）主要结论

（1）在公交车领域推广使用新能源汽车对碳减排具有显著的推动作用。纯电动汽车的碳排放量是最低的。2020 年公交车总的碳排放量比 2016 年下降 44.60%，如果将气电混合动力公交车全部用纯电动公交车替换，还可以进一步减少 12%～20% 的碳排放量。

（2）新能源公交车碳排放潜力受到发电能源结构和车用燃料类型的影响。由于清洁能源的使用，广东省 2020 年电网平均碳排放因子比 2016 年下降 25%，相对于全国平均碳排放值，2016 年和 2020 年纯电动公交车利用广东省电网充电的碳减排空间分别为 35% 和 50%。车用燃料类型对碳减排的计算表明，相对于 LPG 公交车而言，气电混合动力公交车、纯电动公交车分别减排 47.50% 和 57.90%。

（3）分析广东省公交系统新能源公交车数量及占比表明，绿色公交的目标是推广纯电动公交车，气电混合动力公交车是过渡车型。按照广东省 2016 年公交车保有量的基数与新能源汽车在公交领域的发展规划计算，从 2016 年至 2020 年，新能源汽车在公交车保有量中的占比，从 35.50% 增长到 76.30%，纯电动车在公交车总量中的占比从 22.40% 提高到 66.30%；气电混合动力车，占公交车总量的 13.10%～16.10%，在新能源公交车总量中的占比从 36.90% 降低至 21.10%。

（二）启示

（1）粤港澳大湾区的建设应采用"绿色交通先行"的模式，推进基础设施互联互通，构建绿色交通体系，着力发展公共交通基础设施；建立健全有关的政策机制，在粤港澳大湾区公交领域加大力度推广新能源汽车，减少私家车出行，促进城市绿色低碳发展。

（2）加大清洁低碳能源供给侧改革力度。目前，香港的清洁能源发电还很有限，澳门的终端能源都来自化石能源或外购电，清洁低碳能源发展潜力很大。粤港澳大湾区应优化电能结构，加快开发与推广清洁能源，使得新能源汽车真正实现全生命周期过程的低碳减排。

本研究的不足：2017—2020 年广东省公交系统新能源汽车的具体数量，是根据"十三五"期间广东省政府对新能源汽车在珠三角地区推广规划的量化值进行估算的，与整个广东省的实际推广数量应存在一定出入。另外，公交车的更新比例与保有量的增幅是按照 2015—2016 年的数据推算的，与实际情况可能有些出入。比如，公交车的更新比例与保有量与公交车的使用寿命与车辆自身的质量、各城市的相关政策等因素有关。以深圳为例，公交车的使用寿命一般可达 10 年，每年更新的合理比例约为 1/10，但是，实际情况是深圳市公交车已经于 2016 年更新了 50%，2018 年已经全部实现电动化，因此导致碳排放量以及减排量的计算与实际情况存在一定误差。另外，粤港澳大湾区的有关数据比较难获取到，本文的研究结果还有待进一步做实证分析。

参考文献

［1］王传福. 粤港澳湾区可对标东京湾区，大力发展轨道交通［J］. 中国机电工业，2017（9）：19.

［2］刘金山，文丰安. 粤港澳大湾区的创新发展［J］. 改革，2018（12）：5 – 13.

［3］刘江鹏. 我国新能源电动汽车节能减排效应及发展路径研究［D］. 北京：北京理工大学，2015.

［4］MAGNUS L. An EKC-pattern in historical perspective：Carbon dioxide missions，technology，fuel prices and growth in Sweden（1870—1997）［J］. Ecological economics，2002，42（2）：333 – 347.

［5］唐珏. 政策工具视角下的广东省新能源汽车产业政策研究［D］. 广州：华南理工大学，2018.

［6］吴智泉. 实施非水可再生能源配额情景下的发电行业 CO_2 排放预测［J］. 中国电力，2018，51（5）：141 – 146.

［7］陈翌，孔德洋. 德国新能源汽车产业政策及其启示［J］. 德国研究，2014，29（1）：71 – 81，127.

［8］李苏秀，刘颖琦，Ari Kokko. 中国新能源汽车产业不同阶段商业模式创新特点及案例研究［J］. 经济问题探索，2017（8）：158 – 168.

［9］石敏俊，刘艳艳. 城市绿色发展：国际比较与问题透视［J］. 城市发展研究，2013，20（5）：140 – 145.

［10］郝华勇. 生态文明融入城镇化全过程模式建构［J］. 科技进步与对策，2014，31（12）：41 – 45.

［11］黄娟. "五大发展"理念下生态文明建设的思考［J］. 中国特色社会主义研究，2016（5）：83 – 88.

［12］卢风. 绿色发展与生态文明建设的关键和根本［J］. 中国地质大学学报（社会科学版），2017，17（1）：1 – 9.

［13］伊文婧，梁琦，符冠云，等. 粤港澳大湾区绿色低碳发展现状和潜力［J］. 中国能源，2018，40（6）：21 – 24.

［14］蔡春林，陈雨. 粤港澳大湾区绿色发展设想［J］. 城市观察，2013（5）：

31-36.

[15] 施晓清，孙赵鑫，李笑诺，等. 北京电动出租车与燃油出租车生命周期环境影响比较研究 [J]. 环境科学，2015，36（3）：1105-1116.

[16] 赵立祥，汤静. 基于LEAP模型的北京公交集团碳减排政策情景研究 [J]. 科技管理研究，2018，38（2）：252-259.

[17] 庄颖，夏斌. 广东省交通碳排放核算及影响因素分析 [J]. 环境科学研究，2017，30（7）：1154-1162.

[18] 唐葆君，马也. "十三五"北京市新能源汽车节能减排潜力 [J]. 北京理工大学学报（社会科学版），2016，18（2）：13-17.

[19] 李志鹏. 基于系统动力学的天津市城市交通能源消耗与碳排放预测 [J]. 价值工程，2012，31（7）：308-310.

[20] 傅蔷，赵雪敏，蒙文川. 广东省新能源汽车应用对能源需求及城市环境影响分析 [J]. 商业经济研究，2017（13）：135-137.

[21] 黄东风，何斯征，余孝云，等. 浙江省清洁能源发展评价报告 [M]. 杭州：浙江大学出版社，2014.

[22] 杨卫华，初金凤，吴哲，等. 新能源汽车碳减排计算及其影响因素分析 [J]. 环境工程，2014，32（12）：148-152.

[23] 陈广朋. 基于模糊控制的电动汽车混合储能系统的研究 [D]. 天津：天津理工大学，2014.